机械工业出版社高水平学术著作出版基金项目

纯电动汽车动力系统

创新设计与工程应用

◎ 廉玉波 凌和平 黄 伟 谭 易 编著

机械工业出版社
CHINA MACHINE PRESS

本书层层递进地介绍了纯电动汽车动力系统的技术背景、创新开发细节及其发展趋势。首先介绍了纯电动汽车动力系统的概念、发展历程、设计框架以及相关的评价指标、技术及创新方案，然后沿着动力系统的开发路线，重点阐述了纯电动汽车动力系统创新设计基础、动力蓄电池系统的创新设计开发以及纯电动汽车电动力总成创新设计开发等内容，另外还介绍了上述设计开发所涉及的架构设计、仿真试验以及设计实践中行之有效的解决方法和具体的设计案例。本书适合纯电动汽车的研究人员、工程师以及从事动力系统领域的专业人士阅读参考。

图书在版编目（CIP）数据

纯电动汽车动力系统创新设计与工程应用 / 廉玉波
等编著． -- 北京：机械工业出版社，2024．9． -- ISBN
978-7-111-76742-8

Ⅰ．U469.72

中国国家版本馆 CIP 数据核字第 2024V9Y054 号

机械工业出版社（北京市百万庄大街 22 号　邮政编码 100037）
策划编辑：何士娟　　　　　责任编辑：何士娟
责任校对：贾海霞　陈　越　　封面设计：张　静
责任印制：常天培
北京中科印刷有限公司印刷
2025 年 3 月第 1 版第 1 次印刷
184mm×260mm · 19.25 印张 · 2 插页 · 428 千字
标准书号：ISBN 978-7-111-76742-8
定价：268.00 元

电话服务　　　　　　　网络服务
客服电话：010-88361066　机 工 官 网：www.cmpbook.com
　　　　　010-88379833　机 工 官 博：weibo.com/cmp1952
　　　　　010-68326294　金 书 网：www.golden-book.com
封底无防伪标均为盗版　机工教育服务网：www.cmpedu.com

《纯电动汽车动力系统创新设计与工程应用》
编 写 委 员 会

在这个全球能源转型与科技创新并行的时代，中国汽车产业通过电动化和智能化的赋能，实现了技术和产业的换道超越，中国电动汽车产品已经连续实现 9 年汽车产销量世界第一。截至 2024 年 8 月底，电动汽车的市场渗透率达到 53%，中国正从汽车大国向汽车强国迈进。电动汽车作为绿色出行的代表，正以前所未有的速度改变着我们的出行方式，同时也深刻影响着汽车产业、能源结构乃至整个社会的可持续发展路径。比亚迪本着技术为王、创新为本的发展理念，历经 20 多年的努力奋斗，凭借其在电动汽车全产业链方面的颠覆性核心技术，从中国本土的领军者逐渐成为全球市场的领先者，是中国乃至世界汽车产业的杰出代表。比亚迪首席科学家、国家卓越工程师廉玉波博士及其团队将其 20 多年的电动汽车技术创新与产品开发经验进行了系统总结和凝练，所编撰的《纯电动汽车动力系统创新设计与工程应用》无疑将为这一波澜壮阔的汽车变革浪潮增添一股动力。

《纯电动汽车动力系统创新设计与工程应用》是一部专注于电动汽车核心技术领域的专业著作。该书以纯电动汽车动力系统为对象，以创新性思想贯穿始终，全面探讨了动力系统静态设计、动力系统性能设计、动力蓄电池系统创新设计与开发、电动力总成融合创新设计以及动力系统与整车的集成创新设计等方面。书中不仅系统性地展现当下动力系统的创新设计方法，还结合工程应用实例，展现了理论到实践的转化过程，是一部高水平的应用型技术专著。该书基于工程应用角度，对动力系统的创新开发方法进行了深入探讨，涵盖了纵向单点创新到横向集成创新的全过程，并通过刀片电池、八合一电动力总成、CTB 车身电池一体化技术、宽温域高效热泵技术等量产技术案例对动力系统进行了深入分析。本书的作者均来自电动汽车动力系统设计开发一线，具有多年的创新开发经验，他们不仅深耕于电动汽车动力系统的技术创新，还致力于将科研成果转化为实际应用，凭借深厚的学术功底、丰富的实践经验以及对行业发展的敏锐洞察，精心打造了这部集理论性、实践性和前瞻性于一体的著作，以严谨的科学态度、清晰的逻辑结构和生动的语言表达，为读者构建一个完整、立体的知识体系。

随着全球对环境保护和能源安全的重视程度不断提高，电动汽车产业的发展前景日益广阔。该书的出版，将成为连接学术界与产业界的桥梁。它对高等院校、研究机构和企业的工程技术人才培养具有极高的参考价值，能够为读者提供深入的行业洞察和前沿技术，拓宽电动汽车行业的创新交流与实践，为汽车产业带来新的创新模式与思路。

应廉玉波博士之邀为这部在电动汽车理论与技术、结构与系统等领域集大成之著作写序，我倍感荣幸！期待本著作能推动和引领我国电动汽车科技创新和产业发展。让我们携手并进，在电动汽车的创新设计与开发之路上不断探索前行，共同开创一个更加绿色、智能、美好的出行未来。

陈清泰

2024 年秋 于北京橡树园

前　言

随着全球对能源可持续发展、产业转型变革和环境保护问题的重视程度不断提升，纯电动汽车作为当下重要的科技集成产物以及可持续交通解决方案的核心组成部分，正伴随国家纯电驱动战略与产业绿色化转型迅速发展，逐渐成为当今国际社会新一轮的技术发展方向与战略竞争对象。我国自21世纪前后开始进行电动汽车领域电池、电机、电控核心技术的研究，通过"三纵三横"科技战略和国家引领政策逐步推广纯电动汽车的开发与实践，在科研界与产业界都取得了国际瞩目的成果。历经初期的技术攻关和示范应用，以及全国推广的快速发展阶段，我国电动汽车构建了全方位及系统化的政策、技术、产业、产品、市场、标准的综合体系，取得了显著的经济效益与社会效益，为国家新质生产力的发展做出了显著贡献。

当下，全球汽车产业正在经历百年未有之大变局，我国电动汽车产业率先迈入全面市场化阶段，由此造就国内自主品牌不断地推陈出新，各类纯电动汽车产品争相竞技，创新发展已然成为新时期下汽车产业的主旋律。本书吸收了行业20多年来的技术沉淀并融入比亚迪的工程实践，集中论述并展示比亚迪刀片电池、八合一电动力总成、电池车身一体化技术（CTB）、宽温域高效热泵技术、纯电专属e平台3.0等体现国际领先水平的研究成果，全面梳理纯电动汽车动力系统的创新设计方法与工程实践应用。

本书以纯电动汽车动力系统创新发展为切入点，将创新设计技术与项目实践应用相结合，在动力系统静态设计及性能设计的基础上，由动力蓄电池系统的单点创新、电动力总成的融合创新延伸至整车工程上的动力系统集成创新，详细介绍了动力系统各个部分的结构组成、技术原理以及创新设计方案，层层深入并给出比亚迪技术创新案例，期望能为研究人员、工程师以及从事动力系统领域的专业人士提供技术创新思路，推动纯电动汽车动力系统技术在未来汽车行业中的持续创新与发展。

本书由廉玉波、凌和平、黄伟和谭易编著，另外还有60余位资深专家和工程师提供了技术支持，他们都是具有多年汽车产品开发经验的资深工程师。在此对大家的信任和支持表示由衷的感谢！

电动汽车技术发展日新月异，本书难免存在疏漏和错误之处，望广大读者批评指正与谅解！

2024年夏 深圳

目　录

第1章

绪　论

1.1　概述

电动汽车是全球汽车产业转型升级、绿色发展的主要方向，也是我国汽车产业高质量发展的战略选择。2001 年，我国启动了"863 计划"电动汽车重大科技专项，系统性地提出"三纵三横"的总体研发布局，由此促使着我国电动汽车事业开始起步并逐年加速上升。时至今日，在历经政策引领、科技导入、产业扩展等时期后，纯电动汽车已然进入了全面市场化阶段，在产销规模、产品质量和技术革新方面都取得了巨大突破，成为推进汽车产业实现转型升级的重要手段。凭借着出色的驾驶性能以及全新的驾乘体验，纯电动汽车正在冲击传统燃油汽车的市场地位，至 2023 年于国内乘用车市场达到了约 19% 的渗透率，被视为当下新一轮科技革命与产业变革的重要标志之一。在汽车工业深度变革之际，面临着全球范围内逐渐扩大化的技术碰撞局面与激烈化的市场竞争环境，中国自主品牌需要挖掘自身优势、沉淀技术底蕴、打造产品矩阵，不仅要全方位搭建安全、实用、经济的车型体系，更要随着产品迭代和消费升级，定义集先进、多元、高端于一体的个性化汽车产品。从技术层面上看，纯电动汽车相较于燃油汽车在动力系统上有着高度关联化、高度集成化的显著特点，进而使得整车具备更高的动力性、经济性、制动性等关键性能。因此，针对动力系统的创新性设计开发，被认为是纯电动汽车技术革新的关键所在，也成为推进汽车产业电动化、智能化、可持续化发展的重要基石。

本章首先介绍纯电动汽车创新发展背景与历程以及国内相关技术创新战略，旨在帮助读者从国家层面和行业层面上了解纯电动汽车整车及动力系统的发展背景和技术目标。之后从企业层面介绍比亚迪纯电动汽车动力系统的创新开发策略，期望能为行业同仁提供技术创新上的建设发展思路。

1.2 纯电动汽车创新发展历程

依据 GB/T 19596—2017《电动汽车术语》中的定义，电动汽车包含纯电动汽车、混合动力电动汽车与燃料电池电动汽车。其中，纯电动汽车指驱动能量完全由电能提供、由电机进行驱动的汽车。相较于其他两种汽车类型，纯电动汽车发展历程最长、产业布局最大、技术积累也最为深厚，是推进汽车产业电动化、智能化、网联化发展的重要科技产物，也是我国践行汽车强国发展的重点方向。

1.2.1 全球纯电动汽车创新发展背景

纵观全球历史，纯电动汽车诞生于 19 世纪 30 年代，早于第一辆现代内燃机汽车。在长期与燃油汽车的角力当中，纯电动汽车受限于低续航、低安全性的电池技术以及居高不下的电池成本，其核心技术在 21 世纪之前一直未得到突破，无法满足消费者的用车需求，也无法受到当时具有成熟燃油汽车工业的欧美市场的青睐。

然而，在石油危机和环境问题的双重背景之下，我国开始了对电动汽车转型的思考。着眼于中国汽车产业本身，我国自 20 世纪 50 年代起开始投入汽车工业的自主建设当中，但受当时国际对峙环境与技术封锁的制约，我国汽车工业水平长期落后于发达国家，尤其在乘用车领域更是出现了"无车可用"的局面。为了实现汽车产业的快速发展，我国采取了"以市场换技术"的策略，但我国汽车产业的发展仍然举步维艰。

因此，通过掌握电动汽车的核心技术，从而发展自主、自立、绿色、先进的汽车产业，成为中国汽车突围的重要路径和机遇，更是践行"双碳"目标愿景、向世界展现中国碳减排发展成果与环境治理担当的主要战场。

1.2.2 我国纯电动汽车创新发展历程

我国早期对电动汽车的探索主要通过科研攻关项目展开。1995 年，中国第一辆真正意义的现代电动汽车——"远望号"纯电动客车，由国防科工委、北京理工大学、河北胜利客车厂、美国西屋公司联合研制成功；1997 年，我国研发制造完成了第一套具有完全自主知识产权的电机电控系统以及自动变速传动系统；1998 年，我国加强动力蓄电池布局，并在许多整车和关键零部件技术上实现了"零"的突破。早期的科研攻关项目在中国汽车历史中具有里程碑式的意义，推进了电动汽车关键技术研究，奠定了自主创新基调，由此我国纯电动汽车产业开始迈入发展阶段。

电动汽车的产业发展史，也是纯电动汽车的技术创新史。结合政策、技术、产品、产业、市场、标准六个重点维度，我国电动汽车产业发展历程可划分为起步探索期、政策扶持期、政策加市场驱动期以及全面市场化阶段。而从每个时期的发展特征来看，技术创新始终是推动产业发展的核心动力，政策在前期起到了引领技术发展的作用，而在技术进步的同时，产品逐步走向成熟并形成完整矩阵，电动汽车市场化的趋势越发清晰，渗透率快速提升，产品标准体系构建完善，最终造就市场规模的繁荣扩展。中国电动汽车发展阶段如图 1-1 所示。

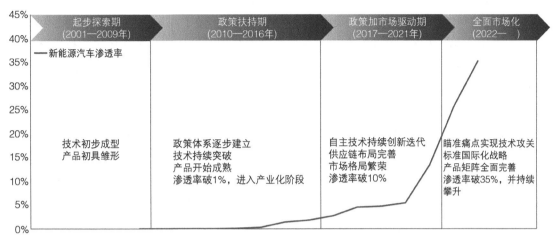

图 1-1　中国电动汽车发展阶段

2001—2009 年是我国电动汽车产业的起步探索期。此时期由政策主导产业发展，通过实施一批重点科技专项攻关纯电动汽车"电池、电机、电控"零部件瓶颈技术，大批电动汽车专利与成果不断涌现，基本完成了电动汽车技术储备工作，并在"十城千辆"工程的推动下，开启了在城市公交车辆上的示范应用行动。

2010—2016 年是产业发展的政策扶持期，此时期依旧由政策主导产业，基础技术走向成熟。在财政补贴的激励下，我国电动汽车市场进入了快速成长阶段，成熟的电动汽车产品开始涌现，产业链也逐步丰富和延伸。2010 年，新能源汽车被正式列入国家"七大战略性新兴产业"之一，2014 年"发展新能源汽车是我国从汽车大国走向汽车强国的必由之路"的提出，意味着发展新能源汽车尤其是纯电动汽车已上升到国家战略的地位。

2017—2021 年是政策加市场的驱动期，相比于前一阶段，政策驱动作用在逐渐弱化，而市场驱动影响在明显增加，从电池、电驱动到整车的全产业链技术都取得了长足的进步，成本不断下降，市场规模快速扩大。国内自主品牌纷纷推出兼具安全舒适、性能优越、绿色创新、先进智能的纯电动汽车车型，构造自身产品矩阵，针对燃油汽车的市场竞争持续加剧，纯电动汽车在国民消费者心中的认可度也越来越高。

自 2022 年开始，我国电动汽车产业进入全面市场化阶段，主要特征在于政策供给持续优化，而市场化因素全面主导技术创新的持续深化，产品和市场呈现剧烈的繁荣与竞争，世界级的电动汽车生产及供应链正在逐步形成，纯电动汽车已经成为引领全球汽车产业转型发展的主流力量。

二十多年的创新发展历程，使我国在电动汽车领域实现了从政策驱动到市场驱动、从技术追赶者到产业引领者的转变。当今世界处于百年未有之大变局，我国电动汽车产业必将得到进一步扩展，并持续引领全球。

1.3 我国纯电动汽车技术创新战略

21 世纪初，在全球电动汽车产业发展还处于雾里看花、举棋不定的阶段，国际上部分国家对发展电动汽车持怀疑态度，我国抓住了战略机遇，做了大量的技术探索与实践工作。"十五"国家"863 计划"电动汽车重大科技专项大胆创新地提出一个开放式的技术路径战略，即以纯电动汽车、混合动力汽车、燃料电池汽车为"三纵"的整车技术路线，以多能源动力总成控制系统、电机及其控制系统、电池及其管理系统为"三横"的系统技术路线。"三纵三横"的研发战略同时在纯电动、混合动力和氢燃料电池三种整车路线上布局，又加强了电池、电机、电控等关键共性技术的攻克，不仅降低了路径选择失误的风险，更提高了产业技术体系的研发效能，具备至关重要的前瞻意义。此战略也持续引领了之后的电动汽车技术创新，现如今，我国纯电动汽车已取得了举世瞩目的发展，混合动力汽车成为具有竞争力的补充，而燃料电池汽车仍处于技术研发到产业导入的过渡期。

2012 年 3 月，科学技术部印发《电动汽车科技发展"十二五"专项规划》，正式提出并确立了"纯电驱动"技术转型战略，加快发展"纯电驱动"电动汽车产品，进一步突出"三横"共性关键技术。同年，国务院发布《节能与新能源汽车产业发展规划（2012—2020年）》再次以"纯电驱动"为新能源汽车发展和汽车工业转型的主要战略取向，推进纯电动汽车和插电式混合动力汽车产业化发展。

2020 年 10 月，面向汽车产业电动化、智能化、网联化发展趋势，国务院发布了《新能源汽车产业发展规划（2021—2035 年）》，对"三纵三横"战略研发布局赋予了新的内涵。其中，"三纵"代表着纯电动汽车、插电式混合动力（含增程式）汽车、燃料电池汽车，聚焦全面布局整车技术创新链，研发模块化高性能整车平台，提高整车综合性能。"三横"代表着动力电池与管理系统、驱动电机与电力电子、网联化与智能化技术，重点开展电气化关键零部件系统技术攻克，强化智能网联技术开发。

基于国家顶层设计战略，中国汽车工程学会立足我国汽车产业技术发展的趋势与现状，牵头开展并完成了《节能与新能源汽车技术路线图 2.0》的编制工作，从多维度、多领域制定了具有科学性、前瞻性、引领性的汽车产业技术规划路线，为电动汽车技术创新发展指明了方向。该文件构建了纯电动乘用车总体技术路线，同时从动力蓄电池与电动力总成两方面详尽规划了具体创新热点，如图 1-2 所示。

综合来看，国家层面及行业层面均对纯电动汽车产业及技术发展作出了宏观上的战略指向，同时规划了动力蓄电池系统和电动力总成的新型技术方向。动力蓄电池系统和电动力总成是构成纯电动汽车动力系统的重要组成部分，也是区别于燃油汽车、决定整车性能的核心部件。在行业范围内，国内自主品牌针对纯电动汽车"电池、电机、电控"三电系统，不仅研制并量产出高安全、高性能的关键零部件，更对动力组件的系统化与集成化技术进行创新开发，成为我国汽车产业电动化转型发展的主力军。其中，比亚迪作为中国民族品牌代表，通过人才和研发持续赋能，牢牢掌握了新能源汽车核心技术。表 1-1 展现了《节能与新能源汽车技术路线图 2.0》（简称《路线图 2.0》）面向 2025 年、2030 年、2035 年的分阶段目标与比亚迪技术现状。

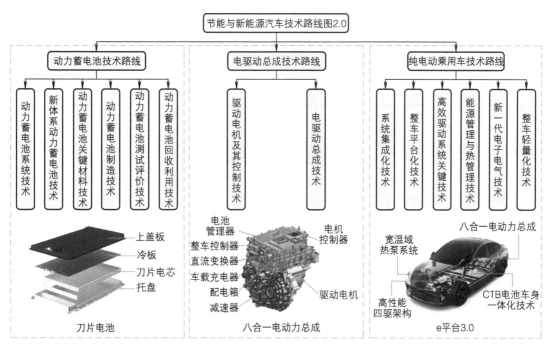

图 1-2　节能与新能源汽车技术路线图 2.0

表 1-1　《路线图 2.0》分阶段目标与比亚迪技术现状

领域	关键指标	2025 年目标值	2030 年目标值	2035 年目标值	比亚迪技术现状
纯电动乘用车	技术领先的典型 A 级 EV 综合工况电耗（CLTC）/（kW·h/100km）	<11	<10.5	<10	<10.8
能量型高端动力蓄电池	质量能量密度/（W·h/kg）	>350	>400	>500	>198（铁锂）
	体积能量密度/（W·h/L）	>700	>800	>1000	>448（铁锂）
	质量功率密度/（W/kg）	>1000	>1200	>1500	>1100（铁锂）
	体积功率密度/（W/L）	>2000	>2400	>3000	>2600（铁锂）
	电压平台/V	500～700	750～900	750～900	750～900
	成组效率（%）	>70	>73	>75	>77
	热扩散时间/min	>90	不发生	不发生	不发生
	标准化比例（%）	>30	>60	>90	>90
乘用车高性能驱动电机	质量功率密度/（kW/kg）	>5.0	>6.0	>7.0	>8.1
	体积功率密度/（kW/L）	>35	>42	>50	>53
	超过 80% 的高效率区占比（%）	>90	93	95	91.5
	最高转速/（r/min）	18000	20000	25000	23000
	峰值效率（%）	>97.5	>98	>98.5	>97.5
乘用车高性能电机控制器	体积功率密度/（kW/L）	>40	>50	>70	>40
	峰值效率（%）	>98.7	>99.0	>99.2	>99.5
	EMC 等级	4 级	4 级	4 级	3 级
	功能安全等级	ASIL C	ASIL D	ASIL D	ASIL C

（续）

领域	关键指标	2025年目标值	2030年目标值	2035年目标值	比亚迪技术现状
纯电驱动总成	最高效率（%）	>93.5	>94	>94.5	>94.5
	CLTC综合使用效率（%）	>87.0	>88.5	>90	>89
	峰值质量功率密度/（kW/kg）	>2.0	>2.4	>2.8	>2.1

1.4 比亚迪纯电动汽车动力系统创新开发策略

放眼电动汽车的整体发展历程，比亚迪既是全程亲历者与时代见证者，更是产业先行者与技术探索者。其发展过程也是中国电动汽车高速发展的一个缩影，比亚迪自2003年进入汽车行业并确立了电动化发展方向，经过多年以来的产业链垂直整合，掌握了电动汽车整车关键技术和核心零部件自研自产能力。

在起步探索期，基于国家战略规划目标，比亚迪审时度势地做出了纯电动与插电混动并行的技术方针，坚持自主构建电动汽车产业链。随后在政策扶持阶段，比亚迪意识到市场化发展必须要突破安全和成本瓶颈，于是聚焦磷酸铁锂动力蓄电池的技术研发，面对完全空白的产业基础，攻克了三电系统平台化研发，全球首创高电压架构，以自主技术塑造产品底气。2017—2021年，面对国内市场政策效应弱化、技术成果爆发、车型产品涌现的局面，比亚迪凭借多维创新实力与从容挑战心态，在纯电动汽车动力系统上推出了刀片电池、八合一电动力总成等核心技术，并推出了纯电专属整车架构e平台3.0。刀片电池基于磷酸铁锂技术，从电芯上升到系统维度设计，打破了能量密度和安全技术矛盾，具有高安全、长寿命、长续航的综合优势。同时，在三电系统平台化研究上，比亚迪先实现了电驱动的三合一、充配电的三合一，又对电驱动、充配电、VCU及BMS等核心模块进一步集成并推出了八合一电动力总成，在功率密度和效率上都处于全球领先水平。2022年以来，电动汽车行业进入全面市场化阶段，在行业竞争日益加剧的背景下，比亚迪以持续的技术创新赋能，搭载多维度的品牌矩阵，探究技术集成、技术融合乃至更高维度的创新。2024年，比亚迪发布全新一代e平台3.0 Evo，集成了CTB整车安全架构、十二合一智能电驱、智能宽温域高效热泵、全域智能快充、智能运动控制五大全球首创技术集群，全面彰显智电融合的创新发展，具备更安全、更高效、更智能的卓越表现。在全面转型电动化发展的道路中，比亚迪始终坚持技术为王、创新为本的发展理念，让旗下产品拥有强大的市场竞争力，同时紧跟国家战略布局，坚定实施高质量出海战略，向世界汽车产业展示中国品牌的向上力量。至2024年上半年，比亚迪新能源乘用车销量超过800万辆，成长为中国电动汽车市场乃至全球电动汽车市场的龙头。比亚迪纯电动汽车发展阶段如图1-3所示。

在长期的技术深耕与产业实践当中，比亚迪突破了纯电动汽车整车集成技术，同时掌握了从材料、部件、系统控制到整车集成的全产业链设计制造能力。尤其聚焦于纯电池汽车动力总成系统，比亚迪坚持"从纵向单点创新升之为横向融合创新"的创新开发理念，进行了全方位以及多维度的系统技术研发。

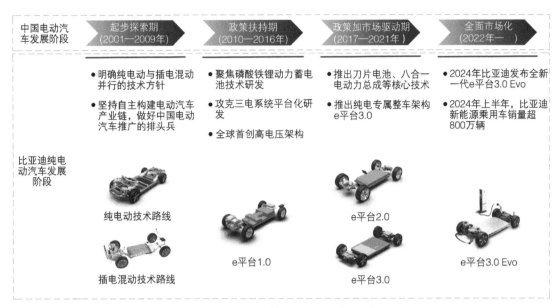

中国电动汽
车发展阶段

| 起步探索期 (2001—2009年) | 政策扶持期 (2010—2016年) | 政策加市场驱动期 (2017—2021年) | 全面市场化 (2022年—) |

- 明确纯电动与插电混动并行的技术方针
- 坚持自主构建电动汽车产业链，做好中国电动汽车推广的排头兵

- 聚焦磷酸铁锂动力蓄电池技术研发
- 攻克三电系统平台化研发
- 全球首创高电压架构

- 推出刀片电池、八合一电动力总成等核心技术
- 推出纯电专属整车架构e平台3.0

- 2024年比亚迪发布全新一代e平台3.0 Evo
- 2024年上半年，比亚迪新能源乘用车销量超800万辆

比亚迪纯电
动汽车发展
阶段

纯电动技术路线

插电混动技术路线

e平台1.0

e平台2.0

e平台3.0

e平台3.0 Evo

图 1-3　比亚迪纯电动汽车发展阶段

1.4.1　纵向单点创新实践

比亚迪针对纯电动汽车动力系统的单点技术创新，集中体现在动力蓄电池、驱动电机、电机控制器等核心零部件的性能提升上。

在动力蓄电池方面，尽管出现了早期的技术路线之争，但"安全"一直以来都被视为纯电动汽车最重要的性能与前提。比亚迪将电池安全作为最基础、最重要的性能，选择更安全且兼具成本优势的磷酸铁锂技术，历经多年升级迭代，推出了更为安全的刀片电池技术。刀片电池采用无模组结构的设计理念，成组效率达到了77%，标准化比例超过90%，不仅解决了电池本征安全问题，还可以通过电芯到电池包（Pack）的直接集成以大幅提升电池系统能量密度，"三明治"结构也提升了电池系统的结构强度，解决了行业内能量密度和安全同步提升的难题。

在驱动电机方面，比亚迪基于整车动力性和经济性的需求持续优化电机性能。首先开发了扁线绕组技术，将定子裸铜槽满率从传统圆线绕组的45%提高到65%以上，减小绕组端部高度10mm以上，使得电机质量功率密度从5.3kW/kg逐步提升到8.1kW/kg。随着电机功率密度的提升，其散热能力要求更高，为此比亚迪开发了油冷技术，在实现定子铁心及绕组端部高效冷却的同时，创新性地研发出了永磁体直冷技术，充分满足电机驱动、制动、充电、加热等多场景的应用需求。

在电机控制器方面，历经多年技术探索，高集成、高效率、高安全、高电磁兼容性（EMC）的电控技术已成为行业内主流的发展路线。对此，比亚迪在早期就开始布局电机控制器核心零部件功率模块与功率芯片，经过多年技术研究，攻克了IGBT与碳化硅模块产业链难题，将电控最高效率提高到99.86%，达到了行业先进水平。此外，还不断优化电控散热形式、缩短导热路径、降低散热路径热阻，从而提高电机控制功率密度。在 EMC 性能提升方面，比亚迪基于电控 EMC 骚扰源与耦合路径特性的深入分析，创新性地提出 EMC 二级滤波设计，使得电机控制器 EMC 满足行业最高标准等级。

1.4.2 横向融合创新实践

垂直整合模式实现了从零部件到体系、到系统、再到整车的全程级打通，让创新不仅停留在单个部件的性能优化上，更在于对多部件、多系统的功能融合，促使纯电动汽车产品具备更安全、更舒适、更经济的性能。比亚迪基于多年来的垂直一体化经验与能力，从安全、高效、智能等多个维度进行了系统融合技术创新。

在安全性能提升方面，比亚迪充分利用刀片电池的高安全、高强度的特征，将动力蓄电池与车身结构深度融合，于 2022 年发布了 CTB（Cell to Body）电池车身一体化技术。在 CTB 技术中，动力蓄电池系统既是能量体又是结构体，起到了车身底板的承载作用，同时又与车身门槛、座椅横梁等部件进行配合设计，在受力层面上，缩小了纵梁高度差，提升了侧面传递路径的稳定性，形成了清晰完整的整车传递结构。CTB 技术的应用，使得整车的扭转刚度大幅提升，体积利用率高达 77%，正面碰撞安全性能提升了 60%，区域车身强度提升了 60%，极端工况整车响应更快，让燃油汽车结构强度的上限成为电动汽车结构强度的下限。

在高效性能提升方面，比亚迪首先对驱动系统进行了集成设计。驱动系统作为动力的控制与输出单元，历经了多代发展，从独立模块到首个电驱动三合一及充配电三合一，再到全球首款深度集成的八合一电动力总成。通过系统的深度融合降低能量传递损耗，八合一电动力总成最大功率达到 270kW，综合效率高达 92%，在功率密度和效率上都处于全球顶尖水平。随后，为提高整车能量的高效利用，比亚迪打破了驱动、充电、热管理等系统边界，实现了充电 / 加热 / 驱动一体化方案、电池 / 电机 / 电控热管理耦合一体化方案，解决汽车低温充电、续航与高能耗难题，通过系统的融合设计，始终围绕整车需求不断创新，着力给用户带来全场景的高效体验。

融合技术的掌握和运用，使得整车的安全性、高效性得到了有效提升，将比亚迪整车设计开发能力推向了全新的高度，也让比亚迪汽车产品在全球市场中的认可度逐年提升。这不仅体现了比亚迪在技术上的前瞻性，也为未来纯电动汽车的发展提供了更为可持续和智能化的方向。比亚迪全新一代 e 平台 3.0 Evo，在八合一电动力总成的基础上，再度集成升压模块、升流模块、自加热模块、能量管理智控系统于一体，全球首创高效十二合一智能电驱系统，实现了电机驱动、高压充电、电驱加热等多功能融合控制，代表了比亚迪最新的量产技术成果。

当下，纯电动汽车的技术创新正在经历层级、领域和深度的变化，从核心部件到动力系统再到整车工程，研究领域越发扩散，各领域的技术创新逐渐走向融合，呈现出更安全、更舒适、更高效、更智能的态势。技术创新与产业变革的关联越发紧密，汽车产业的电动化转型已势不可挡，电动汽车时代已然来临。

第2章

纯电动汽车动力系统静态设计

2.1 概述

　　本章从整车动力系统静态设计的角度出发，介绍纯电动汽车动力系统在布置、架构、功能、充电四大方面的设计过程。首先介绍纯电动汽车整车尺寸框架的设计过程，明确动力蓄电池系统和电驱动总成在整车 X、Y、Z 三个方向上布置空间的需求；其次基于电动力系统技术的发展现状及趋势，重点介绍分立式与集成式、集中式与分布式动力系统的特点，为电动力系统架构设计提供基础；接着从逻辑功能架构和物理架构方面，详细论述纯电动汽车电子/电气架构设计方案，进而在顶层设计环节指导动力系统的开发；然后从法规需求、用户需求、系统配合需求、产品管理需求及售后和维护需求五个维度出发，阐述纯电动汽车功能设计的准则；最后针对纯电动汽车充电性能的设计，从友好性、快速性、高效性、兼容性四个方面阐述充电性能的关键影响因素，并基于纯电动汽车直流充电性能评价指标，介绍充电性能的匹配设计过程。通过设计开发，使得电动汽车动力系统具备基本的功能。

2.2 纯电动汽车整车尺寸框架设计

　　为方便校核，整车坐标系依据 GB/T 19234—2003《乘用车尺寸代码》进行设定。以图 2-1 中的腾势 N7 为例，平行于地面的整车纵向中心线为 X 轴，从车头指向车尾方向为 X 轴正方向，垂直于整车纵向中心面的线为 Y 轴，指向驾驶员右侧为 Y 轴正方向，垂直于 X 轴和 Y 轴的线为 Z 轴，向上为 Z 轴正方向。

图 2-1　整车三维坐标系

尺寸框架是整车开发过程中用来确定车辆 X、Y 和 Z 三个方向主要设计硬点的尺寸参数组成的集合，如图 2-2 所示。

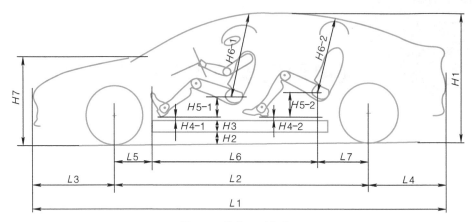

图 2-2　整车尺寸框架

1. 尺寸框架对整车设计的意义

（1）明确整车外部几何轮廓

整车尺寸框架定义了车辆长、宽、高、轴距、轮距、离地间隙等外部几何参数，直接影响整车外观造型。不同定位车型尺寸框架不同，其外观造型也有所差别，例如紧凑型轿车外观小巧、豪华轿车外观宽大、越野车外观高大。车辆尺寸框架定义需与车型定位、目标人群和市场趋势相吻合。

（2）明确车辆内部空间

整车尺寸框架定义了车辆内部空间，包含座椅位置、操纵件位置、乘员活动空间、储物空间等。合理的内部空间布局有利于提供舒适的乘坐环境，同时满足车辆装载需求。

（3）明确关键零部件位置

整车尺寸框架定义过程中，通过主断面或 3D 数据确定整车关键零部件布置位置及占用空间，如动力蓄电池系统、电驱动总成、悬架系统等。

（4）明确安全空间

整车尺寸框架对车辆的安全性能产生直接影响，合理的尺寸定义和零部件布置可以保证车辆在碰撞过程中有足够的吸能空间，降低对车内乘员的伤害。碰撞安全等级是整车关键的性能指标，在尺寸框架定义过程中需结合车辆碰撞安全等级、实验工况，预留充足的安全空间。

2. 整车尺寸框架关键尺寸定义

（1）X 向关键尺寸

整车长度 L1：整车最前端和整车最后端在 Y0 平面上的投影点之间的水平距离。Y0 平面即整车的左右对称面。

轴距 L2：前轮中心到后轮中心在 Y0 平面上的投影点之间的水平距离。轴距为整车关键参数之一，在设定轴距时主要考虑车型市场定位、内部乘员空间及动力蓄电池容量。

前悬长 $L3$：整车最前端（包括前拖钩及任何固定在车辆前部的刚性部件）和前轮中心在 $Y0$ 平面上的投影点之间的水平距离。

后悬长 $L4$：整车最后端（包括牵引装置及固定在车辆后部的所有刚性部件）和后轮中心在 $Y0$ 平面上的投影点之间的水平距离。

$L5$：前轮中心和驾驶员踏点（Ball of Foot，BOF）在 $Y0$ 平面上的投影点之间的水平距离。对整车来说，$L5$ 是连接机舱与乘员舱的关键尺寸。$L5$ 关系到前机舱、乘员舱内关键零部件的布置，也影响车身传力结构的大小，定义时要结合动力系统、底盘布局、乘员空间、安全目标、造型需求等多方输入共同商定。

$L6$：前排驾驶员 BOF 点和第二排座椅参考点（Seating Reference Point，SgRP）在 $Y0$ 平面上的投影点之间的水平距离。

$L7$：第二排乘坐基准点（SgRP）和后轮中心在 $Y0$ 平面上的投影点之间的水平距离。$L7$ 尺寸关系到乘员空间、后行李舱空间、后门洞开口及后电驱动总成布置，设定时需结合车辆定位及亮点综合考虑。

（2）Y 向关键尺寸

整车宽 $W1$：车辆左、右两侧最宽点且平行于 $Y0$ 平面的两平面之间的距离，包括除外后视镜之外所有装饰件和金属件。

轮距 $W2$：左、右车轮中心之间的水平距离，前轮距用 $W2\text{-}1$ 表示，后轮距用 $W2\text{-}2$ 表示。

（3）Z 向关键尺寸

整车高 $H1$：白车身上最高点与地面之间的垂直距离，不包括行李架、天线、导流板。

离地间隙 $H2$：车辆中间部分最低点到地面的距离。车辆中间部分指与车辆 $Y0$ 平面等距且平行的两个平面之间的部分，两平面间距离为同一轴上两端车轮内缘间最小距离的 80%。

$H3$：动力蓄电池系统 Z 向高度。

$H4$：动力蓄电池系统上平面到人体踵点（AHP）的垂直距离。可以通过调整动力蓄电池系统与地板间隙、地板钣金结构尺寸以及地毯厚度更改 $H4$。$H4$ 后缀定义了不同座椅位置。

$H5$：SgRP 到 AHP 的垂直距离，如果标配脚垫，则测量时应包括进去。$H5$ 后缀定义了不同座椅位置：$H5\text{-}1$ 代表第一排座椅参考点 SgRP 到 AHP 的垂直距离；$H5\text{-}2$ 代表第二排座椅参考点 SgRP 到 AHP 的垂直距离。

$H6$：过 SgRP 做与铅垂线向后倾斜 8° 线到内部车顶的距离加上 102mm。$H6$ 后缀定义了不同座椅位置。

$H7$：前舱机盖最高点处与地面之间的垂直距离。

传统燃油汽车使用内燃机驱动，将燃油化学能转化为动能，而纯电动汽车是将电能转化为动能。现阶段，纯电动汽车动力蓄电池系统能量密度低、电驱动总成转化效率高，故纯电动汽车电驱动总成体积小，动力蓄电池系统体积大。

纯电动汽车动力蓄电池系统通常布置在前、后副车架之间的车身地板下，动力蓄电池系统体积需满足整车最大电量规划需求。纯电动汽车动力蓄电池系统长、宽、高方向的尺寸与整车长、宽、高紧密相关，整车尺寸框架设计过程中应充分考虑动力蓄电池系统布置空间需求。前、后电驱动总成主要影响前机舱、后地板布置空间，开发初期需明确驱动类型为前驱、后驱、四驱中的一种或几种，并在尺寸框架定义过程中预留布置空间。

3. 纯电动汽车在整车布置角度的优点

（1）X 向空间利用率更高

前电驱动总成的尺寸比发动机小，因此在保证前机舱吸能空间满足安全需求的前提下可实现更小的前悬长度。在同等整车长度的情况下轴距更长、车内空间更大、整车空间利用率更高。

（2）更好的驾驶员视野

前电驱动总成 Z 向尺寸小，前舱机盖在满足行人保护的前提下可实现更低的机盖高度，扩大驾驶员视野范围。

（3）更小的转弯半径

前电驱动总成 Y 向尺寸减小，车身纵梁 Y 向跨度也可减小，在同等轮距下车轮转角可设计得更大，实现更小的转弯半径。

（4）更平整的车身地板

如图 2-3 所示，纯电动汽车相比燃油汽车不需要排气、四驱传动轴等机械部件，在设计纯电动汽车时可取消或减小中通道高度，实现更平整的地板面，提高车内空间利用率。同时，动力蓄电池系统平铺在车身地板下方，车身地板更平整，有利于减小风阻。

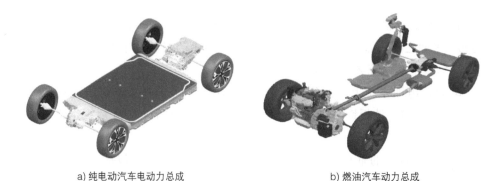

a) 纯电动汽车电动力总成　　　　　　　　b) 燃油汽车动力总成

图 2-3　动力总成

2.2.1　X 方向尺寸框架

X 方向尺寸框架主要包含整车长度 $L1$、轴距 $L2$、前悬长度 $L3$、后悬长度 $L4$，其中轴距又可分解为 $L5$、$L6$、$L7$ 三个乘员舱内部尺寸，纯电动汽车 X 向尺寸框架主要影响动力蓄电池系统和电驱动总成布置空间。

1. 整车 X 向尺寸框架与动力蓄电池系统

纯电动汽车在概念设计阶段，根据整车重量、续驶里程、加速时间等整车属性目标，计算出车辆所需搭载的总能量需求。根据搭载电芯规格、动力蓄电池系统结构类型、体积能量密度等参数，算出动力蓄电池系统所需体积、长、宽、高外形尺寸。动力蓄电池系统外形尺寸确定后，可放入整车环境中校核整车尺寸框架能否满足动力蓄电池系统需求，也可根据整车尺寸框架计算出可提供给动力蓄电池系统的布置空间能否满足整车能量需求。

纯电动汽车动力蓄电池系统通常布置在前后悬架之间的地板面下，在定义轴距时前、后副车架的布置空间也需同步考虑，如图 2-4 所示，轴距与动力电池系统的关系可以表示为

$$L2 = L8 + L9 + L10 + L11 + L12$$

式中　$L8$——前轮中心到前副车架后端 X 向水平长度，代表前悬架设计空间，主要由悬架类型、控制臂布局决定，常用的前悬架有麦弗逊和双叉臂两种类型；

　　　$L9$——前副车架后端到动力蓄电池系统前端 X 向水平长度；

　　　$L10$——动力蓄电池系统前端到后端 X 向水平长度，代表动力蓄电池系统长度，主要由整车所需能量决定；

　　　$L11$——动力蓄电池系统后端到后副车架前端 X 向水平长度，$L9$ 和 $L11$ 均代表动力蓄电池系统安全空间，关系到整车在碰撞过程中前后副车架是否会破坏动力蓄电池系统外部结构，挤压内部电芯或高压模块。在设计时需考虑整车碰撞安全策略、动力蓄电池系统内部布局，在空间允许的情况下尽量加大动力蓄电池系统与前、后副车架间隙，以保证碰撞过程中动力蓄电池系统不被副车架挤压损坏；

　　　$L12$——后悬架前端到后轮中心 X 向水平长度，代表后悬架设计空间，常用的后悬架类型有扭力梁和多连杆悬架。后悬架类型通过车型定位、操稳目标等因素共同确定。对于有后驱需求的纯电动汽车，后悬架为匹配后电驱动总成空间需求，后副车架尺寸一般设计得比较大，需更多占用 X 向空间，导致动力蓄电池系统可用空间减少。

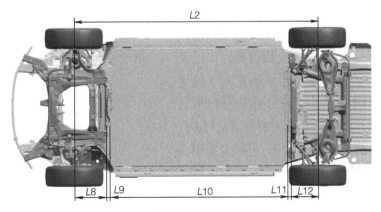

图 2-4　动力蓄电池系统与轴距

综合以上，在定义轴距时需综合考虑前/后悬架类型、驱动类型、动力蓄电池系统布置空间、碰撞安全空间等多方面需求。对纯电动汽车来说，动力蓄电池系统布置空间及碰撞安全是非常重要的设计要点。

2. 整车 X 向尺寸框架与电驱动总成

纯电动汽车相比传统燃油汽车不需要复杂的传动系统就可以实现后驱、四驱。后驱、四驱相比前驱车有更好的动力、操控稳定性，越来越多的纯电动汽车采用后驱或四驱为主要的驱动形式。前电驱动总成与传统发动机相比体积减小，前机舱可用空间大，布置相对简单，同时为增大前舱吸能空间，前电机与电控尽量 Z 向布置，以减小 X 向占用空间。以后驱或四驱为主的车辆，后电驱动总成功率/转矩一般比前电驱动总成大，后电驱动总成与前电驱动总成相比，尺寸有所增大，同时受车内乘员、行李舱空间限制，就要求后电驱动总成 Z 向尺寸小，X 向适当加大。前后电驱动总成示意图如图 2-5 所示。

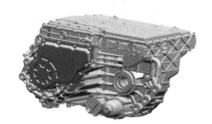

a) 前电驱动总成   b) 后电驱动总成

图 2-5 前后电驱动总成

后电驱动总成一般布置在车内第二排座椅靠背位置后方。后电驱动总成在布置时需根据后轮中心位置、驱动轴夹角、与周边零部件间隙要求等因素确定。为保证第二排座椅舒适性、美观性、靠背调节功能，需校核后电驱动总成与座椅之间的距离 $L13$ 能否满足设计要求，如图 2-6 所示。当该值不能满足设计要求时，需调整座椅位置或电驱动总成外轮廓边界，保证足够的 $L13$ 空间。若调整第二排座椅位置，就会影响整车 $L6$ 及 $L7$ 的大小，对于注重车内乘员空间的车型来说，通常期望较大的乘员空间 $L6$，就要求电驱动总成尽量减小 $L14$，即动力输出线到电驱动总成前端的距离。第二排座椅位置还受门洞止口、上下车方便性限制，不能无限制后移。

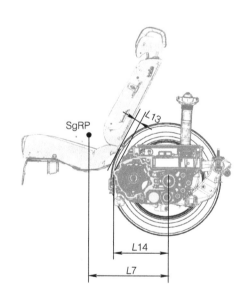

图 2-6 后电驱动总成与座椅

2.2.2 *Y* 方向尺寸框架

Y 方向尺寸框架主要包含整车宽 *W*1、轮距 *W*2，如图 2-7 所示。整车宽度一般根据车型定位及造型需求确定，整车宽度确定后结合造型及轮胎规格确定前后轮距及地板面宽度。在纯电动汽车中，车身地板面宽度 *W*3 直接影响动力蓄电池系统宽度 *W*4，前电驱动总成宽度影响车身纵梁开度，后电驱动总成宽度影响后副车架宽度。

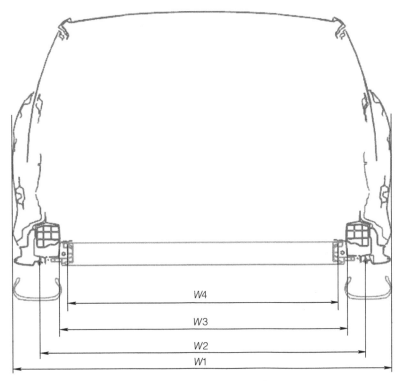

图 2-7 车宽与动力蓄电池系统

1. 整车 *Y* 向框架与动力蓄电池系统

纯电动汽车的动力蓄电池系统通常固定在门槛梁上，门槛梁间距主要由整车宽、门槛梁截面尺寸、门槛止口位置等因素确定。整车宽度决定门槛止口位置，受造型影响，车门位置并不一定是整车最宽处，在考虑止口宽度时需考虑造型需求。门槛梁截面尺寸及地板面宽度主要影响动力蓄电池系统侧碰安全性能、座椅调节手部操作空间，同时还要考虑门槛钣金冲压成形工艺要求。

除了考虑车身与动力蓄电池系统的匹配外，还要考虑制动管路、冷却水管、高压线的布置空间。对于管线布置在动力蓄电池系统与车身之间的，需预留足够的管线布置空间及装配空间，如图 2-8 所示。

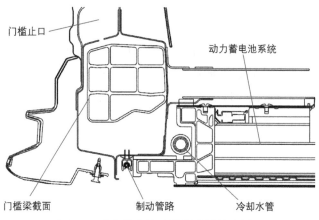

图 2-8　动力蓄电池系统周边管线布置

2. 整车 *Y* 向框架与电驱动总成

前电驱动总成 *Y* 向尺寸影响车身前纵梁开度，纵梁外侧受轮胎包络限制，若前电驱动总成 *Y* 向尺寸 *W*5-1 增大，纵梁开度 *W*6 也需随之增大。为避免轮胎包络与纵梁干涉，需要增加前轮距 *W*2-1，如图 2-9 所示。

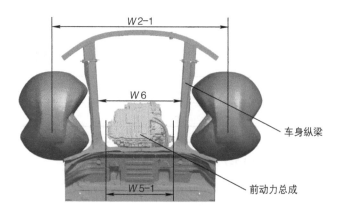

图 2-9　前电驱动总成宽与轮距

后电驱动总成通过悬置固定在后副车架上，后电驱动总成宽度影响副车架纵梁宽度，若后电驱动总成 *Y* 向尺寸 *W*5-2 过大，那么副车架纵梁 *Y* 向尺寸也随之增加。为保证悬架运动几何不变，控制臂需要外移，增加后轮距 *W*2-2，如图 2-10 所示。

2.2.3　*Z* 方向尺寸框架

Z 向尺寸框架主要包含整车高度 *H*1、离地间隙 *H*2、动力蓄电池系统 *Z* 向高度 *H*3、动力蓄电池系统上平面到人体踵点（AHP）的垂直距离 *H*4、人体坐姿 *H*5、头部空间 *H*6。纯

电汽车动力蓄电池系统布置在地板下方，其厚度会直接影响离地间隙、前地板高度及人体坐姿。后电驱动总成位于后行李舱下方，其高度会影响后行李舱地板的高度。

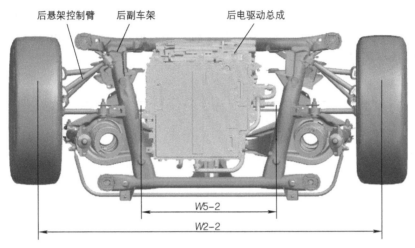

图 2-10　后电驱动总成与轮距

1. 整车 Z 向尺寸与动力蓄电池系统

动力蓄电池系统 Z 向高度主要影响车内乘员空间。在离地间隙满足设计要求的情况下，动力蓄电池 Z 向高度越大，地板面就越高。对于纯电动轿车，若人体坐姿及车内空间不变，整车高度较高。纯电轿车为降低整车高度，采用较低的人体坐姿。在满足整车电量需求的前提下，通常期望电池 Z 向尺寸越小，车内可利用的空间越大。

在传统的动力蓄电池系统与车身传统配合结构中，电池作为独立的部件安装。比亚迪汽车研发的 CTB 技术如图 2-11 所示，其核心是将动力蓄电池系统与车身结构部分融合，可减小车身地板或电池的 Z 向空间，从而减小 $H4$，增大车内空间，采用 CTB 技术，动力蓄电池系统与踵点距离可减小 10～15mm。

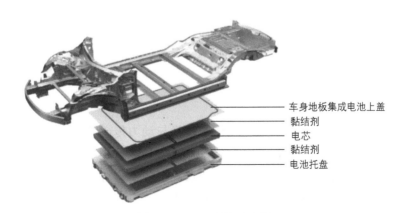

图 2-11　CTB 结构示意图

2. 整车 Z 向尺寸与后电驱动总成

后电驱动总成布置在后行李舱下方，如图 2-12 所示。在后电驱动总成满足离地间隙 $H8$ 的前提下，后电驱动总成 Z 向尺寸 $H9$ 越大，地板面高度 $H10$ 就越大，行李舱 Z 向空间 $H11$ 就越小，后行李舱容积就越小；另一方面，后地板面离地高度 $H10$ 增加后，后行李舱取放方便性也会受一定程度的影响，从后行李舱容积及取放方便性的角度考虑，后电驱动总成高度 $H9$ 越小越好。

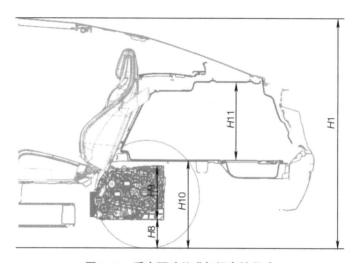

图 2-12　后电驱动总成与行李舱尺寸

纯电动汽车整车尺寸框架的设计过程是确定整车外部尺寸、内部空间、关键零部件边界、性能目标达成情况的过程，重点关注电驱动总成、动力蓄电池系统布置边界与整车尺寸的匹配，确保整车尺寸框架下电驱动总成、动力蓄电池系统能满足纯电动汽车续航、百公里加速、动力经济性等性能目标，同时人机空间、储物空间在同级别车型中处于领先水平。

2.3　纯电动汽车驱动总成架构设计

2.3.1　纯电动汽车驱动总成构型

电驱动总成是为纯电动汽车提供主要能量转换与动力传递的系统，是实现电能与机械能转换，保证整车动力性、经济性与可靠性等性能的关键。如图 2-13 所示，纯电动汽车电驱动总成系统由驱动电机、电机控制器和减速器等组成，它与相关联的对象存在多种机械和电气耦合方式，这使得电驱动总成具有多种构型。

电驱动总成构型又可称为电驱动总成拓扑架构。由于电驱动总成与相关联对象的耦合方式多样化，因此电驱动总成拓扑架构呈现多元分类：根据驱动电机、电机控制器、减速器的耦合方式，可分为分立式结构和集成式结构；根据电驱动总成在车辆上的分布方式分类，可分为分布式驱动和集中式驱动。常见的电驱动总成拓扑结构如图 2-14 所示。

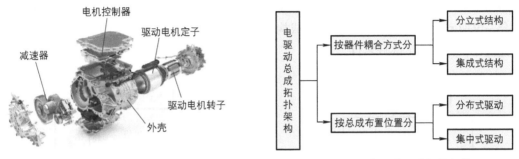

图 2-13　电驱动总成的结构　　　　　图 2-14　电驱动总成拓扑架构

2.3.2　纯电动汽车驱动总成器件耦合方式

1. 分立式驱动

分立式电驱动总成通常是将驱动电机、电机控制器、减速器单独布置。这种布置方式由于集成度较低、占用布置空间、传动效率低等诸多因素，已经被集成式驱动方式替代，其基础构型如图 2-15 所示。

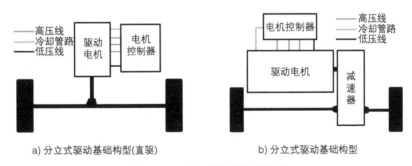

a) 分立式驱动基础构型(直驱)　　　　　b) 分立式驱动基础构型

图 2-15　分立式驱动基础构型

2. 集成式驱动

在设计电驱动总成的拓扑结构时，若将驱动电机、电机控制器和减速器三者中的两个或者全部组合在一起，则这种耦合方式称为"集成式"。集成式电驱动总成通常有以下几种耦合方式：驱动电机 - 减速器二合一（电机控制器单独布置）、驱动电机 - 电机控制器 - 减速器三合一、驱动电机 - 动力域控制器 - 减速器多合一（控制器功能集成）。

（1）二合一电驱动总成

二合一电驱动总成的主要特点是驱动电机与减速器组成电驱动总成，而电机控制器需单独布置，两者之间通过三相线连接，其基础构型如图 2-16 所示。这种布置结构简单、通用性好，能快速实现车型设计，整车不需要做太多调整。但其也存在着占用布置空间、管线布置复杂、电磁兼容较差、系统设计成本高等明显的缺点。

（2）三合一电驱动总成

在二合一总成构型的基础上，集成度更高的三合一电驱动总成被开发出来，其基础构型如图 2-17 所示。三合一电驱动总成将驱动电机、电机控制器、减速器集成为一体，组成三合一电驱动总成。相较于二合一总成构型，三合一电驱动总成取消了电机控制器的独立布置设计，并节省了部分零件。

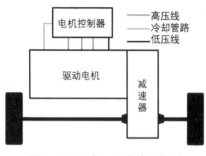

图 2-16　二合一总成基础构型

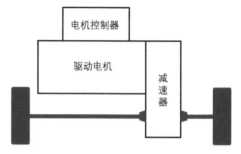

图 2-17　三合一总成基础构型

这种集成方式不仅能取消电机控制器与驱动电机外部连接的高压三相线，改为内置三相铜排连接设计，还内置了电机旋变与温感线，同时根据布置位置取消或缩短电机与电控间的冷却管路。三合一电驱动总成既可有效压缩整车布置空间，又可改善或取消二合一总成存在的冷却水管、高低压线束复杂布置等缺点，从而降低系统成本。

（3）多合一电驱动总成

随着市场对驾乘空间需求的日益提升，车型设计需要进一步压缩前、后舱的布置空间，来换取更多的车内空间，系统深度集成化概念的应运而生，对动力系统集成化的需求也变得更加迫切。为提高系统功率密度、降低能量传输损耗、优化整车布置空间，各大车企相继开发出集成度更高的多合一电驱动总成，其基础构型如图 2-18 所示。这种构型不仅能减少整车芯片使用数量，降低开发成本，还能通过控制板的深度集成，提升 CAN 总线信号间的通信效率。

相较于三合一电驱动总成，比亚迪发布的 e 平台 3.0 Evo 采用十二合一电驱动总成集成技术（图 2-19），集成高转速电机、高效减速器、碳化硅电控、车载充电器（OBC）、直流变换器（DC-DC）、高压配电模块（PDU）、整车控制器（VCU）、电池管理器（BMS）、能量管理智控系

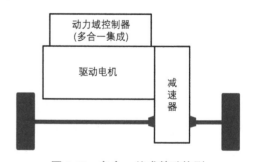

图 2-18　多合一总成基础构型

统、智能升压模块、智能升流模块、智能自加热模块，通过智能复用高压拓扑架构，深化动力域控制器模块集成、功能拓展，从三合一到八合一，再从八合一进一步升级为十二合一智能电驱动总成。多合一电驱动总成的优点总结如下：

1）集成度高，可减小电驱动总成的体积和重量，提升功率密度和转矩密度。

2）控制器共用零部件较多，减小了零部件相互之间的布置间隙，省去了原本各独立控制器间的线束、水管及接头等辅件，降低了系统的开发成本及复杂性。

3）减少了高低压线束的数量，缩短了线束的长度，一定程度上提升了总成高压安全性和电磁兼容性。

4）简化了总成装配及整车的装配工艺，降低了产品的装配难度，提高了产品合格率。

高转速电机	碳化硅电控	高效减速器	车载充电器
直流变换器	高压配电模块	整车控制器	电池管理器
能量管理智控系统	智能升压模块	智能升流模块	智能自加热模块

图 2-19　十二合一电驱动总成

但是，多合一电驱动总成开发往往需要克服以下挑战：

1）集成度提高的同时，总成效率也需要同步提升，因此对各零部件新材料、新技术的挑战更大。

2）本就很复杂的 NVH（Noise、Vibration、Harshness，噪声、振动、声振粗糙度）、电磁兼容和热管理变得更加复杂化。

3）对产品维修、拆装便利性要求更高，对产品设计要求也更高。

4）对多合一试验验证方法和能力要求更高。

2.3.3　纯电动汽车驱动总成布置方式

1. 集中式驱动

集中式驱动的结构与传统汽车的相似，用驱动电机替代发动机，通过传动系统将驱动电机的转矩传递到驱动车轮上。通过驱动电机与减速器机械耦合、驱动电机与电机控制器电气耦合等方式，该构型可衍生出不同的架构，具体有以下 4 种。

（1）电机直驱

电机直驱是将驱动电机产生的转矩直接经过传动轴传递到车轮，无需变速器或减速器，这种布置方式常用于纯电动 A00（微型车）或 A0（小型车），其基础构型如图 2-20 所示。电机直驱的优点是：开发成本较低、控制简单。但缺点也较为明显：较高的转矩需求导致驱动电机需要更大的永磁体及绕组布置体积，质量也增大较多。

（2）电机+减速器

电机+减速器构型是在驱动电机传动端增加一个固定速比的减速器，电机的转矩经减速器减速增矩后，通过传动轴传递到车轮上，其基础构型如图 2-21 所示。这种布置方式常用于纯电动乘用车领域，相较于电机直驱，这种构型中驱动电机的转矩可相对减小，从而使驱动电机的体积、质量同步减小，因此，该构型为目前纯电动乘用车领域主流的驱动方式。

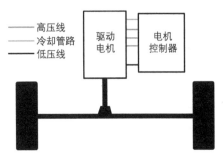

图 2-20　电机直驱基础构型

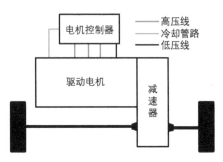

图 2-21　电机+减速器构型

（3）电机+变速器

电机+变速器构型是在驱动电机输出端增加一个多档位变速器，也可为无级变速器（ECVT）或行星齿轮结构，驱动电机的转矩通过变速器减速增矩后，通过传动轴传递到车轮上，其基础构型如图 2-22 所示。这种布置方式常用于纯电动/混动乘用车、商用车领域，与电机+减速器构型同理。在这种构型中，电机的转矩可设计较小，并且可通过不同速比实现电机工况点调节，以保证驱动电机更多地运行在高效区。但该构型控制策略复杂、变速器构型也较复杂，导致开发难度大，开发成本高，质量也相对较大，因此广泛应用于重型商用车领域。

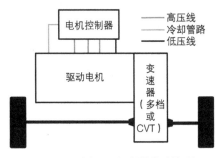

图 2-22　电机+变速器基础构型

（4）双电机驱动总成

双电机驱动的构型是通过两台电机的搭配工作，以满足车辆在复杂工况下（加速、起步、爬坡等）的功率需求或转矩补偿，其基础构型如图 2-23 所示。双电机可分为单轴驱动或双轴驱动，单轴驱动即两个驱动电机同时加载在同一个轴上，而双轴驱动是指两个驱动电机分别加载在前后两个轴上，也称为"四轮驱动"。

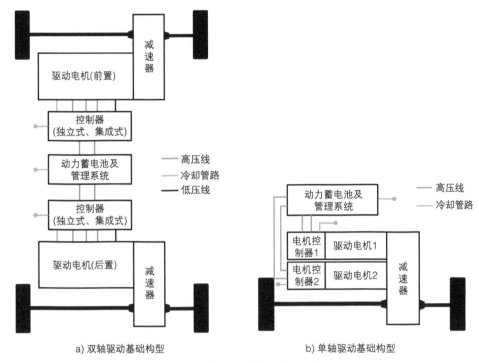

a) 双轴驱动基础构型　　　　　　　b) 单轴驱动基础构型

图 2-23　单轴 / 双轴驱动基础构型

单轴驱动电机通常会区分主驱电机和辅驱电机，主驱电机承担车辆大部分工况的驱动需求，辅驱电机则根据实时工况动态地介入，这样可提高每个驱动电机在高效区运行的概率。

2. 分布式驱动

分布式驱动是指同一车轴上两轮的驱动力分别来自不同的驱动电机。驱动电机多布置于车轮附近或轮辋内。分布式驱动可根据驱动电机的布置位置不同，分为轮边驱动和轮毂驱动两种类型。

（1）轮边驱动

轮边驱动是指电机装在车轮内侧面以单独驱动该车轮，但电机并非集成在车轮内，而是通过电机输出轴连接到车轮。轮边驱动分为电机直驱和电机＋减速器驱动两种形式，电机控制器可单独布置，也可与之集成设计，其基础构型如图 2-24 所示。

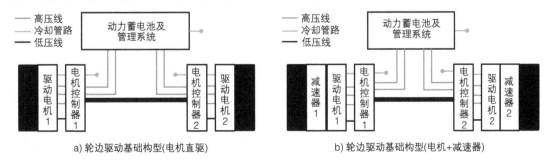

a) 轮边驱动基础构型(电机直驱)　　　　　b) 轮边驱动基础构型(电机+减速器)

图 2-24　轮边驱动基础构型

23

轮边驱动在乘用车领域最早应用的是奥迪 e-tron S 电驱动总成，随着轮边驱动技术深化研究，比亚迪仰望 U8 和 U9 搭载的分布式轮边电驱动总成"易四方"平台量产应用，如图 2-25 所示，这标志着轮边驱动技术逐步实现产业化。

a) 易四方轮边驱动基础构型　　　　　　　　b) 易四方轮边电驱动总成

图 2-25　比亚迪易四方轮边驱动

（2）轮毂驱动

轮毂驱动是指将驱动电机、传动及制动装置集成在车轮内部，因此该方式布置的驱动电机又称为"轮毂电机"。轮毂电机的驱动方式分为电机直驱、电机＋减速器驱动两种，其基础构型如图 2-26 所示。轮毂电机集成度较轮边电机更高，因此更加节省整车布置空间，传动效率也更好，能够提升驾乘体验和扩大储物空间。

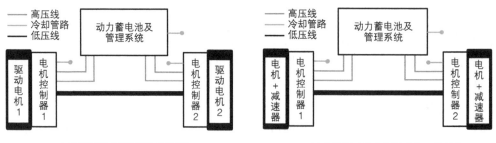

a) 轮毂驱动基础构型(电机直驱)　　　　　　b) 轮毂驱动基础构型(电机+减速器)

图 2-26　轮毂驱动基础构型

2.3.4　电驱动总成技术现状

驱动电机、电机控制器与减速器深度集成的电驱动一体化总成是乘用车领域现阶段发展的主要技术方向。表 2-1 所示为当下各厂商已公开的电驱动总成前沿技术。国外以舍弗勒、博格华纳、博世、法雷奥、摩比斯等为代表的电动力系统集成商，均推出了电驱动一体化总成产品，国内则以比亚迪、汇川、华为、小鹏等企业为代表，在近年来不断推出了三合一或多合一电驱动总成系统。

表 2-1 电驱动总成技术汇总

厂商	集中式驱动	双电机	分布式驱动	轮毂电机	集成式驱动	多合一总成	800V高压	定子油冷	碳化硅	碳纤维转子	电励磁转子	备注
比亚迪弗迪动力	●	●	●		●	●	●	●	●			十二合一 23000r/min 量产高速电机
小米	●				●	●	●	●	●			21000r/min
吉利星驱	●	●	●		●	●	●	●				十一合一
华为	●	●	●		●	●	●	●	●			七合一／十合一
小鹏	●				●		●	●				
蔚来	●								●			
上汽变速器	●				●		●					
汇川	●	●			●				●			七合一
舍弗勒	●	●	●	●	●	●	●	●	●		●	四合一
博格华纳	●				●	●	●	●	●			
博世	●				●		●		●			
法雷奥	●				●		●				●	
摩比斯	●				●		●		●			

结合当下电驱动总成技术来看，未来总成技术的发展趋势呈现以下几点：

1）三合一总成已经全面占领市场，二合一、分立式总成已逐渐退出历史舞台。此外，开发多合一总成的企业逐渐增多，高度集成机电耦合系统成为未来重要的发展趋势。

2）双电机技术方案正受到越来越多企业的关注。

3）定子油冷、碳化硅模块应用，为电机及控制器降损耗、提升效率提供了成熟方案。

4）800V 高压模块应用可有效提升系统充电速率，为超充方案推广奠定了基础。

5）电励磁转子的应用可取消永磁体材料，从而降低产品开发成本。该技术有望成为未来技术发展的趋势之一。

本小节重点介绍了分立式与集成式、集中式与分布式动力系统的特点，并阐述了电动力系统技术的发展现状及趋势，为电动力系统架构设计提供了基础。

2.4 纯电动汽车电子电气架构设计

电子电气架构（Electrical/Electronic Architecture，EEA）的概念最早来源于 IT 行业，结合汽车属性和汽车电气系统的功能及性能标准法规要求，汽车 EEA 可以定义为：汽车上电子电气部件之间的相互关系，以及包括汽车各电子电气硬件设计、软件开发测试和各功能/性能实现等所有电子电气部件和电子电气系统所共同承载逻辑功能之间的关系，以及未来研发设计、维护保养和监测电气系统所规定的诸项原则。整车电子电气架构设计是对汽车完整的电子电气系统开发进行总体规划的过程，是整车电子电气控制系统自上而下设计开发过程中最重要的部分之一，具体指在功能需求、标准法规、设计要求等特定约束下，通过对功能、性能、成本、装配等各方面进行分析，求取优化的整车电子电气系统模型及解决方案，进而用于指导系统具体设计开发的顶层设计环节。本节重在对电子电气系统的架构进行规划性设计，不涉及具体系统子部件的细节设计。

整车电子电气架构设计的最终目标是：对汽车上的电子电气元器件排布合理、配电安全可靠、信息交互及时准确、控制策略有效实施，以达到整车设计功能实现、性能最优、总体成本控制最低、及早规避潜在问题、有效缩短开发周期。

开展整车电子电气架构设计首先要分析汽车的功能和性能需求，在整车功能需求、标准法规和设计要求等特定约束条件下，对功能、性能、成本、装配、服务等各方面进行分析研究，将动力系统、底盘系统、车身系统、信息娱乐系统等信息转化为实际的电源分配的物理布局、信号网络、数据网络、安全与诊断、电源管理等电子电气解决方案，输出最优的整车电气系统模型和电气总布置规划书。

在当今竞争激烈的市场环境中，汽车产品，尤其是新能源汽车，往往面临着开发成本高、性能与品质要求严格等多重挑战。为应对此挑战，我国主机厂需重视并加速研发以建立自主的整车电子电气架构平台及设计流程，提升整车电子电气系统的正向设计开发能力。

2.4.1 纯电动汽车的需求特点及技术趋势

电子电气架构设计的提出及发展几乎伴随着汽车智能化、电动化、网联化、共享化的进程。要开展纯电动汽车电子电气架构的规划与设计工作，首先需要全面、系统地分析纯电动汽车的功能和性能需求。纯电动汽车，相比传统燃油汽车，在控制功能和性能方面具有不同的需求，其主要需求特点见表2-2。

表 2-2 纯电动汽车主要需求特点

项目	功能	主要内容
功能需求	能源管理	实现动力蓄电池系统安全、高效的管理
	电驱动控制	实现驱动电机系统安全、高效、精准的控制
	充电控制	实现安全、便捷的多模式能源补充
	热管理	实现安全、高效、舒适的车内热环境调节
	维护、诊断及更新	实现远程、智能化的系统维护、故障诊断和软件更新
	智能化、网联化需求	主要实现车辆监管和使用的智能化、网联化体验
性能需求	安全性（功能/信息安全等）	纯电动汽车发展的第一要务，产品投放市场的红线
	经济性	纯电动汽车使用和推广的关键任务之一
	可靠性	纯电动汽车健康发展和产业化的重要保证
	电磁兼容性	考验纯电动汽车绿色、环保、稳定运行的重要指标
	便捷性	纯电动汽车大规模应用和提升用户体验的重要性能

此外，随着人们生产与生活需求的进一步提升，纯电动汽车的配置和性能在快速发展，日益增长的信息量又导致了新的通信需求。同时，先进的信息技术如 5G、车联网、智能驾驶等不断发展，又为纯电动汽车的发展提供了新的技术手段。纯电动汽车控制技术未来的发展趋势主要包括以下 5 个方面：

（1）（跨）域控制架构技术

传统的分布式控制架构已经很难满足纯电动汽车控制系统综合化、智能化及网联化的需求，（跨）域控制架构技术的出现可为设计模块化、规范化、系统化、综合化的整车网络化控制系统提供有力支撑，是研发高水平、智能化、网联化纯电动汽车不可或缺的关键性、基础性技术。（跨）域控制架构技术对纯电动汽车电子电气系统的设计及发展具有重大意义。

（2）车载高速网络技术

纯电动汽车功能的大量新增必然导致信息量的增加，日益增长的通信需求则需要更高带宽的车载网络。近年来，车载以太网技术得到了快速发展，车载网络速率的提高对于实现纯电动汽车功能扩展具有重要意义。

（3）V2X 无线通信技术

V2X 无线通信技术的发展，可以实现车内与车外实时系统的通信与互操作，对于纯电动汽车的安全、效率及便捷性提升具有重要意义。基于 V2X 技术实现纯电动汽车车载网络系统与车外系统如车、人、地面固定设施及监控中心的数据交换，是有待深入研究的极具前景的课题。

（4）5G 联网技术

主要用于实现汽车与移动通信及云端监控中心的高速、实时、可靠的联网及数据交换，对于纯电动汽车监管具有重要意义。

（5）智能网联控制

实现纯电动汽车的智能化、网联化驾驶，进而实现高度自治的智能交通系统、智慧城市系统，是纯电动汽车发展长期追求的目标。

2.4.2　电子电气架构设计的基本内容

整车电子电气架构设计的具体过程因开发目的和开发者不同，目前并没有统一确定的标准，这里仅给出一个基本的开发流程，如图 2-27 所示。该流程主要包括车型定位、需求分析、逻辑功能架构设计、物理架构设计、架构评估等步骤。

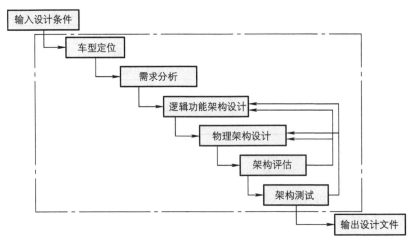

图 2-27　整车电子电气架构设计基本流程

1. 车型定位

车型定位是整个开发过程的起始，也是决定整车电子电气系统开发复杂程度的第一步，通常由市场企划部门、商品开发部门等综合当前市场状况、销售人群需求及对未来市场的评估，确定待开发车型的风格、外形、销售地区、市场前景等内容。

例如某新能源汽车公司，做出的一款新车产品的车型定位见表 2-3。

表 2-3　某汽车企业车型定位

序号	项目
1	纯电驱动型
2	面向城市上班族
3	经济型
4	中国南方地区
5	里程范围 300km
6	价格区间 10 万元左右
……	……

2. 需求分析

需求分析首先是确定哪些需求需要包含在所设计的架构中，通常包括功能性需求和非功能性需求。功能性需求通常指系统的内部需求，即需要系统本身完成的工作；非功能性需求通常指系统的所有外部需求，主要包括安全、性能、标准法规等方面的需求。需求分析的结果可用表格表示，某车企制定的需求分析表见表 2-4。

表 2-4 某车企制定的需求分析表

项目	内容	备注
法规需求	电磁兼容	强制
	监管要求	强制 / 推荐
	安全	强制
	……	……
功能需求	制动能量回收	必备
	国标交直流充电	必备
	自适应巡航	可选
	电动空调	必备
	……	……
性能需求	动力性	最高车速 150km/h
	经济性	11kW·h/100km
	温度适应性	−25～55℃
	……	……

需求分析的第二步是确定功能配置清单,并建立完整的需求分析描述文件,同时制订验证整车及部件需求是否实现的测试规范与方法。

功能配置清单通常依据对标车型、供应商、车型高低配等综合因素制定。某纯电动汽车车型的功能配置清单(部分)见表 2-5。

表 2-5 某纯电动汽车车型的功能配置清单(部分)

功能配置	高配	低配
动力蓄电池系统均衡管理	有	有
动力蓄电池系统加热	有	无
动力蓄电池系统冷却	有	无
国标直流充电车辆插座	有	有
交流充电连接装置	有	有
车载充电器	有	有
高压系统碰撞断电保护	有	有
……	……	……

3. 逻辑功能架构设计

在需求分析的基础上,进一步开展逻辑功能架构设计。逻辑功能架构设计的内容主要包括逻辑功能定义、功能分配、功能安全设计、信息安全设计等。

(1)逻辑功能定义

逻辑功能定义的任务是确定各子系统功能的逻辑或抽象描述,主要包括逻辑传感器、逻辑功能块、逻辑执行器等的描述,一般使用逻辑功能框图表示。图 2-28 所示为制动能量回收逻辑功能定义示例。

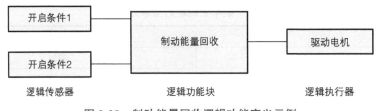

图 2-28　制动能量回收逻辑功能定义示例

（2）功能分配

功能分配是将逻辑功能块分散到各个具体的硬件功能模块中的过程，是电子电气架构设计最重要的环节之一。功能分配结果将对硬件部件、网络通信、功率分配以及线束设计带来直接影响，功能分配的结果也决定了电子电气架构的特性。

功能分配所遵循的原则通常有：功能集中原则、位置集中原则、电气特性需求原则和成本原则等。

（3）功能安全设计

传统汽车的安全体系主要依赖于 IATF 16949 质量管理体系标准，产品的安全性只作为质量管理众多维度中的一个重要维度。在 IATF 16949 体系下的安全性设计把控主要依靠 FMEA 工具，通过 DFMEA（设计潜在失效模式后果分析 FMEA 的一种形式）可以在产品设计阶段分析可能的失效并针对这些失效提前采取预防措施，但基于 IATF 16949 分析的 FMEA 并不以安全为唯一预防目标。随着新能源汽车行业的发展以及对电子电气元器件的大量使用，功能安全与信息安全也成为需重点解决的研发课题。功能安全致力于保障电子电气系统的安全性，而信息安全则致力于保障信息资产的安全性。

ISO 26262 标准奠定的功能安全开发体系是对汽车电子电气部件安全性的重要保障。ISO 26262 为汽车产品整个生命周期提供了一套较为完善的安全管理、分析、开发和运行管控制度。企业通过践行 ISO 26262 的要求可以建立企业自身良好的功能安全文化，从而为产品的安全性带来更高的保障。

功能安全体系的关键词是风险管控。风险是指所有由 E/E 系统失效所引起的整车危害 / 不安全事件（例如碰撞、车辆失稳等），而风险管控的主要目的是将这些危害事件的危害程度或发生频率通过 E/E 部件的安全功能降低到可以容忍的程度。降低风险的方式可以在整车系统的任何一个层级：整车系统配合，零部件安全功能开发，甚至芯片失效率降低；具体的分工分配取决于功能安全体系在特定项目上的执行方案，这其中包含了很多巧思以及对方案实施便利度、成本节约性的综合考量。

《HARA 危害分析和风险评估》通过对 E/E 在不同场景变换下系统功能失效造成的可能危害进行分类和识别，为整车危害分析提供了方法。在 HARA 中，同时对危害事件的危害程度有三个维度的客观评价单位：S——严重度（危害事件对人损伤严重度）；E——暴露度（危害事件的发生概率频次）；C——可控度（人可以通过驾驶操作避免伤害的可控性）。S 分为三个等级，E 分为四个等级，C 分为三个等级，以数值最高为最严重 / 暴露最大 / 最不可控。对危害的等级评估可以依据现有的标准规范，如 SAE J2980 中根据前后车速度差规范了追尾事件产生的危害所对应的严重度。在无标准规范的情况下，可根据判断以及各事件的严重度相对性做适当的调整，如既定高速撞击为严重度 S3（最高），则低速撞击的严重度要相应降级。

通过 HARA 分析对风险分类识别并定级，再通过给出的定级得出 ASIL 等级（汽车安全完整性等级）是功能安全系统阶段的必要开发流程。ASIL 等级从 A 到 D 依次代表着最低严格标准到最严苛的递进。ASIL 等级的高低代表了开发过程中对这个危害事件的相对应的 E/E 各层级系统功能的安全要求严苛程度，同时反向印证了相对应的危害事件严重度（只有严重度、暴露度、可控度都达到最高级别的事件，才会被评定为 ASIL D）。ASIL D 级别的安全目标通常需要一套冗余功能模块，才能达到标准定义的诊断覆盖率。

HARA 分析的最终产物是一系列的安全目标（Safety Goal），以及相对应的 ASIL 等级和危害发生时为了保证人员安全需要达到的系统安全状态（Safety State），同时规范进入安全状态的故障容错时间间隔（Fault Tolerant Time Interval，FTTI）。安全目标是针对造成危害事件的系统级失效而设定的，例如电驱动的非预期加速会导致碰撞，则安全目标即为应避免电驱动非预期加速，该目标对应的 ASIL 等级应取同类失效引起的危害最严重事件对应的等级。安全状态需要在概念设计阶段自行定义，目标是避免危害的发生。简言之，在 FTTI 规定时间内，若系统进入定义的安全状态，则该危害可以降低到可接受的程度。在系统设计阶段，还需将生成的安全目标进一步分解为安全需求 FSR。通过标准推荐的失效分析方法 FTA（失效树分析法），以各种 E/E 失效是否违背安全目标为出发点进行分析，得到具体的安全需求，再由安全需求生成最后的安全概念。

功能安全开发体系整体遵循汽车开发 V 字模型，即在开发阶段从高层级一层层分解到最小模块等级，每一个层级经过评审到下一个层级，而开发的闭环则要从最小模块一层层验证至整车级别。从整车层面上来说，功能安全开发流程的最终闭环即为整车安全确认。安全确认的活动主要为了验证在概念设计阶段提出的安全概念是否真的将危险管控到符合安全标准。确认时尽可能复现在 HARA 分析中的危害事件场景，并注入造成危害时间的各种故障，测试不同驾驶员是否可以在现有的功能安全设计需求中控制风险，保证安全。

随着自动驾驶的广泛应用，很多造成危害事件的失效并非来自于 E/E 系统的故障，而可能来自于 E/E 系统本身的功能性能受限或驾驶员误用。这就引申出了预期功能安全的标准 ISO 21448。可以说，ISO 21448 是针对 ISO 26262 的补充，主要考虑由功能达不到预期、人为误操作而导致的危害风险，而不包含 E/E 系统本身的功能失效。例如，大雨天气下的传感器功能无法达到晴天正常下的精度，即达不到预期，并非本身的失效。除了 ISO 26262 的常规分析法，预期功能安全引入了 SPTA 系统理论过程分析法。相比于功能安全中对危害的 S、E、C 三维度衡量，在预期功能安全中还需要另外考虑触发条件、人机共驾责任问题等其他维度。而预期功能安全的危害避免方法主要体现为三种：通过系统修改而尽量维护预期功能，或在已知预期功能在特殊场景下无法达到的情况下限制功能使用，或为了减少人员误用而监控驾驶员操作，做出一些警告提示等措施。与功能安全一样，预期功能安全的实施同样需要在整车层级验证。

功能安全目前只在转向上有强标规定（详见 GB 17675—2021《汽车转向系基本要求》附录 B 功能安全要求）。标准明确规范了以 ISO 26262 为基础的功能安全体系文档输出，从安全概念到安全确认需提供文档资料方可认证车辆。涉及动力系统的强制性标准目前还在修订中，该标准主要针对乘用车制动系统，标准中定义的制动系统包括电力再生式制动，即将释放加速踏板产生的回馈作为制动力的制动。该标准类似于 GB 17675—2021，也对功能安全进行了详细的体系文件输出要求。其他针对动力系统安全类的强制标准规定并未明确要求按照 ISO 26262 的体系进行开发，而是以风险为导向，只要证明满足安全标准即可。

（4）信息安全设计

网络/信息安全在智能网联汽车成为热点的背景下显得尤为重要，法规 ECE R155 明确要求整车认证提供信息安全防护的证据，其中包括威胁分析的文档以及规避威胁的证据。ISO 21434 提供了网络信息安全的指导标准和方法论，相较于功能安全并没有那么具体。在系统阶段必须要做的是 TARA 分析（威胁分析与风险评估），再由 TARA 分析得出相对应的信息安全目标，而体系的闭环则是依照分析的风险与侵入方式做的相对应的安全验证，以证明信息安全开发的完成。

开展信息安全的 TARA 分析，首先要划定出与信息安全相关的功能模块，标准里将这一步称为相关项识别（Item Identification）。确定好模块以及模块边界的同时要确定数据流，数据流需展示安全信息是如何被各模块收获、利用处理后流向何方、用处为何等。数据流图奠定了 TARA 分析的第一步，即资产识别（Asset Identification）。资产分为数据资产和实体资产。数据资产繁殖传输的安全信息，实体资产顾名思义为实际传输接受利用信息的部件。相关项识别指的是大系统模块的识别，而资产识别则是在相关的系统模块中进一步识别具体的安全信息。例如相关项可以识别为整车动力系统，而资产识别通过数据流可识别出转矩信息、加速踏板信号等数据资产。识别出资产是第一步，TARA 分析同时要识别出危害场景、影响等级、攻击路径、攻击可行性，以及最后的风险评估和风险处置。针对危害场景，标准提供了的多个方法论如 STRIDE、EVITA、PASTA 等去分析，这里可以挑选对资产适用的分析方法。与功能安全不同的是，网络信息安全需要评估危害是否会落到 S（安全）、F（经济）、O（操作）、P（隐私和法律）四个层面。最后，需对这些危害进行一个量化的风险评估（系数为 1~5，1 为最小风险）并提供可行的规避方式，生成信息安全目标。风险评估等级同时考虑威胁事件的危害以及攻击可行性。另外，与功能安全不同的是，信息安全的风险处置方案有 4 种，包括消除、缓解、分担和保留，而这在功能安全体系中是不可接受的。

相对于当下的动力系统来说，信息安全的重点主要落实在安全类相关信息，如电池的过温保护、整车热管理指令、DC 运转指令等影响整车安全的信息资产。而随着 V2X、PnC 这类新型充电交互类技术的普及与推进，动力系统的信息安全必要性显得尤为重要，这类与外部设备交互的技术大大增加了这些关键安全信息被攻击的暴露度，ECE R155 也明确列出了认证车辆需对 V2X 上可能的攻击信息做必要的防护。针对关键安全信息的攻击可能会造成安全事故，基础且常见的防护手段包括加密通信（Secured Onboard Communication，SecOC）、硬件安全模块（HSM）、通信层安全模块（TLS）以及有安全功能的上位机（FBL flash bootloader）。其中，SecOC 的重要性近年来逐渐提高，其主要针对 CAN 总线上的加密通信防护，采取一种带有信息认证码（MAC）的对称加密方式，以取代过往的 rolling counter 和 checksum 这类简单的加密算法，这就意味着所有接收发送方都需知道统一秘钥，而秘钥管理则是保证 SecOC 运行安全的基础。秘钥管理需通过硬件安全模块（HSM）来执行，HSM 应为一个可防篡改入侵的硬件模块，秘钥储存在 HSM 里，由 HSM 模块对加密信息进行解读。

未来对动力系统信息安全的要求会随着交互类新技术的推进而逐渐提升，成为需要重点攻克的课题。

功能安全、预期功能安全和信息安全共同描绘了汽车行业对安全概念的定义和要求，其中功能安全侧重于 E/E 系统的失效给"人"本身带来的风险，而预期风险覆盖了由人为误操作或环境局限性给"人"本身带来的风险，信息安全则是覆盖了对"人"、对"信息资产"甚至于对"环境"造成的伤害，如图 2-29 所示。

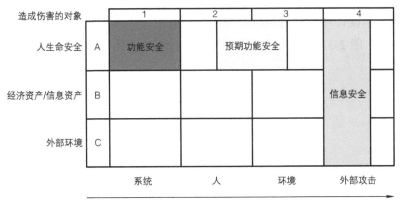

图 2-29 汽车安全概念

从开发流程上来看，功能安全、预期功能安全和信息安全皆遵从整车开发 V 字模型，功能安全与信息安全的主要活动原理类似，但分析方法以及分析目的有所不同，而预期功能安全的活动则是贯穿整个开发过程，并不严格遵从 V 字模型，如图 2-30 所示。

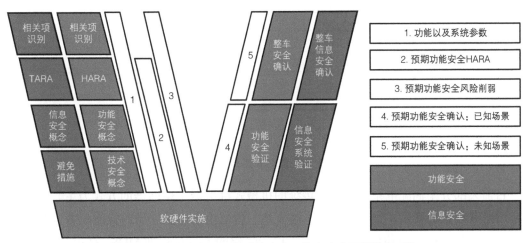

图 2-30 功能安全、预期功能安全、信息安全开发流程对比

目前来说，预期功能安全与信息安全都是较新的领域，对标准的实施也存在很多不确定性，需要整车厂在实践中逐步完善和探讨。

4. 物理架构设计

物理架构设计主要是指将逻辑功能架构设计映射到实体系统的规划性开发过程。在这一环节，需要根据逻辑功能架构设计中的各种逻辑功能定义及其连接关系描述等信息，结合标准法规、成本要求，编写实体系统规划性设计规范文件。物理架构设计的主要内容可包括电源分配规划设计、网络拓扑规划设计、硬件架构设计、软件架构设计等。

（1）电源分配规划设计

电源分配规划设计的主要任务是对整车电子电气系统的低压电源进行分配的规划性设计。电动汽车的电源模块（此处指低压电源模块，高压动力蓄电池系统暂不在此讨论）及其分配方案是整个系统稳定运行的保障。电源的可靠性对于整个系统的性能起着至关重要的作用。电动汽车设计和选择电源时要考虑配电方案、布局、搭铁回路等，以实现对负载良好稳定的供电。图 2-31 所示为比亚迪某车型部分配电方案。

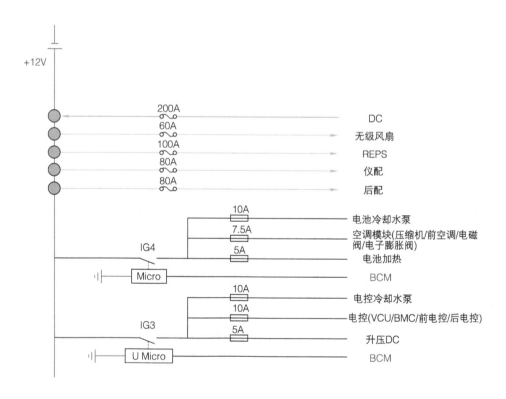

图 2-31　比亚迪某车型部分配电方案

目前大部分车辆配电系统还是以传统的机械式继电器＋熔断器的方式为主。随着电动汽车用电器数量的增多，整车系统越来越复杂，也催生出一些新型的智能配电方案。新型配电大致分为两种：一种是固态继电器＋电子熔丝的方式；一种 MOS＋高边开关的方式，如图 2-32 所示。

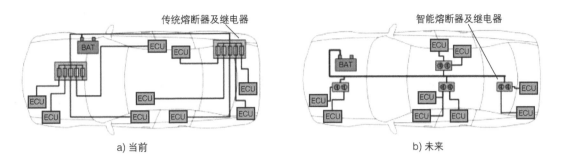

图 2-32　当前配电主要方式及未来配电的一种方案

（2）网络拓扑规划设计

网络拓扑规划设计的主要任务是对整车电子电气系统的通信线路及其拓扑结构方案进行规划设计。网络拓扑规划设计师需要规划设计网络系统的工程原理图。图 2-33 所示为比亚迪某小型纯电动汽车的网络拓扑规划原理图。

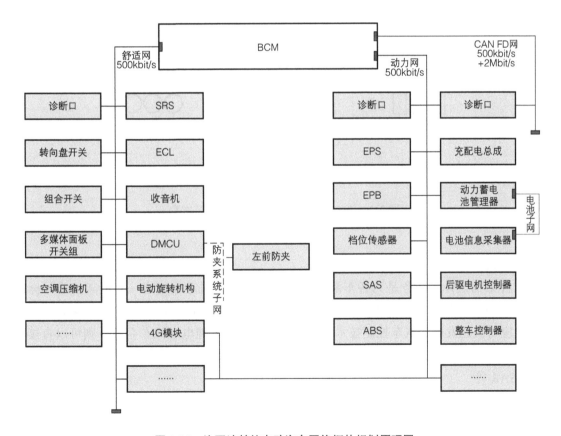

图 2-33　比亚迪某纯电动汽车网络拓扑规划原理图

（3）硬件架构设计

硬件架构设计的主要任务是根据逻辑架构设计中的各种逻辑功能定义及其连接关系描述等信息，结合标准法规、成本要求，编写车载控制器硬件功能结构与接口规范描述。为了生产和售后的方便，有时还需要考虑是否具备诊断、刷写以及编码等功能。如果需要，则在零部件的硬件功能结构和接口规范中进行清晰描述。规范文件明确了各部件需要实现的功能并规定好系统之间的接口，可用于指导各实体零部件的具体设计。

图 2-34 所示为某汽车企业制定的整车控制器（VCU）硬件功能结构和接口规范方案。

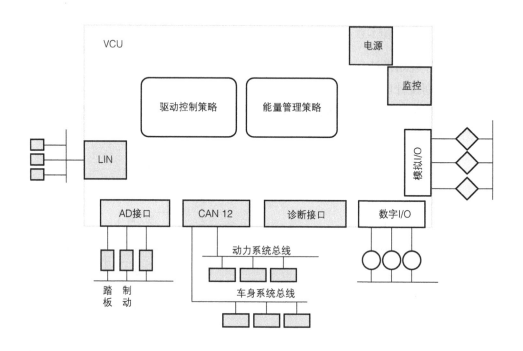

图 2-34　VCU 硬件功能结构和接口规范方案

（4）软件架构设计

软件架构设计的任务是为各车载控制器的软件开发制定或选定一套框架级指导标准及开发、测试规范。对于有实力的汽车企业，可以根据需要规划、开发最优化的软件架构，以应对快速发展的汽车控制技术需要。而对于大多数纯电动汽车企业，则可以直接选用国际上主流的开放式架构标准。目前纯电动汽车可选用的开放式架构标准主要有 OSEK、AUTOSAR 等。

图 2-35 所示为基于 AUTOSAR 的软件架构原理示意图。图 2-36 所示为比亚迪自主开发的基于 POSIX 接口的 BEOS 操作系统示意图。

应用软件
组件
应用软件
组件
…
应用软件
组件
应用软件组件
AUTOSAR运行环境
服务
服务
服务
操作
系统
特定
驱动器
MCtlr
摘要
基本软件
AUTOSAR运行环境

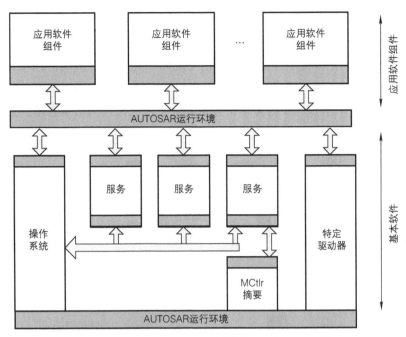

图 2-35 基于 AUTOSAR 的软件架构原理示意图

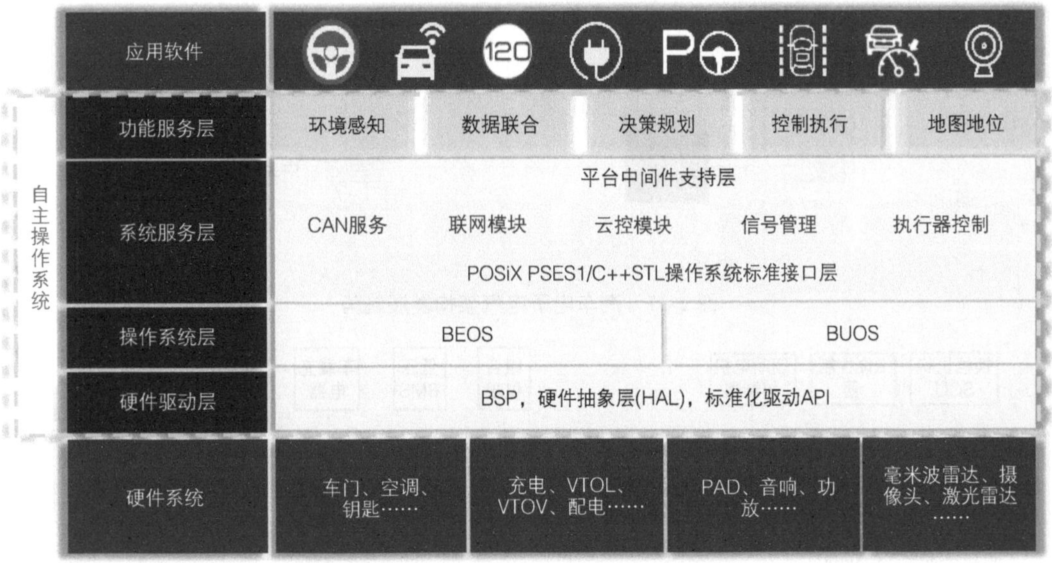

应用软件
120
功能服务层
环境感知
数据联合
决策规划
控制执行
地图地位
自主操作系统
系统服务层
平台中间件支持层
CAN服务
联网模块
云控模块
信号管理
执行器控制
POSiX PSES1/C++STL操作系统标准接口层
操作系统层
BEOS
BUOS
硬件驱动层
BSP，硬件抽象层(HAL)，标准化驱动API
硬件系统
车门、空调、钥匙……
充电、VTOL、VTOV、配电……
PAD、音响、功放……
毫米波雷达、摄像头、激光雷达……

图 2-36 比亚迪自主开发的基于 POSIX 接口的 BEOS 操作系统示意图

2.4.3 行业电子电气架构发展趋势

图 2-37 所示为汽车电子电气架构发展趋势。可以看出，汽车电子电气架构的发展分为 3 个大的阶段：分布式电子电气控制架构、（跨）域集中式电子电气控制架构和中央集中式电子电气控制架构。

1）分布式架构又分为早期的模块化模式和近期的小规模集成化模式。前者功能分配的特点是每个功能均由独立的电子控制单元（ECU）实现，即每一个功能都被分配给一个独立的ECU，各ECU分布在不同的位置，相互之间可通过通信实现协同工作；后者则实现了部分功能的小规模集成，即多个功能运行在一个ECU上，如集成车载充电和直流变换的OBC/DC。图2-38所示为比亚迪某车型分布式电子电气架构网络示意图。

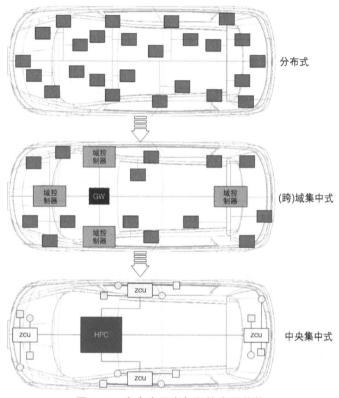

图 2-37　汽车电子电气架构发展趋势

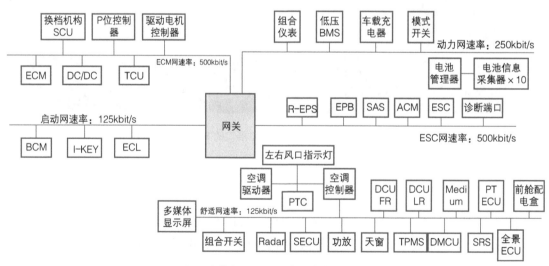

图 2-38　比亚迪某车型分布式电子电气架构网络示意图

2）（跨）域集中式架构根据功能的集中程度，可分为域控制架构模式和跨域控制架构模式。其中，域架构模式由域控制器（Domain Control Unit，DCU）实现一个域内各种功能的集成管理，各 DCU 之间通过高速车载网络互联；跨域架构模式则进一步实现了两个及以上域功能的集中化，形成跨域控制器（Cross-DCU）。图 2-39 为某种域集中式架构方案示意图。

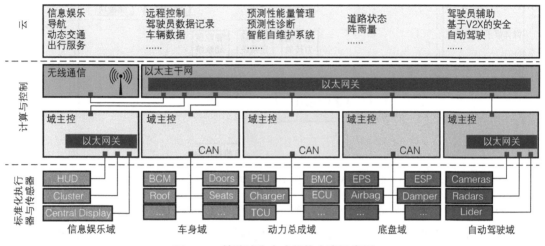

图 2-39　某种域集中式架构方案示意图

3）中央集中式架构则由一台中央车载计算机集中化处理车辆的所有核心功能，并且随着信息与网络系统的发展，未来将有可能由云计算来协同处理先进的车辆功能。图 2-40 为某种中央集中式架构示意图。图 2-41 为特斯拉 Model 3 使用的接近中央集中式的架构示意图。

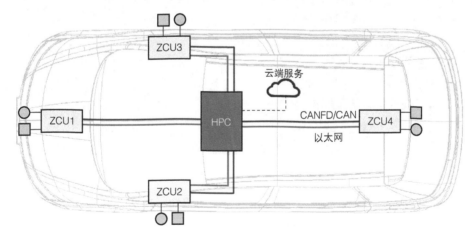

图 2-40　某种中央集中式架构示意图

在 2024 年北京车展中，各大车企及供应商也提出很多电子电气架构的新方案，总体趋势与前述三阶段架构方案一致。当前提出的新方案基本都是以中央集中式架构为基础，增加部分差异设计。国产芯片产商芯驰科技 CEO 程泰毅在北京车展中以"中央·区域，'芯'领智行"为主题，在发布会上分享了对于汽车电子电气架构演进和车规芯片发展的主张。

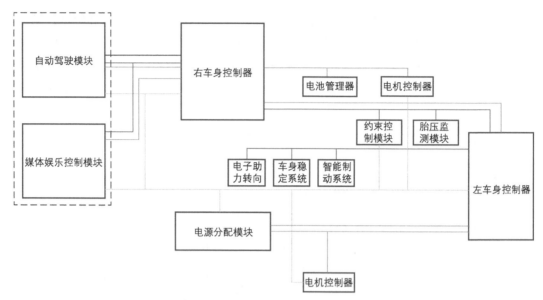

图 2-41 特斯拉 Model 3 使用的接近中央集中式的架构示意图

2024 年初，比亚迪发布行业内首个智电融合的智能化控制架构，如图 2-42 所示，其由一脑、两端、三网、四链组成，实现了电动化与智能化的高效融合，是整车智能战略的重要组成部分。

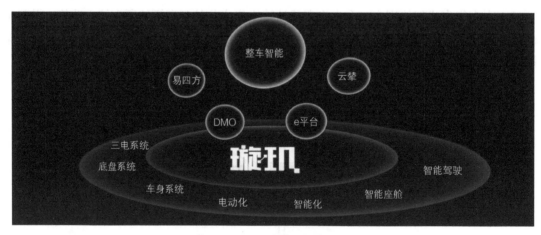

图 2-42 比亚迪璇玑智能架构

1）一脑，代表着"中央大脑"，参与和主导一切感知、决策和执行。

2）两端，则是车端 AI 和云端 AI，实时协同部署。

3）三网，即车联网、5G 网、卫星网，三网融合，可以拓展智能汽车的链接半径。

4）四链，则是指传感链、控制链、数据链、机械链这四链深度贯通，实现灵活感知、精准控制和协同执行，让驾乘更安全、更智能、更高效。

本小节简要介绍了电子电气架构以及电子电气架构开发的必要性，并分析了纯电动汽车的需求特点与技术趋势；着重解释了电子电气架构开发的基本流程与主要内容，指明纯电动汽车电子电气系统由分布式架构到（跨）域集中式架构并进一步演进为中央集中式架构的一般发展趋势。后续章节将详细介绍各系统具体的设计细节。

2.5 纯电动汽车功能设计

2.5.1 纯电动汽车功能设计特点

汽车作为一种交通工具，其基本功能是载运人员和（或）货物，并根据车辆的不同应用场景衍生出不同的功能。汽车的功能可以划分为三类，纯机械功能，如手动调节座椅位置；机电功能，如切换模式开关使汽车进入不同驾驶模式；纯电功能，主要是屏幕类的一些应用 App，如时钟显示、日期显示、图片查阅等，不需要车上的机电部件去执行动作。

对于纯电动汽车，整车上的纯机械功能很少，而且逻辑简单，一般不再对其进行功能设计，第二类功能与第三类功能是当前纯电动汽车功能设计的重点。

2.5.2 纯电动汽车功能设计基本流程

1. 功能定义

设计来源于需求，需求决定设计，纯电动汽车功能需求来自于法规要求、用户需求、系统配合需求、产品管理需求及售后和维护需求五个方面。对于法规需求，标准法规是汽车设计必须遵循的规定，只有满足相应的法律法规，生产的汽车才准许进入市场，值得注意的是，不同国家的标准法规存在一定差异，在进行设计时不能完全视同，需要提前识别风险。对于用户需求，随着应用场景的拓展，汽车不仅仅只要求"能用"，更需要"好用"，要从用车的经济性、娱乐性、舒适性等多个方面满足用户的用车需要。对于系统配合需求，在整车系统内单个产品需要其他产品配合，从而完成产品自身保护或者实现某个功能，因此在进行动力系统设计时不仅要对其他相关零部件提出要求，也需要承接其他产品的功能需求。对于产品管理需求，零部件产品应尽量平台化，兼容不同的车型，以降低产品软件管理难度、实现差异化搭载软件等。作为汽车全生命周期的一环，售后和维护也是决定汽车品质好坏的重要因素之一，开发满足销售及售后维修需求的功能，一方面可以快速定位故障，提升维修效率，另一方面也可以保证人员安全，防止错误操作导致意外事故。

2. 功能分配

在功能定义清晰后，将功能拆分成各参与 ECU 的功能，参照上述逻辑功能架构，确定功能的交互过程，输入、输出及中间的决策。在分配时，需充分考虑当前 ECU 设计及功能，降低开发难度。

根据功能复杂度的不同，功能可分为单一功能（如播放音乐）和多个基本功能构成的复合功能（如驾驶模式）。单一功能根据输入执行的数目，又可分为图 2-43 ~ 图 2-46 所示的四种形式。

（1）一对一

多为仅硬开关型功能，且执行动作仅一个。

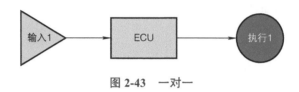

图 2-43　一对一

（2）多对一

开关＋软开关＋语音等多个输入触发功能的，且功能执行单一。

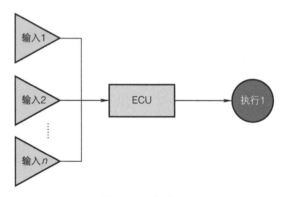

图 2-44　多对一

（3）一对多

开关按下后，执行动作可能有多个选择，需要考虑功能设置。

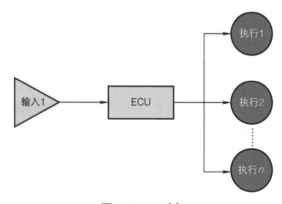

图 2-45　一对多

（4）多对多

多个输入，也有多个输出的选择，基本上要有功能设置。

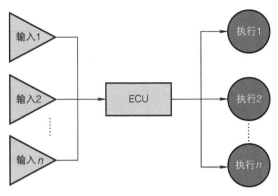

图 2-46 多对多

3. 功能实现

功能实现阶段要确定的内容包括：功能的前置条件，如整车的电源模式、相关系统无故障等；详细的功能时序流程，即信号交互的先后顺序、各 ECU 的判断逻辑、功能所用到信号的报文定义，包括是否可以使用现有报文，新增报文的 ID、周期、含义等，以及功能异常的处理措施等。

在完成整车层级的功能设计后，将功能设计要求传递给相关 ECU，进行相关 ECU 的设计开发。本书聚焦于整车动力系统的开发，故零部件层级的详细开发过程在此不做过多赘述。下面以整车开发过程中动力系统开发为例，以纯电动汽车第二类和第三类典型功能为代表，对纯电动汽车功能设计进行详细阐述。

2.5.3 纯电动汽车功能设计示例

1. 法规要求功能设计

（1）碰撞保护

1）功能定义。当纯电动汽车发生碰撞时，不仅面临着与传统燃油汽车相同的因车身变形等引起的机械伤害，还因为高电压、高能量的特点，可能引发触电、起火等危害。为了规范纯电动汽车设计开发流程，降低因电动汽车碰撞造成的人员伤亡，GB/T 31498—2021《电动汽车碰撞后安全要求》规定了电动汽车碰撞后对于高压电安全测试项目和要求，具体要求见表 2-6。

表 2-6 电动汽车碰撞后对于高压电安全测试的项目和要求

测试项目		要求
防触电保护	电压要求	碰撞后的 5～60s 内，高压母线的电压 U_b、U_1、U_2 不大于 AC 30V 或 DC 60V
	电能要求	碰撞后的 5～60s 内，高压母线上的总电能 TE 小于 0.2J，储存在 Y 电容器内的能量（$TE_{y1}+TE_{y2}$）小于 0.2J
	物理防护要求	直接接触：满足 IPXXB 级别保护
	绝缘电阻要求	间接接触：用大于 0.2A 的电流进行测量，所有的外露可导电部分与电平台之间的电阻应低于 0.1Ω

（续）

测试项目		要求
电解液泄漏		碰撞结束后的 30min 内，不能出现电解液溢入乘员舱且电解液溢出量小于 5L
REESS	位置移动要求	位于乘员舱里面的 REESS 应保持在安装位置，REESS 部件应保持在其外壳内，位于乘员舱外面的任何 REESS 部件不应进入乘员舱
	特殊要求	碰撞结束后 30min 内 REESS 不能起火、爆炸

要满足上述要求，一方面可以从电动汽车车体结构、动力蓄电池系统的防护入手，减少碰撞对汽车的物理损坏；另一方面可以从功能设计角度出发，当发生碰撞后，及时停止车辆运行，切断整车高压，避免危害进一步发生。

2）功能分配及实现。如图 2-47 所示，当车辆发生碰撞、碰撞传感器检测到碰撞时，碰撞信号以硬线信号传递给安全气囊系统（SRS），SRS 通过硬线 PWM 信号传递给 VCU、MCU 及 BMS，同时将碰撞信息通过 CAN 总线发送给 VCU、MCU 及 BMS，VCU 接收到碰撞信号后，向 MCU 发送电机关波的命令，在收到电机关闭状态后向 BMS 发送断开接触器请求，BMS 在收到 SRS 的碰撞 CAN 信号或接收到 VCU 断开接触器请求后关断主接触器断开高压，MCU 接收到关波命令或 SRS 的碰撞信号控制电机停止输出转矩并关波。硬线信号和 CAN 信号构成冗余，只要接收到任一信号有效，碰撞保护策略就会执行，降低信号失效无法触发保护的概率。同时多个控制器构成控制链上的冗余，当 VCU 发生故障无法发出关波命令和断开接触器请求时，MCU 和 BMS 判断碰撞信号有效，直接执行断关波和断开主接触器；MCU 发生故障无法执行关波时，由于接触器断开，回路无高压电机停转，从而构建起碰撞保护的"多层防线"。

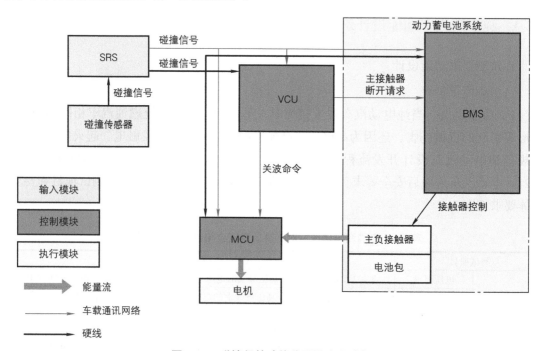

图 2-47　碰撞保护功能分配及实现路径

（2）绝缘检测

1）功能定义。纯电动汽车整车环境内存在较多高压部件，为防止因绝缘故障造成的人身安全隐患，车辆需对整车高压部件的绝缘电阻进行检测，发现异常及时处理并通知驾驶员。GB 18384—2020《电动汽车安全要求》中明确规定，车辆应有绝缘电阻监测功能，并通过标准要求的绝缘监测功能验证试验。对 B 级电压电路接通且未与外部电源传导连接时，该装置能够持续或间歇地检测车辆的绝缘阻值。当该绝缘电阻值小于制造商规定的阈值时，应通过一个明显的信号（例如声或光信号）装置提醒驾驶员，并且制造商规定的阈值应满足以下要求：最大电压下直流电路绝缘电阻应不小于 $100\Omega/V$，交流电路应不小于 $500\Omega/V$；如果直流和交流的 B 级电压电路可导电地连接到一起，则应满足绝缘电阻不小于 $500\Omega/V$ 的要求。

2）功能分配及实现。承担绝缘监测功能的高压部件为 BMS，当车辆进入工作模式后，VCU 发出绝缘检测命令，BMS 内部的绝缘检测模块计算出绝缘阻值，VCU 接收到绝缘阻值后与内置的报警阈值进行比较，若绝缘阻值大于阈值，则正常运行；若绝缘阻值小于阈值，进行相应的故障处理。需要注意的是，在设计绝缘故障处理策略时并不能简单粗暴地断开接触器整车下高压，需要综合考虑场景、车辆状态、危害后果等信息，根据报警阈值，整车绝缘报警分为一般漏电报警及严重漏电报警，一般漏电报警通常只发出警报记录故障，严重漏电根据工况，还需要执行断接触器或限制功率的操作，其工作流程如图 2-48 所示。

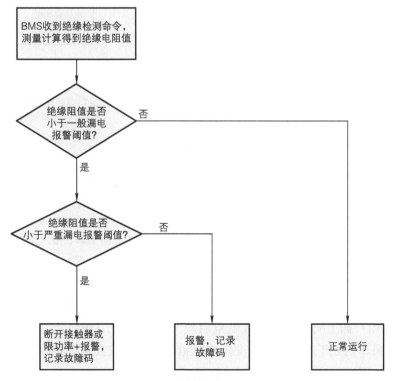

图 2-48　绝缘检测工作流程图

2. 用户需求功能设计

（1）预约充电

1）功能定义。预约充电，是指车主可以自主设定车辆开始交流充电的时间，如果用户在晚上 20 点插入充电枪并设置了车辆预约充电功能，预约两个小时后即 22：00 再开始充电，那么 20 点到 22 点之间虽然充电枪已经连接，但此时并没有进行充电，这样一方面有助于用户结合自身实际的充电习惯合理安排充电时间，另一方面由于我国大部分地区采用的是峰谷电价，用电高峰期插枪不充电，夜间电网负荷小的时候再进行充电，提高电力资源利用率的同时也可以为车主节省一部分充电费用。

2）功能分配及实现。预约充电可以通过多媒体和仪表两种方式进行设置。以多媒体设置为例，如图 2-49 所示，插充电枪启动交流充电，充电开始前或交流充电过程中，用户可以打开多媒体的预约充电开关启动功能，此时车辆会进入预约等待状态，交流充电暂停，电流变为 0，主接触器保持吸合；等到达预约时间后，充电电流恢复，进入交流充电流程。整个等待过程中电池管理系统会巡检是否满足预约充电退出条件（如电量过低，不允许预约充电）；通过仪表进入预约充电流程需要首先进入交流充电，当收到设置预约充电的仪表提示后按操作进入，后面的流程与通过多媒体设置一致。如果想要取消预约充电，则可以重新插拔充电枪或在多媒体、仪表上进行取消操作。

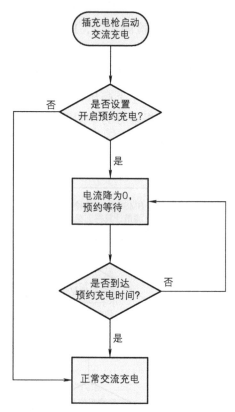

图 2-49　预约充电流程图

（2）车辆对外放电功能

1）功能定义。车辆对外放电功能（Vehicle to Load，VTOL）是指电动汽车通过自身的转接设备，将动力蓄电池系统的直流电转换为 220V 的交流家用电压（具体电压根据车型所在国家使用电压变化，我国为 220V），支持外部用电器的使用。直接利用整车电量对外放电，汽车此时就是一个大号"充电宝"，可以满足野外照明、野炊等多种用电需求，使汽车成为集住宿、做饭、娱乐和办公于一体的移动空间。

2）功能分配及实现。启动交流 VTOL 放电功能，车辆对外提供交流 220V 供电。如图 2-50 所示，用户插上交流 VTOL 放电枪启动 VTOL 功能，OBC 会巡检是否满足对外放电的条件：如果车辆处于防盗模式或交流充电枪连接异常或其他影响放电功能故障，则不进入对外放电；当进入对外放电流程时，OBC 会向 BMS 发送放电请求，BMS 自身判断当前电池条件是否允许放电，如果满足条件，则接触器吸合并向 OBC 发出放电允许命令，开始对外放电，仪表会同步显示对外放电信息；结束对外放电需先关闭负载电源，之后拔充电枪，结束放电流程。

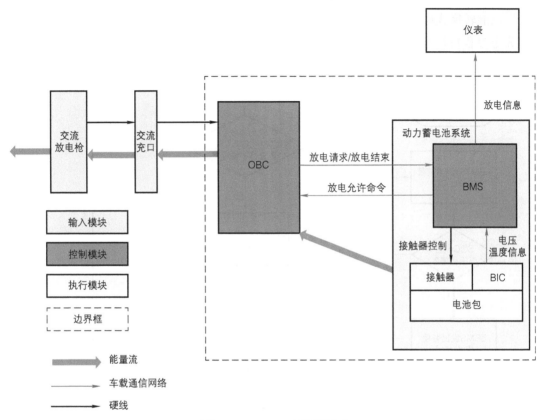

图 2-50 VTOL 功能示意图

3. 系统配合需求功能设计

（1）智能充电

1）功能定义。纯电动汽车分为高压和低压两套电气系统。低压供电系统由 12V/24V 低压蓄电池、DC/DC、OBC、继电器、线束等构成，一方面为灯光照明系统、影音系统、车门解锁等常规低压用电器供电，另一方面为整车控制器、电机控制器、电池管理系统以及高压设备的控制器及冷却水泵等附件供电。高压系统包括动力蓄电池、驱动电机、高压配电箱（PDU）、电动压缩机、DC/DC、OBC、PTC、高压线束等多个部件。正常情况下，低压蓄电池主要用于 DC/DC 未启动时的临时负载及短时停车等场合，且上电后 DC/DC 会给低压蓄电池补充电能，以维持低压蓄电池的电压在额定电压范围内，但在实际使用中，长时间不启动车辆可能会导致低压蓄电池电压下降到工作电压以下，无法正常支持启动，因此开发了智能充电功能，当整车处于 OFF 电源档时，若低压蓄电池电量过低，则启动智能充电，由动力蓄电池系统给其充电以保证车辆的正常启动要求。

2）功能分配及实现。智能充电功能主要由低压蓄电池管理系统（LBMS）、BCM、

BMS、DC/DC 实现。智能充电功能的流程如图 2-51 所示，LBMS 检测到当前低压蓄电池 SOC 低于阈值，发出智能充电请求，BCM 吸合低压继电器给控制器供电，BMS 在收到 LBMS 的智能充电请求后判断是否允许智能充电，允许智能充电吸合高压接触器，DC/DC 将高压电能转换成低压给低压蓄电池充电，当蓄电池的 SOC 达到 100% 时，停止智能充电。智能充电过程可以与充放电流程并行，若发生任何不允许智能充电的故障，应立即结束智能充电。

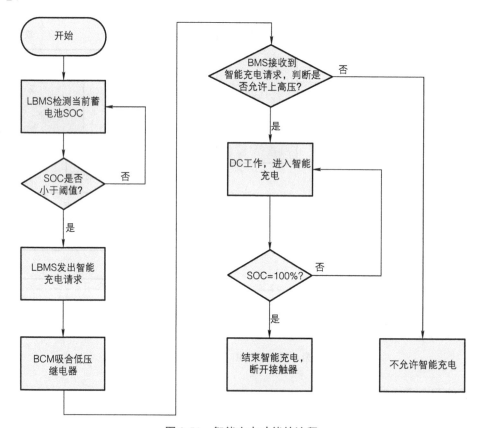

图 2-51　智能充电功能的流程

（2）电池二次保护

1）功能定义。正常情况下，BMS 通过对数据采集模块回传的的电池单体电压、电池总电压进行监控，判定电池是否有发生过充电、过放电的趋势，从而指示高压接触器动作，终止充放电流程，即电池的一次保护。电池的二次保护是考虑电池管理系统故障等特殊的情况下，一次保护失效，无法实现对电池组电压的安全控制，可能会导致电池发生不可修复的损坏，因此通过借助其他模块，增加对电池的保护，防止电池出现过充电过放电。

2）功能分配及实现。电池二次保护工作流程如图 2-52 所示，BMS 通电工作后，通过 CAN 总线持续发送生命帧和电池电压信息。OBC 持续监控 BMS 的工作状态，当生命帧持续一定时间不变化时，即判断 BMS 工作异常，结束交流充电流程；当 OBC 直流侧电压大于根据 BMS 发送的总电压限值得到的阈值时，即判断 BMS 工作异常，结束交流充电流程。

驱动流程：当 VCU 收到报文生命帧不变化时，即判断 BMS 工作异常，保持上一驱动状态，不允许回馈。对于 BMS 控制直流充电的配置，直流充电流程无电池二次保护功能。

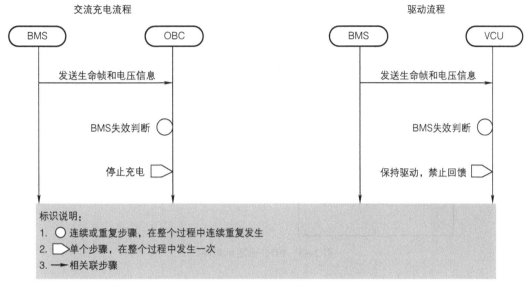

图 2-52　电池二次保护工作流程图

4. 产品管理需求功能设计

（1）PDC 产品参数标定

1）功能定义。动力域控制器（PDC）是整车的核心部件，承担着驱动控制、故障诊断、能量管理等功能。PDC 是一个平台化的产品，硬件上充分考虑整车需求，预留接口和功能，通过软件进行差异化搭载，相比特定产品，平台化的产品可以通用于更多总成、系统或整车，即同一 PDC 硬件，搭载不同车型，既节省了开发时间和成本，也有利于产品质量的持续改进。

PDC 产品参数标定是指根据整车的各项性能要求，对开放软件标定接口的 PDC 运行和控制参数在可行域内进行不断调整优化，最终软件固化参数的最适值。

2）功能分配及实现。实现 PDC 产品参数标定需要先将 PDC 中可标定的变量数据读取到标定平台，然后对这些变量数据进行修改，最后将标定后的数据写入 PDC。以标定动力系统为例，电机控制器（MCU）将电机的工作状态指标以数字量化的形式发送到 CAN 总线上，PDC 根据总线上 MCU 反馈的状态信息来判断是否达到预期的控制效果，PDC 的标定量通过诊断服务发送到标定平台，技术人员在标定平台修改控制参数，然后通过诊断服务写入 PDC，实现调整电机工况达到理想状态。标定不是一蹴而就的，需要根据状态反馈不断地迭代更新控制参数，直到达到一个稳态，整个流程如图 2-53 所示。汽车是一个复杂的非线性系统，很难通过一个特定的公式来获得反馈信息和控制参数之间的关系，因此通常使用查表法，将控制参数和对应的 MCU 反馈状态量形成表格，实际标定工作就是设置确定这个参数表中的各个值。对于相同的 PDC 及动力系统，设置不同的有效标定值可以得到不同的特性表现，如动力性强、加速性能好、耗电量低和续驶里程远。

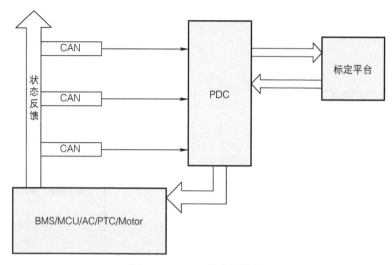

图 2-53　PDC 标定示意图

（2）对外放电电压频率标定

1）功能定义。虽然世界各国电力系统普遍输送正弦交流电，但电压和频率存在差异，使用的电压可以分为两种，分别为美国、日本等国家使用的 100 ~ 130V 的交流电，以及中国、英国等国家使用的 220 ~ 240V 交流电。交流电的频率有 50Hz 和 60Hz 两种，表 2-7 列出了目前世界部分国家的家用交流电电压及频率。

表 2-7　世界部分国家家用交流电电压及频率

国家	电压	频率
中国	220V	50Hz
美国	120V	60Hz
日本	100V/200V	50Hz/60Hz
俄罗斯	220V	50Hz
英国	230V	50Hz
意大利	117V/220V	50Hz
德国	230V	50Hz
法国	230V	50Hz

当具有对外放电功能的纯电动汽车进入不同国家的市场时，需要匹配当地的用电器电压及频率。单独开发符合当地市场要求的硬件成本较高，因此作为 VTOL 流程主控单元的 OBC 需要.进行平台化设计，以实现不改变硬件，只通过软件配置标定来兼容不同国家的电压频率需求。

2）功能分配及实现。对外放电电压频率标定是通过诊断仪（或上位机）把车型的放电需求相关信息写入 OBC 控制器中，从而能够实现不同的放电输出，数据流如图 2-54 所示。标定时，要求车辆处于低压上电状态，且当前车辆 OBC 处于非工作状态（不处于充电、VTOL 放电或车内放电状态）。

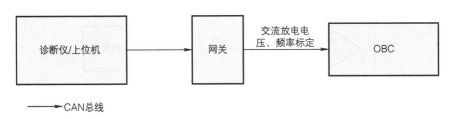

图 2-54　OBC 对外放电电压频率标定数据流图

5. 售后与维护需求功能设计

（1）展车模式

1）功能定义。消费者在决定购买车辆之前，除了通过各种渠道接收车辆相关资讯，实车体验也是重要的一环，因此汽车厂商会提供一些展示车辆给购车者进行体验。实车体验可以分为动态体验和静态体验：动态体验通常由售车人员陪同进行试乘试驾，感受车辆实际运动过程的性能表现以及噪声等；静态体验主要是车辆外观、空间、内饰、舒适度的体验，车辆不需要移动，但需要展示多媒体、交流充电等功能。展示车辆和商品车一样具有全部功能，动态体验区通常选择开阔路段，且有专业人员陪同，而静态体验展车区域通常设置在商场、车展区、4S 店内等人流大、人员混杂、空间封闭的环境，存在车辆被误启动的风险。为了保证观展人员安全和良好的用户体验，整车还设计有一种特殊的模式——展车模式，在该模式下不允许动力输出，但不影响多媒体交互展示及其他职能功能。

2）功能分配及实现。如图 2-55 所示，操作人员通过方向盘设置进入展车模式，控制器发出对应的请求展车模式报文，电池管理器（BMS）会根据当前的电压和 SOC 判断是否允许进入展车模式，满足进入条件后发出允许进入展车模式报文，VCU 需要同时接收到请求展车模式报文及 BMS 发出的允许进入展车模式报文，且满足处于非驱动档位、车速、非直流充电条件，方可进入展车模式。展车模式下禁止行驶，电子驻车系统（EPB）持续工作，但不影响车机娱乐、档位切换显示、交流充电等功能的使用。退出展车模式的方法和进入一致。直接退电、上电时应仍保持展车模式，防止通过上下电解除展车模式。

（2）接触器烧结判断

1）功能定义。接触器又称继电器，本质上是一种带有保护性质的电路控制开关，其原理是利用触点的开断和闭合间接控制动力蓄电池系统充放电回路的通断。初始状态下，高压触点常开，高压回路断开，线圈通电后产生磁场吸合连接片，触点连通，高压回路接通。高压接触器常见的失效模式是烧结，即触点常闭无法断开。纯电动汽车高压系统中有多个接触器，一般纯电动汽车高压系统会具有正极接触器、负极接触器、预充接触器、直流充电正极接触器和直流充电负极接触器。

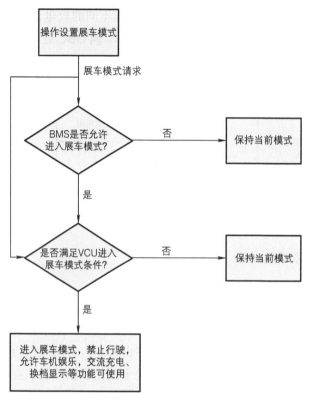

图 2-55　进入展车模式流程示意图

① 预充接触器烧结不影响高压回路功能，主正、主负接触器任一烧结后，仅依靠另一接触器断开高压，若同时烧结，则无法断开高压。

② 直流充电接触器烧结会影响直流充电口安全，因此接触器烧结后需要及时维修。

开发接触器烧结判断功能，可以定位发生烧结的接触器，维修人员可以采取对应的方法进行维修，减少测试故障接触器的工作量，提高维修效率，同时也可以降低维修过程中的安全隐患。

2）功能分配及实现。各个汽车公司的高压配电架构不同，接触器的烧结判断策略也会有很大的差异，难以一概而论，下面介绍一种简单的判断方法。

如图 2-56 所示，K1 为负极接触器，K2 为正极接触器，K3 为预充接触器，K4 为直流充电负极接触器，K5 为直流充电正极接触器。接触器的通断有时序要求，利用接触器的吸合顺序可以判断接触器的烧结与否。

① 高压上电时，K3 首先吸合→K1 吸合→K2 吸合→K3 断开。在 K3 吸合后、K1 吸合前，电容两端应没有电压。如果存在电压上升（超过预设阈值），即可以判定 K1 负极接触器烧结。

② 高压下电时，顺序为 K2 断开→K1 断开。在 K2 断开之后、K1 断开之前，电容的电荷通过泄放电路在消耗，电压应减小。如果电容两端的电压不变或者下降速度缓慢，即可以判定 K2 正极接触器烧结。

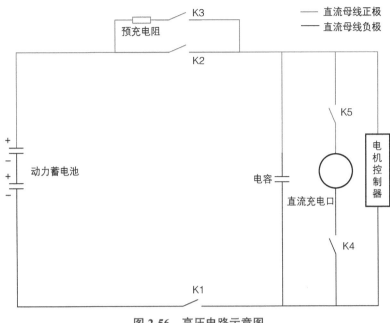

图 2-56　高压电路示意图

③ 如果 K1、K2 均未吸合，但电容两端电压与电池电压相等，即可以判定 K1 和 K2 均烧结。

④ 直流充电接触器烧结不会影响本次充电流程，一般在直流充电结束后进行检测，若 K4、K5 均未吸合，直流充电口两侧的电压大于阈值，则说明 K4、K5 均烧结。若控制 K4 吸合，K5 断开，直流充电口两侧的电压大于阈值，则说明 K5 直流充电正极接触器烧结。若控制 K5 吸合，K4 断开，直流充电口两侧的电压大于阈值，则说明 K4 直流充电负极接触器烧结。

随着电动汽车应用场景的不断拓宽，新技术应用越来越多，新功能也在不断增加。对于纯电动汽车新功能的设计，本节提供的功能设计开发思路仅供工程技术人员参考。

2.6　纯电动汽车充电设计

2.6.1　纯电动汽车充电的特点

目前电动汽车的传导充电方式可以分为交流充电和直流充电。

1. 交流充电桩

1）公共交流充电桩。公共交流充电桩主要安装在住宅、商场或者公司，我国多为 3.3kW、7kW，欧洲 11kW 较多，如图 2-57a 所示。

2）私人交流充电桩。车企一般会随车赠送便携式随车充电枪，充电功率一般为 1.8kW，如图 2-57b 所示。车主购车后也可以申请安装交流充电盒。

2. 直流充电桩

直流充电桩主要安装在市场上的公共充电站，包括高速公路服务区，充电功率可以达到 180kW，如图 2-57c 所示。

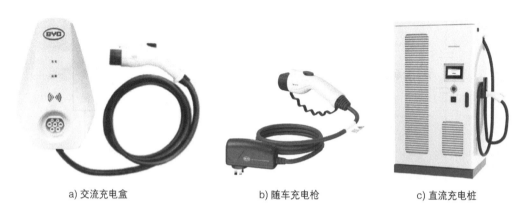

a) 交流充电盒　　　　　　　b) 随车充电枪　　　　　　　c) 直流充电桩

图 2-57　不同充电设备示意图

根据用户在各种应用场景下对于充电过程的关注点，将充电性能特点总结为以下四个方面：

1）友好性：指充电过程中用户与电动汽车的人机交互，主要从充电过程的操作界面、视觉交互等维度进行设计。

2）快速性：主要体现用户对于较短充电时间的需求，比较关注的指标包括充电时间、充电功率等方面。目前大部分车型的直流满充时间都在 1h 以上，实际充电功率小于 180kW。随着大功率充电设备的普及和电池新技术的开发，充电时间将进一步缩减，现在已经有电动汽车的充电时间可以做到与燃油汽车加油时间大致相当。

3）高效性：即充电系统效率，指电池充入电量与直流充电桩输出电量（用户按照该电量支付充电费用）的比值。充电系统效率越高，用户充电费用越少，因此较高的充电系统效率可以降低用户的车辆使用成本。

4）兼容性：指电动汽车与市场充电桩的匹配情况。首先，充电系统需要满足销售市场法规要求（包括充电接口类型、控制导引、通信方式等，并且整车测试满足互操作性、协议一致性要求）。除此以外，还需要与市场上各种型号的充电桩进行充电兼容性测试，在测试过程中遇到的问题，需要从车辆端和桩端评估优化方案。

2.6.2　纯电动汽车直流充电评价指标

根据充电性能的特点（友好性、快速性、高效性以及兼容性）定义相应的评价指标，具体内容见表 2-8。

表 2-8 充电性能评价指标

充电性能	性能指标	单位
友好性	充电功能方便性	min
	充电操作便利性	min
	充电信息可视性	min
快速性	直流最大充电功率	kW
	直流最大充电电流	A
	交 / 直流 0 → 100% SOC 充电时间	h
	交流充电额定充电功率	kW
	交流充电额定充电电流	A
高效性	直流充电系统效率	%
	交流充电系统效率	%
兼容性	标准符合性	Y/N
	市场充电桩匹配成功率	%

2.6.3 纯电动汽车充电关键影响因素

1. 友好性相关影响因素

友好性设计主要是充电过程中的人机交互设计，主要包括充电功能方便性、充电操作便利性及充电信息可视性三个方面。

（1）充电功能方便性影响因素

车辆应具备交流充电和 / 或直流充电功能。如果车辆配有预约充电、即插即充或者车载导航寻桩功能，可以提高用户的充电体验满意度。车主可以使用预约充电功能选择在电价低谷时进行充电，降低车辆的使用成本；即插即充功能减少了车主的充电操作步骤；车载导航寻桩功能可以帮助车主"快捷寻桩"。当车辆电池电量较低或者车主有充电需求时，车载导航能够推荐充电桩（包含充电桩类型、功率等级等信息），并且导航至充电站为车主补充电能。

用户在充电操作过程中，各个端口（仪表、充电口、中控台、App 等）都应有相应的设计，指引用户完成充电操作。

用户可以在车辆用户手册或其他途径（如小程序、App、中控台等）查阅到充电及其相关功能操作说明，可以了解各充电方式操作指南、充电注意事项以及一般故障诊断等。

（2）充电操作便利性影响因素

车辆插座布置设计，主要是充电插座的布置位置、安装高度、倾斜角度及操作空间（包括开闭盖、插拔枪空间、开启角度等）。比如，对于前驱的小型车辆，基于成本考量，直流充电插座可以布置在车辆前部，从而缩短充电线长，降低成本；对于车身略长的车型，多采用倒车入库，其充电桩一般安装在车库里面位置，因此直流充电插座布置在车辆后侧围更佳，这样更方便车主停车后进行充电。

设计直流充电枪插拔力大小时，至少应该满足 GB/T 20234.1—2023 规定的插拔力大小要求，直流充电口小于 140N。

设计交流充电枪插拔力大小时，至少应该满足 GB/T 20234.1—2023 规定的插拔力大小要求，交流充电口小于 100N。

随车充电设备（便携式随车充电枪、V2L 等）应有收纳设计，比如行李舱是否有卡槽、工具包、网兜设计等。

（3）充电信息可视性影响因素

仪表应有插枪信号、电池电量、充电状态、充电剩余时间、充电功率等内容，需要进行关键信息字体、图标的设计。

充电口的充电氛围灯在整个充电过程中应有充电状态显示，可以分为初始化、预约充电中、充电暂停、充电中、充电完成和充电故障等。

各个端口（仪表、充电口、中控台、App 等）进行充电相关操作时，应有相应的充电状态可视性，可以参考表 2-9 进行设计。

表 2-9　充电信息显示

场景	用户所处车辆位置	对应端口
车辆周围	主驾驶位	仪表
	前排乘客座位、后排座位	中控台
	充电口处	充电口氛围灯
	车辆周围	车辆提示灯
远离车辆	家、商场等	手机 App+ 短信

2. 快速性相关影响因素

充电快速性主要通过充电功率和充电时间指标进行评价。

1）直流充电最大功率的设计需要考虑市场销售、标准法规和市场充电桩的功率分布等要素。

不同国家或地区所执行的充电系统标准及最大充电电压 / 电流 / 功率见表 2-10。

表 2-10　不同国家或地区的充电标准要求

国家或地区	标准号	接口类型	电压	电流	市场桩主要功率等级
中国	GB/T 20234.3	直流	1000V（750V 居多，少量 500V，1000V 逐渐增加）	250A（按照协议，采用液冷方案可以达到 400A）	60kW、120kW、150kW、180kW、180kW 以上
欧洲	IEC 62196-3	交直流（Combo2）	1000V（市场桩多为 920V）	200A（液冷充电桩普遍为 400A 或 500A）	50kW、150kW、300kW、350kW
美国	SAE J1772	交直流（Combo1）	1000V	400A	50kW、150kW
日本	CHAdeMO	直流	500V、1000V，市场桩主要是 450V	125A、200A、400A	20～80kW、90～150kW

对于我国国内市场，大部分充电桩都是满足 GB/T 18487.1—2015 的要求，最大输出电流为 250A，750V 充电桩功率最大可以达到 180kW，GB/T 27930—2023 推荐最大充电电流为 400A。随着新国标的发布和实施，液冷充电系统的最大充电电流还会有进一步提升。图 2-58 所示为国内市场充电桩功率分布情况。

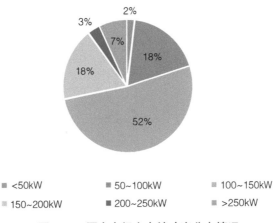

图 2-58　国内市场充电桩功率分布情况

（来源：2023 年 11 月"中国充电工况"项目组）

为使用现有市场充电桩资源达到大功率充电的目标，比亚迪海狮 07 车型全球首创了智能升流快充技术，使用市场 250A 公共充电桩，车端充电电流可提升至 400A。SOC 从 10% 到 80% 的充电时间可以缩短至 25min。

直流充电时间设计首先是根据充电性能目标，结合电池充电电流耐受能力以及其他线缆、接触器、熔断器等器件的电流耐受能力，综合选定进行充电曲线设计。图 2-59 为某车型的充电曲线。

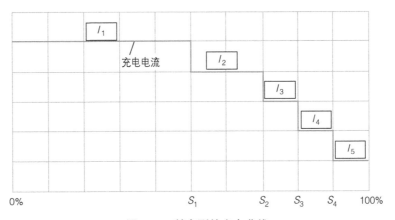

图 2-59　某车型的充电曲线

充电曲线明确了充电电流（I_i）以及持续 SOC 区间，按照式（2-1）可以初步完成满充电时间的校核。

$$T = \frac{C}{I_1}S_1 \times 60 + \frac{C}{I_2}(S_2 - S_1) \times 60 + \frac{C}{I_3}(S_3 - S_2) \times 60 +$$
$$\frac{C}{I_4}(S_4 - S_3) \times 60 + \frac{C}{I_5}(100\% - S_4) \times 60 \qquad (2\text{-}1)$$

式中　C——电芯容量（A·h）；

　　　I_i——充电电流（A）；

　　　S_i——电池荷电状态，即 SOC。

最大充电功率为

$$P_{\max} = U_{avg}SI_1 \qquad (2\text{-}2)$$

式中　U_{avg}——充电过程中电池的最高平均电压（V）；

　　　S——电池节数。

为解决电池末端充电电流小充电时间长的问题，比亚迪海狮 07 车型全球首创了智能末端快充技术，充电叠加正弦波交流激励，将 80% → 100% SOC 的充电时间由 30min 缩短至 18min。

近年来，为缩短直流快充时间，电动汽车充电电流设计值越来越大，电池的温升速率相应提高，因此电池热管理性能尤为重要。良好的电池热管理性能能够使电芯工作在最佳温度范围，使电动汽车能够按照设计的充电曲线进行充电。此外，用户实际使用车辆时的环境温度范围也是比较宽的。以北京市为例，2022 年全年气温范围是 −12 ~ 39℃，在高温或者低温的环境下，动力蓄电池系统会限制充电电流，因此需要电池热管理系统使其工作在最佳的温度范围。

2）交流充电快速性关键影响因素主要包括交流侧充电电流、电网电压（不同国家或地区电网电压有所不同）和车载充电器功率。交流充电快速性主要定义车辆端充电电流，以及采用单相充电或三相充电（评估因素主要是车型销售区域：比如我国住宅多采用单相电，欧洲住宅三相电比较普遍）。

按照 GB/T 18487.1—2023 标准要求，交流充电功率分为 6 档，见表 2-11。

表 2-11　交流充电电流、功率

序号	充电电流	充电功率 /kW
1	单相 8A	1.8
2	单相 16A	3.5
3	单相 32A	7
4	三相 16A	11
5	三相 32A	22
6	三相 63A	40

交流充电时间为

$$T = \frac{Q}{P\phi} \qquad (2\text{-}3)$$

式中 Q——电池充电量（kW·h）；

　　　P——交流充电功率（kW）；

　　　ϕ——交流充电系统效率。

不同国家常见的电网电压信息见表 2-12。

表 2-12　不同国家常见的电网电压

国家	三相		单相	
	电压	频率	电压	频率
中国	380V	50Hz	220V	50Hz
日本	200V	50Hz/60Hz	100V	50Hz/60Hz
泰国	380V	50Hz	220V	50Hz
澳大利亚	415V	50Hz	240V	50Hz
美国	208V/480V	60Hz	120V/240V/277V	60Hz
巴西	220V/380V	60Hz	127V/220V	60Hz
阿根廷	380V	50Hz	220V	50Hz
挪威	400V	50Hz	230V	50Hz
德国	400V	50Hz	230V	50Hz
法国	400V	50Hz	230V	50Hz

注：表格的内容仅为展示不同国家常见的电网电压信息，不做其他用途使用。

3. 高效性相关影响因素

高效性通过充电系统效率指标进行评价。

1）直流充电系统效率。如图 2-60 所示，其主要影响因素包括电池热管理系统消耗电量、DC/DC 消耗电量以及充电回路连接电阻的消耗电量。在充电过程中，电池产热会导致温度升高，充电电流越大温升越快，相应地，电池热管理系统的消耗功率也会越大。

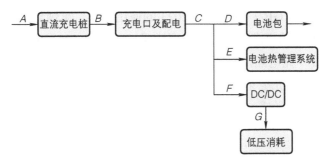

图 2-60　直流充电能量分配

A—直流充电过程中电网侧耗电量（kW·h）　*B*—直流充电桩输出电量（kW·h）

C—直流充电口输出电量（kW·h）　*D*—动力蓄电池系统充入电量（kW·h）

E—电池热管理系统消耗电量（kW·h）　*F*—DC/DC 输入电量（kW·h）　*G*—DC/DC 输出电量（kW·h）

直流充电系统效率的定义为动力蓄电池系统输入电量与直流充电桩输出电量比值：

$$\Phi = D / B$$

2）交流充电系统效率。如图 2-61 所示，其主要影响因素包括车载充电器效率、DC/DC 给低压系统供电量、电池热管理系统耗电量以及小部分传导部件阻抗产热量、交流充电盒的低压损耗电量。

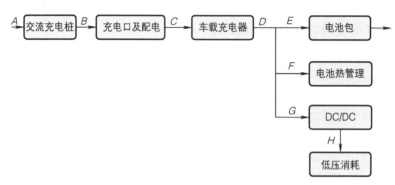

图 2-61　交流充电能量分配

A—交流充电过程中电网侧耗电量（kW·h）　*B*—交流充电盒（1.6kW/3.3kW/7kW/11kW）输出的电量（kW·h）
C—车载充电器输入侧电量（kW·h）　*D*—车载充电器输出侧电量（kW·h）　*E*—动力蓄电池系统充入电量（kW·h）
F—电池热管理消耗电量（kW·h）　*G*—DC/DC 输入电量（kW·h）　*H*—DC/DC 输出电量（kW·h）

交流充电系统效率为

$$\Phi = E / A$$

车载充电器的效率为

$$\Phi_{\text{OBC}} = D / C$$

4. 兼容性相关影响因素

兼容性主要受纯电动汽车与充电桩的设计方案影响。首先纯电动汽车需要满足销售市场的法规要求，比如对于电动汽车的直流充电，充电接口应该符合 GB/T 20234.3—2023 的要求，充电系统应该符合 GB/T 18487.1—2023 的通用要求，车辆与充电桩的通信协议应该满足 GB/T 27930—2023 的标准要求，还需要满足 GB/T 34658—2017 协议一致性标准要求和 GB/T 34657.2—2017 充电互操纵性标准。另外，在实际设计过程中，车辆或者充电桩可能会增加一些标准以外的充电策略，因此在车辆设计满足标准的情况下，纯电动汽车还需要与市场充电桩进行匹配测试。

2.6.4　纯电动汽车充电匹配设计

1. 高压连接系统匹配设计

高压连接系统由高压线束和高压连接器组成。高压连接系统的载流能力需要根据充电性能规定的充电曲线进行匹配。另外，在充电回路中还设置有温度反馈功能，连接系统异常时充电系统可以根据温度限制充电电流。目前大部分车型采用铜线材质的直流充电线，较少车型使用铝线、铝杆或者铜杆的材质。以铜线的材质为例，充电线缆匹配设计可以参考表2-13的内容，依据 GB/T 37133—2018 的温升要求，高压连接系统各点温升不应大于55K。

表 2-13　端子和端头可连接的导线尺寸

额定电流或持续最大工作电流 /A	供电插头和车辆插头用软电缆、车辆插座用实心或绞合电缆的横截面积 /mm²		供电插座用实心或绞合电缆的横截面积 /mm²	
	非接地导线	接地导线	非接地导线	接地导线
2	0.5	—	0.5	—
10	1.0 ~ 1.5	2.5	1.0 ~ 1.5	2.5
16	1.0 ~ 2.5	2.5	1.5 ~ 4	4
25	1.5 ~ 4	4	2.5 ~ 6	6
32	2.5 ~ 6	6	2.5 ~ 10	10
50	4 ~ 10	10	4 ~ 16	16
63	6 ~ 25	25	6 ~ 25	25
80	10 ~ 25	25	16 ~ 35	25
125	25 ~ 70	25	35 ~ 95	50
200、250	70 ~ 150	25	70 ~ 185	95
300	90 ~ 150	35	120 ~ 185	95
400	240	120	300	150

注：本表参考 GB/T 20234.1—2023《电动汽车传导充电用连接装置　第1部分：通用要求》。

2. 接触器匹配设计

接触器选型依据充电性能规定的充电曲线进行匹配，接触器保护匹配设计原则：高压连接系统的熔断器和接触器之间应满足保护匹配要求，熔断器熔断前，接触器不应发生烧结、爆炸、破裂、喷弧等可能造成安全危险的故障。

3. 铜排匹配设计

当前，充电相关铜排设计依据充电性能规定的充电曲线进行匹配，结合铜排的载流密度，估算出铜排的横截面积。铜排作为连接强电的关键零部件，在不影响尺寸的前提下，一般都会选择横截面积较大的铜排完成设计。如果铜排的过流值较小，而铜排的整体尺寸较大，就会造成设计上的冗余及成本的增加。

因此在设计铜排的横截面积时，主要考量铜排实际使用时的温升情况。根据电动汽车的使用工况要求，确定最高工作环境温度值，按照充电曲线进行充电时，铜排的最高温升不超过许用值。

在给定电流、温升的条件下，铜排载流量所需的横截面积为

$$S = I / \eta \qquad (2\text{-}4)$$

式中　S——铜排横截面积（mm^2）；

　　　I——铜排通过电流有效值，即直流充电最大电流（A）；

　　　η——铜排载流密度（A/mm^2）。

4. 兼容性匹配设计

纯电动汽车需要满足销售市场的相关法规要求，包括充电系统要求、充电接口的结构形式、通信类型，控制导引电路、充电流程等内容。不同国家或地区的充电相关标准与充电接口示例见表2-14。

表 2-14　不同国家或地区的充电相关标准与充电接口示例

国家或地区	标准号	接口类型	充电接口插座	充电接口插头
中国	GB/T 18487.1 GB/T 20234.1 GB/T 20234.2 GB/T 20234.3 GB/T 34657.2 GB/T 34658	交流		
		直流		
欧洲	IEC 62196-1 IEC 62196-2 IEC 62196-3 IEC 61851-1 IEC 61851-22 IEC 61851-23 IEC 61851-24 ISO 15118 DIN SPEC 70121	交直流 （Combo2）		
		交流 （type2）		

（续）

国家或地区	标准号	接口类型	充电接口插座	充电接口插头
美国	SAE J 1772 ISO 15118 DIN SPEC 70121	交直流 （Combo1）		
日本	SAE J 1772	交流 （type1）		
	CHAdeMO	直流		

　　电压平台匹配设计：设计直流充电系统时，还需要考虑市场充电桩的电压分布情况，如图 2-62 所示。市场有一小部分 500V 的直流充电桩，因此对于高电压车型，直流充电系统需要考虑低压充电桩充电问题。

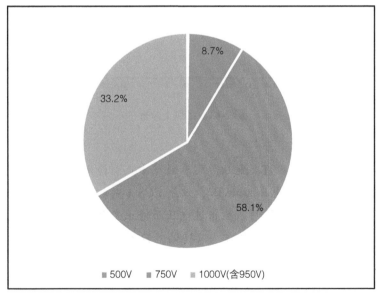

图 2-62　国内直流充电桩电压分布

（数据来源：2024 年 4 月"中国充电工况"实采直流桩电压平台整体占比）

电动汽车充电兼容性要在满足法规要求的基础上，还需要与市场上不同国家或地区的各种型号的充电桩进行充电兼容性测试。在充电测试过程中，对于法规要求范围外的充电问题需要从车辆端和桩端评估优化方案。

比亚迪牌某车型在国内及国外主要城市的匹配测试过程中，为提高用户充电的成功率，对遇到的问题进行了多轮整改验证。以下为测试过程中遇到的典型案例。

案例 1：如图 2-63 所示，车辆在某充电站使用直流充电桩充电，从 5%SOC 充到 95% 时充电跳枪。

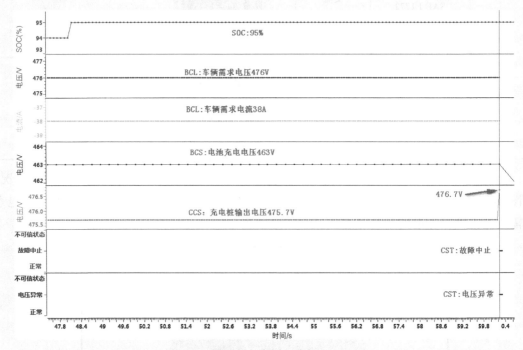

图 2-63 案例 1 分析

原因分析：充电桩发送 CST（电压异常和故障中止）停止充电，此时 BCL（车辆需求电压）为 476V，BCS 充电电压为 463V，但是 CCS（充电桩输出电压）为 476.7V，超出了车辆需求电压，因此充电桩判断输出过电压而停止充电。整个充电过程中，CCS 输出电压均比 BCS 充电电压高 13V 左右，采样偏差较大，充电桩需要定期维护，进行电压、电流采样校准。

案例2：如图2-64所示，车辆在某充电站使用7kW交流桩充电，充电功率为2.8kW，充电功率低。

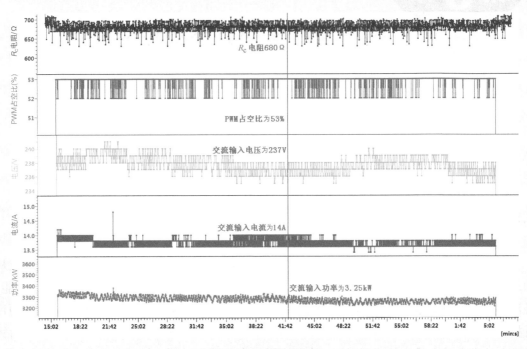

图2-64 案例2分析

原因分析：交流充电桩PWM占空比发送53%（对应最大允许充电电流32A），交流桩枪头阻值R_c为680Ω（对应最大允许充电电流16A），所以7kW车载充电机对上述两者取小，按照16A进行充电。

充电作为纯电动汽车的一种重要补能方式，与燃油汽车相比有较大的差异，纯电动汽车的充电性能特点甚至改变了用户的用车习惯。本节首先从用户关注的角度简要介绍了纯电动汽车充电性能设计特点及评价指标，然后重点介绍了充电性能设计关键影响因素及匹配设计方法，为汽车行业工程技术人员提供参考。

第**3**章

纯电动汽车动力系统性能设计

3.1 概述

第 2 章主要从静态角度介绍了纯电动汽车动力系统的创新设计的基础，本章则重点从动态角度进一步阐述与传统燃油汽车有较大差异的各类性能的设计过程。首先从动力性能、经济性能、制动性能、纵向驾驶性能和 NVH 性能五项设计角度，定义动力系统性能的评价指标，分析影响动力系统性能的关键因素，阐明各性能匹配设计的原则及方法；然后针对纯电动汽车动力系统的选型匹配，介绍电压平台的选取原则；最后以动力系统的动力性、经济性为例介绍相关参数匹配方法及性能仿真流程。

3.2 纯电动汽车动力性能设计

汽车的动力性是指汽车在良好路面上直线行驶时由汽车受到的纵向外力决定的、所能达到的平均行驶速度，是汽车各种性能中最基本、最重要的性能。

3.2.1 纯电动汽车动力性特点

纯电动汽车相对于传统燃油汽车，其动力源由内燃机变为驱动电机，驱动电机与内燃机具有不同的工作特性。

与内燃机不同，驱动电机在低速区域，具有恒转矩特性；在中高速区域，具有恒功率特性，如图 3-1 所示。根据上述的驱动电机特性，纯电动汽车相对于传统燃油汽车具有低速段加速感强、中高速段加速感弱的特点。驱动电机转矩响应快，且在低速段可输出恒定大转矩，因此纯电动汽车在起步时具有较强的加速感。但随着车速的上升即驱动电机转速的上升，驱动电机进入恒功率区，其输出转矩受到输出功率的限制，在转速较高时，车辆驱动转矩下降，因此中高速的加速性能受限，加速感偏弱。

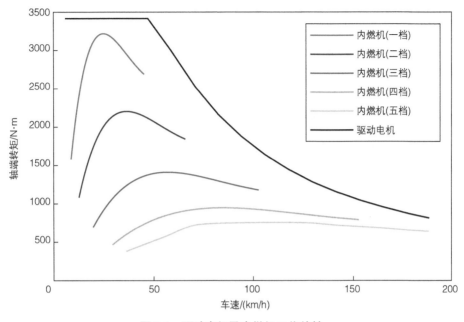

图 3-1　驱动电机及内燃机工作特性

3.2.2　纯电动汽车动力性评价指标

根据汽车动力性的定义，为使车辆获得尽可能高的平均行驶速度（与燃油汽车相同），纯电动汽车的动力性仍采用最高车速、加速性能和爬坡性能三方面指标来对汽车的动力性进行评定：

（1）最高车速

纯电动汽车的最高车速是指汽车在无风的条件下，在水平良好的硬路面上所能达到的最高车速。根据 GB/T 19596—2017《电动汽车术语》的规定，电动汽车的最高车速，分为 1km 最高车速及 30min 最高车速。

1）1km 最高车速：通常简称为最高车速，是指纯电动汽车能够往返各持续行驶 1km 以上距离的最高平均车速。

2）30min 最高车速：是指纯电动汽车能够持续行驶 30min 以上的最高平均车速。

对乘用车而言，1km 最高车速和 30min 最高车速一般不同，1km 最高车速主要受驱动电机峰值功率及峰值转速的限制，而 30min 最高车速受驱动电机额定功率的限制。

（2）加速性能

纯电动汽车加速能力是指汽车从车速 v_1 加速到 v_2 所需的最短时间，通常用加速时间来表明汽车的加速性能。加速能力包括原地起步加速能力和超车加速能力。原地起步加速能力指汽车由静止状态加速到规定车速所经历的最短时间；超车加速能力指汽车由规定的起始车速加速到规定车速所经历的最短时间。常用 0 → 100km/h 所需的时间来表明汽车原地起步加速能力，其反映汽车低速时的加速性能。常采用 60km/h → 100km/h 或 80km/h → 120km/h 加速时间表明汽车的超车加速能力，其反映汽车高速时的加速性能。

（3）爬坡性能

纯电动汽车的爬坡性能通常用坡道起步能力、爬坡车速和最大爬坡度评价。坡道起步能力是指纯电动汽车在坡道上能够启动且 1min 内向上行驶至少 10m 的最大坡度；爬坡车速是指纯电动汽车在给定坡度的坡道上能够持续行驶 1km 以上的最高平均车速；最大爬坡度是指纯电动汽车在良好的路面上、满载状态下能通过的极限坡道，采用坡道垂直高度与水平距离的百分比表示。

3.2.3 纯电动汽车动力性关键影响因素

参考传统燃油汽车动力性理论，纯电动汽车在行驶过程中受到驱动力和行驶阻力的共同作用，其驱动力由驱动电机提供，行驶阻力主要包含滚动阻力 F_f、空气阻力 F_w、加速阻力 F_i 及坡道阻力 F_j，根据受力平衡关系建立汽车行驶方程，从而估算汽车的最高车速、加速时间以及最大爬坡度。汽车行驶方程为：

$$F_d = F_f + F_i + F_w + F_j \tag{3-1}$$

式中　　F_d——车辆总驱动力（N）。

1. 动力性指标计算

根据纯电动汽车所受的驱动力以及行驶阻力的关系，车辆行驶过程中的动力性指标的计算方法如下：

（1）纯电动汽车的最高车速

假设车辆在水平路面上匀速行驶，驱动电机的功率用于平衡车辆阻力，设驱动电机的峰值功率为 P_e（单位为 kW），则汽车的功率平衡方程式为

$$P_e = \frac{1}{\eta_T}(F_f + F_w)v = \frac{1}{\eta_T}\left(fG + \frac{C_D \rho A v^2}{2}\right)v \tag{3-2}$$

式中　　η_T——传动系统效率；

F_f——滚动阻力（N）；

F_w——空气阻力（N）；

G——整车重量（N）；

f——滚动阻力系数；

C_D——空气阻力系数；

A——迎风面积（m^2）；

ρ——空气密度（$N \cdot s^2 \cdot m^{-4}$）；

v——车辆行驶速度（m/s）。

当驱动电机功率与负载功率相等时，对应的车速即为纯电动汽车的最高车速。

$$v_{\max} = \frac{P_e \eta_T}{fG + \dfrac{C_D \rho A v^2}{2}} \tag{3-3}$$

若选用较大功率的驱动电机或大传动比，则当驱动电机功率大于负载功率时，最高车速由驱动电机的最高转速 $n_{\max}$（单位为 r/min）决定。

$$v_{\max} = 0.337 \frac{n_{\max} r}{i_{t\min}} \tag{3-4}$$

式中　r——车轮滚动半径（m）；

　　　$i_{t\min}$——传动系统最小传动比。

（2）纯电动汽车的最大爬坡度

纯电动汽车的最大爬坡度是指车辆在良好的路面上克服滚动阻力和空气阻力之后，其后备功率在稳定车速条件下全部用来爬坡时所能爬上的最大坡度。

根据汽车行驶方程（3-1）可计算出最大坡度角 $\alpha_{\max}$ 为

$$\alpha_{\max} = \arcsin \frac{F_d - F_f - F_w}{G} \tag{3-5}$$

（3）纯电动汽车的加速时间

由汽车行驶方程（3-1）得：

$$\frac{T_m i_t \eta_T}{r} = fG + \frac{C_D \rho A v_r^2}{2} + \delta m \frac{dv}{dt} \tag{3-6}$$

式中　T_m——驱动电机转矩（N·m）；

　　　i_t——传动系统传动比；

　　　m——整车质量（kg）；

　　　δ——旋转质量换算系数；

　　　v_r——车辆与气流的相对速度（m/s），v_r 在无风条件下与车辆行驶速度 v 相同。

$$\delta = 1 + \frac{1}{m} \frac{\sum J_w}{r^2} + \frac{1}{m} \frac{J_m i_t^2 \eta_T}{r^2} \tag{3-7}$$

式中　J_w——车轮转动惯量（kg·m²）；

　　　J_m——驱动电机转子的转动惯量（kg·m²）。

在不同车速下加速时的加速度为

$$\frac{dv}{dt} = \frac{1}{\delta m} [F_t - F_f - F_w - F_j] \tag{3-8}$$

加速时间 t（单位为 s）为

$$t = \int_0^{v_{max}/3.6} \frac{\delta m}{P_e/v - fG - 0.5\rho C_D A v^2} dv \qquad (3\text{-}9)$$

2. 动力性影响因素

依据上述动力性指标（最高车速、最大爬坡度以及车辆加速时间）的计算公式，可知纯电动汽车的动力性指标主要取决于整车所受的驱动力和阻力的大小。纯电动汽车驱动力大小主要受动力蓄电池系统、驱动电机、车辆驱动形式及轮胎的影响，阻力大小主要受驱动电机及传动系统的阻力、整车空气阻力、轮胎及行驶条件和坡道阻力的影响，此外整车动力性还受到主动安全控制技术的影响。下面针对驱动力、阻力以及主动安全控制技术的影响因素分别进行阐述。

（1）驱动力影响因素

1）动力蓄电池系统。动力蓄电池系统主要为驱动电机提供电能，同时满足汽车加速、爬坡等工况的高功率需求。动力蓄电池系统对汽车驱动力的影响主要体现在动力蓄电池单体电压和放电功率两方面。单体电压决定了动力蓄电池的总电压，对于相同节数的动力蓄电池而言，在单体电压较高且一致性较好的情况下，动力蓄电池的总电压越高，可提供的驱动力就更大。动力蓄电池的放电功率主要受温度及电池剩余电量影响，工作温度一般为 $-30 \sim 60℃$，其最适宜的工作温度为 $20 \sim 30℃$。温度越低，动力蓄电池内阻越大，导致其放电电流减小，输出功率减小；温度越高，动力蓄电池越容易触发高温报警而出现使用受限，也会导致其放电电流减小，输出功率减小；动力蓄电池剩余电量越小，则可输出电流也越小。此外在动力蓄电池能量密度相当的前提下，最大放电倍率越高，则瞬间输出的电流越大，驱动电机动力越强。故为使车辆具有良好的动力性，动力蓄电池还应具有较高的放电功率。

2）驱动电机。由车辆的最高车速、最大爬坡度以及加速时间的公式可以看出，若驱动电机可输出的最大功率及转矩越大，纯电动汽车的加速性能就越好，同时车辆在坡道行驶的驱动转矩越大，可克服的车辆重力沿坡道的分量也就越大，即车辆爬坡能力越强。

3）车辆驱动形式。根据车辆驱动电机的数量及其安装位置，车辆可分为不同的驱动形式，常见的有前驱（前单电机）、后驱（后单/双电机）及四驱（前单后单电机、前单后双电机、四电机）。车辆的驱动形式不同，其加速及爬坡性能也会有所不同。由于车辆加速以及在坡道行驶，均会导致车轮轴荷的后移，后轮轴荷较大，因此后轮可利用的路面驱动力相对较大，后驱/四驱车辆相比于前驱车辆在加速及坡道性能上更具有优势。

4）轮胎。轮胎的胎压、尺寸等均对车辆的动力性有一定影响。车辆的动力性与轮胎和地面之间的附着力呈正相关，即附着力越大，车辆可表现出的动力性越强。

（2）阻力影响因素

1）驱动电机及传动系统的阻力。动力蓄电池系统作为纯电动汽车整车的动力源，其输出的能量利用率也决定着车辆的动力性，而且在动力传递的过程中，不可避免地会产生动力损失。其中，动力损失主要包括机械损失、液力损失和电损失。

① 机械损失。机械损失是指传动系统在转矩传递过程中机械零部件间的相互摩擦所产生的损失，直接影响因素有转矩和齿轮对数。传动系统传递的转矩越大，损失就越大，但相应的机械损失占比降低，总体传递效率更高。

② 液力损失。液力损失是零部件与润滑油搅动间相互摩擦产生的损失，与润滑油的品质、温度、油面高度以及零部件的转速等息息相关。

③ 电损失。驱动电机的效率是驱动电机的输出功率除以驱动电机的输入功率。由于驱动电机及动力蓄电池存在一定的内阻，电流流过会发热，造成一部分能量损失，因此存在一定的电损失。

因此减少机械损失、液力损失和电损失，提高传动系统的传递效率，对提升车辆动力性十分重要。

2）整车空气阻力。车辆高速行驶时，空气阻力会对其运动产生较大的影响。车辆的外形是影响空气阻力系数的重要因素，因此通过合理的车辆空气动力学设计，减小车辆的空气阻力系数，有利于提高车辆的动力性能。

3）整备质量。车辆的整备质量也会对车辆的动力性能造成一定的影响。整备质量越大，受到的行驶阻力越大，导致汽车的动力性能下降，因此适当的整备质量与动力匹配尤为重要。

4）轮胎。轮胎的结构、帘线和橡胶的品种同样会影响滚动阻力的大小，进而直接影响汽车动力性。

5）坡道阻力。车辆在坡道上行驶时，需克服车辆自身重力沿坡道的分量。

（3）主动安全控制技术影响因素

主动安全控制技术不仅与安全有关，也与汽车的动力性能息息相关。在冰雪等低附着路面上，加速踏板深度大时，驱动轮明显打滑，影响整车加速性能，驱动防滑控制系统可较好地控制动力输出，使车辆平稳加速。近年来，随着电动汽车的蓬勃发展，产业内开始不断追求控制系统性能的飞跃发展，探索从整车电子电气架构整合到多功能的融合，比亚迪开发的智能转矩分配控制系统（intelligence Torque Adaption Control，iTAC）可以根据驾驶员需求，开发不同模式、不同工况下，前、后轴驱动电机动态转矩分配，根据路面最大承载能力进行转矩控制，从而提升纯电动汽车的动力性以及安全性。

此外，车辆的质心分布、行驶工况等均会对汽车动力性产生一定影响，在此不再赘述。

3.2.4　纯电动汽车动力性设计要求

1. 电机性能要求

驱动电机作为纯电动汽车的唯一驱动装置，其性能决定着整车的动力性，因此驱动电机应满足以下性能要求：

1）良好的输出特性。车辆在起步或爬坡工况下，驱动电机应能输出较大转矩，克服车辆的滚动阻力和坡度阻力，在高速行驶的工况下，驱动电机应保持较高的转速。

2）转速运行区间广，响应精度高，可控性好。

3）功率密度大，效率高。

4）结构坚固，耐振动和耐高温等性能好。

2. 动力蓄电池系统性能要求

作为纯电动汽车的动力源，车辆的续驶里程、安全性能、加速性能以及经济性能等均与动力蓄电池系统密切相关，动力蓄电池系统的能量密度（比能量）影响汽车的续驶里程，而动力蓄电池系统的功率密度（比功率）则影响汽车的加速及爬坡性能。为满足纯电动汽车的动力性能需求，动力蓄电池系统需要具备下述特征：

1）高低温性能好，有较强的环境适应性。

2）比功率大。

3）比能量高。

目前纯电动汽车上使用的动力蓄电池主要有锂离子电池、铅蓄电池和镍氢电池。锂离子电池因其能量密度高、输出功率大、循环寿命长等优点，占据主流地位。

纯电动汽车动力性指标与传统燃油汽车相同，但二者驱动总成的差异导致其动力性表现不同。纯电动汽车的动力性主要由动力蓄电池及驱动电机的性能决定，因此针对纯电动汽车进行动力性设计时要考虑动力蓄电池、驱动电机和整车动力性之间的匹配关系。

3.3 纯电动汽车经济性能设计

纯电动汽车的经济性通常指：在保证动力性的条件下，汽车以尽量少的电能消耗量实现经济行驶的能力。提高纯电动汽车的经济性能对于降低整车运行成本、缓解用户里程焦虑具有重要意义。

3.3.1 纯电动汽车经济性的特点

与传统燃油汽车相比，纯电动汽车的驱动力完全由电机提供，整车的能量均来自动力蓄电池系统；而传统燃油汽车的驱动力由发动机提供，发动机将燃料的内能转化为热能和机械能，其中机械能驱动车轮做功。纯电动汽车和传统燃油汽车的能量源不同，决定了二者具有不同的经济性特点，相比于传统燃油汽车，纯电动汽车的经济性具有以下几方面特点：

（1）电驱动总成效率高

传统燃油汽车的发动机受卡诺循环的限制，导致其能量转换效率无法大幅度提升。而纯电动汽车则不受卡诺循环的限制，可直接将动力蓄电池的电能转换为驱动车辆的机械能，能量的传递效率高，且在制动时还可进行能量回收，将机械能转换为电能存储在动力蓄电池中，从而可进一步提高整车的能量利用效率。

（2）电驱动总成高效区不同

传统燃油汽车的发动机都存在一个最为经济的转速区间，区间范围由发动机的特性所决定，在此转速区间内，燃油汽车的能量转化效率能达到较高值；而纯电动汽车的电机在高速运行时效率低，中低速运行时效率较高，其效率由电机本身的特性和控制共同决定。在市区或者低速行驶的道路上，汽车需要频繁起停，使发动机长时间处于怠速状态或在低效区工作，这导致燃油汽车的油耗变高。而纯电动汽车在停车时整车消耗的电能很少，且低速下克服的整车阻力较小，这使得纯电动汽车在市区或者低速行驶时电耗较低。

（3）动力响应速度快

纯电动汽车要比传统燃油汽车的动力响应速度快，这是因为电机的动力输出方式与发动机不同。由发动机的外特性曲线可知，发动机需要一定转速才可以输出最大转矩。而根据电机的转矩 - 转速曲线可知，在车辆起步时，电机可立即输出最大转矩。电机的动力响应速度快，若不优化加速踏板曲线，则会使纯电动汽车电耗增加，从而影响整车的经济性。

（4）环境温度影响程度高

在低温条件下，传统的燃油汽车可利用发动机的废热对乘员舱进行加热，这对燃油汽车的油耗几乎没有影响，而纯电动汽车则需要消耗电能对乘员舱和动力蓄电池进行加热，从而增加了整车的电耗；低温还会使动力蓄电池的放电效率下降，使其实际放出的电量少于额定电量。其主要原因在于低温下动力蓄电池电解质黏度急剧增加，导致其离子电导率下降，同时正、负极材料内部锂离子扩散缓慢，锂离子难以脱溶剂化，在 SEI 膜中传输缓慢，电荷转移阻抗增加。宏观上表现为：在低温条件下动力蓄电池内阻变大，放电时其工作电压下降速率快于常温，其最大可使用容量和功率均大幅减少，最终导致了低温下的放电效率低于常温。

（5）动力蓄电池的放电量易受行驶工况的影响

在大倍率的放电工况下，动力蓄电池的放电效率会降低，主要是因为大倍率放电时，由于内阻的存在，从而使动力蓄电池的发热功率变大，进而导致其实际的对外放电量变少，影响整车的续驶里程。

3.3.2 纯电动汽车经济性评价指标

纯电动汽车与传统燃油汽车在经济性能需求方面基本一致，主要是降低车辆行驶过程中的能量消耗。对于纯电动汽车而言，其主要的经济性评价指标有：整车续驶里程、行车能量消耗量、吨百公里耗电量、整车电池充放电效率。

1. 整车续驶里程

整车的续驶里程指纯电动汽车在动力蓄电池满电的状态下，以一定的行驶工况能连续行驶的最大距离，单位为 km。此指标对于综合评价动力蓄电池系统、电驱动总成、热管理系统等具有积极的意义。但此指标与纯电动汽车动力蓄电池的装车容量及电压平台有关，在不同车型和配备不同电池容量的同车型间不具有可比性。即使装配相同容量同种电池的同一车型,续驶里程也受到电池组状态、天气、环境等因素的影响而有一定的波动。根据GB/T 18386.1—2021《电动汽车能量消耗量和续驶里程试验方法 第1部分:轻型汽车》,其测试方法主要有基于常规工况法和基于缩短法两种,其中常规工况法采用 CLTC 循环工况,而缩短法的速度片段由 2 个试验循环段和 2 个恒速段组成。如图 3-2 所示,DS1 和 DS2 为试验循环段,CSSM 和 CSSE 为恒速段,恒速段由较高的恒定车速构成,用以尽快放电,减少测试时间。

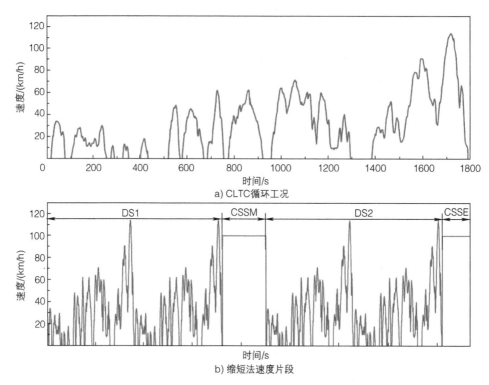

图 3-2 CLTC 循环工况和缩短法速度片段

基于常规工况法的续驶里程按照式(3-10)进行计算:

$$BER = \frac{E_{Bat,CCP}}{EC_{DC}} \tag{3-10}$$

式中 BER——续驶里程(km);

$E_{Bat,CCP}$——常规工况法试验前后,动力蓄电池电能的变化量(W·h);

EC_{DC}——基于动力蓄电池电能变化量的能量消耗量(W·h/km)。

其中,$E_{Bat,CCP}$ 和 EC_{DC} 分别按照如下公式计算:

$$E_{Bat,CCP} = \sum_{j=1}^{k} \Delta E_{Bat,j} \tag{3-11}$$

式中 k——常规工况法试验结束后,车辆所行驶的速度区间数量;

$\Delta E_{Bat,j}$——第 j 个速度区间动力蓄电池的电能变化量(W·h)。

$$EC_{DC} = \sum_{c=1}^{n}(EC_{DC,c} \times K_c) \qquad (3\text{-}12)$$

式中　c——试验循环的序号；

　　　n——常规工况法试验结束后，车辆所行驶的完整的试验循环数量；

　　$EC_{DC,c}$——基于动力蓄电池电能变化量的第 c 个试验循环的能量消耗量（W·h/km）；

　　　K_c——第 c 个试验循环的权重系数。该权重系数的计算公式为

$$K_c = \begin{cases} \dfrac{\Delta E_{Bat,c}}{E_{Bat,CCP}}, & \text{当} c \leqslant 2 \\[3mm] \dfrac{1 - K_1 - K_2}{n - 2}, & \text{当} c > 2 \end{cases} \qquad (3\text{-}13)$$

式中　$\Delta E_{Bat,c}$——第 c 个试验循环动力蓄电池电能的变化量（W·h）。

基于缩短法的续驶里程按照式（3-14）进行计算：

$$BER = \frac{E_{Bat,STP}}{EC_{DC}} \qquad (3\text{-}14)$$

式中　$E_{Bat,STP}$——缩短法试验前后动力蓄电池的电能变化量（W·h）。

$E_{Bat,STP}$ 和 EC_{DC} 分别按照式（3-15）进行计算：

$$E_{Bat,STP} = \Delta E_{Bat,DS1} + \Delta E_{Bat,CSSM} + \Delta E_{Bat,DS2} + \Delta E_{Bat,CSSE} \qquad (3\text{-}15)$$

$$EC_{DC} = \sum_{c=1}^{4}(EC_{DC,c} \times K_c) \qquad (3\text{-}16)$$

式中　$\Delta E_{Bat,DS1}$——在试验循环段 DS1 动力蓄电池的电能变化量（W·h）；

　　$\Delta E_{Bat,CSSM}$——恒速段 CSSM 动力蓄电池的电能变化量（W·h）；

　　$\Delta E_{Bat,DS2}$——在试验循环段 DS2 动力蓄电池的电能变化量（W·h）；

　　$\Delta E_{Bat,CSSE}$——恒速段 CSSE 动力蓄电池的电能变化量（W·h）；

　　$EC_{DC,c}$——基于动力蓄电池电能变化量的第 c 个试验循环的能量消耗量（W·h/km）；

　　　c——试验循环的序号，共计 4 个试验循环。

第 c 个试验循环的权重系数 K_c 的表达式为

$$K_c = \begin{cases} \dfrac{\Delta E_{Bat,c}}{E_{Bat,STP}}, & \text{当} c \leqslant 2 \\[3mm] \dfrac{1 - K_1 - K_2}{2}, & \text{当} c > 2 \end{cases} \qquad (3\text{-}17)$$

2. 行车能量消耗量

在规定纯电动汽车行驶试验工况后，行车能量消耗量等于动力蓄电池净耗电量除以行驶里程，单位为 kW·h/100km。行车能量消耗量是评价纯电动汽车能效的重要指标之一，它受车辆的行驶工况、电驱动总成效率及驾驶习惯等多种因素影响。在城市工况下，需要考虑红绿灯及拥堵等因素，车辆需要频繁地加速、减速，消耗的能量主要用来克服整车滚动阻力、加速阻力和坡道阻力等；在高速工况下，整车的空气阻力变大，消耗的能量主要用来克服整车空气阻力、滚动阻力和坡道阻力等。电驱动总成效率对纯电动汽车的行车能量消耗量有着重要的影响，提高电驱动总成效率可以从设计高效的电机和电机控制器、开发轻量化和高能量密度的动力蓄电池、研究低能量损失的传动系统等方面展开，从而降低纯电动汽车的行车能量消耗量。

3. 吨百公里耗电量

纯电动汽车的吨百公里耗电量是衡量电动汽车能源利用效率和节能减排效果的重要指标之一。具体来说，它表示纯电动汽车在行驶 100km 的过程中，每吨重量所消耗的电能。这个指标的具体意义为：

1）评估能源转换效率。该指标反映了纯电动汽车电池能量转化为机械能的效率。数值越低，说明能源转换效率越高，车辆越节能。

2）促进节能减排。通过限制吨百公里耗电量，可以鼓励汽车制造商采用更高效的电池技术、电机技术和整车轻量化技术，从而减少能源消耗和碳排放，推动新能源汽车产业的可持续发展。

3）指导消费者购买。对于消费者而言，了解纯电动汽车的吨百公里耗电量有助于他们更准确地评估不同车型的能源利用效率和节能减排性能，从而做出更明智的购车决策。

4）促进政策制定。政府可以通过制定电动汽车的吨百公里耗电量标准，来引导汽车产业的发展方向，鼓励技术创新和产业升级，同时也有助于实现节能减排的目标。

4. 整车电池充放电效率

纯电动汽车整车的充电效率是指动力蓄电池实际存储的能量与消耗电网电能的比值，它主要受动力蓄电池的工艺、工作环境、充电设备等因素的影响；整车的放电效率主要包括动力蓄电池的放电效率、动力系统和低压附件的工作效率。其中动力蓄电池的放电效率指在一定的放电条件下放电至终止电压，动力蓄电池所放出的实际电量与额定电量的比值，它主要受放电倍率、环境温度、内阻等因素的影响。一般放电倍率越高，放电效率就越低。动力系统和低压附件的工作效率指系统对外的输出电能与系统消耗电能的比值，其比值越高，系统工作时的电能损耗就越小。

动力蓄电池的充放电效率是影响整车充放电效率的关键因素之一，下面以某款锂离子动力蓄电池为例，重点阐述温度和放电倍率对其放电效率的影响。温度对动力蓄电池放电效率的影响见表 3-1，在相同放电倍率下，在 25℃ 及以上，动力蓄电池的放电效率为 100%；随着温度降低，放电效率开始下降，尤其是 0℃ 以下，放电效率下降加快；在

−20℃下，动力蓄电池的放电效率下降了 20%。在实际应用中，低温下可以通过对动力蓄电池加热的方式将电池温度抬升至适宜温度，从而提高动力蓄电池的放电效率。

表 3-1　不同温度下动力蓄电池放电效率对比

温度 /℃	放电效率（%）
45	100
25	100
0	92
−10	87
−20	80

放电倍率对放电容量的影响如图 3-3 所示。随着放电倍率的增大，动力蓄电池的放电容量降低，20C 放电倍率下的放电容量比 0.2C 放电倍率下的下降了约 14%。锂离子电池在大倍率放电工况下放电效率下降的主要原因是：动力蓄电池两端电压压降变大，端电压下降后，电池输出能量下降。因此，在整车开发过程中，通过正向的要求分解，确定电池的放电倍率需求，制定电池放电倍率优化措施：通过提升材料力学性能，如减少材料的颗粒尺寸、包覆掺杂等，以及优化电解液的添加剂提升电导率等，提升动力蓄电池在大倍率放电下的放电效率。

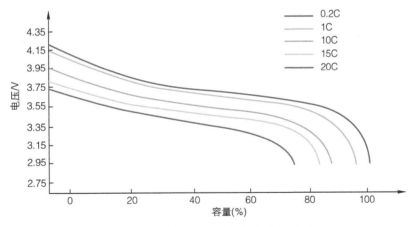

图 3-3　不同放电倍率下电池放电容量的对比

3.3.3　纯电动汽车经济性关键影响因素

纯电动汽车经济性与很多因素有关，总体而言，主要分为整车阻力、电驱动总成的效率、低压附件的影响及整车控制策略等。

1. 整车阻力的影响

汽车在实际行驶时，必须克服来自地面的滚动阻力 F_f、来自空气的空气阻力 F_w、坡度

阻力 F_i（重力沿坡道的分力）和加速阻力 F_j。汽车行驶的总阻力及各部分阻力的分解示意图如图 3-4 所示。

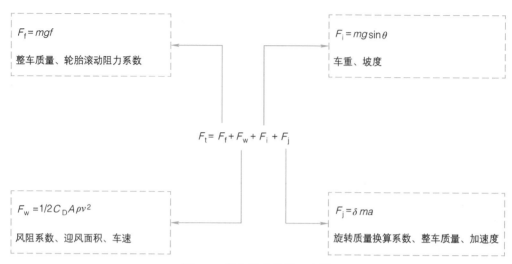

图 3-4　整车阻力分解示意图

对整车的行驶阻力进一步分解可以得到，影响整车阻力的关键因素有整车质量、整车风阻及整车内阻。纯电动汽车的整车质量较高，目前整车的轻量化是各企业的研究热点之一；整车风阻的关键影响因素是风阻系数，在整车行驶过程中，随着车速的升高，风阻占整个行驶阻力的比例不断上升，优化整车风阻系数也是目前各车企重点发力的方向；纯电动汽车的内阻又可划分为驱动电机内阻、传动系统内阻、制动卡钳拖滞阻力和转毂轴承阻力，这些阻力大概占整车阻力的 15% ～ 30%。

2. 电驱动总成效率的影响

影响纯电动汽车经济性的另一个重要因素是电驱动总成的效率，纯电动汽车电驱动总成主要包含驱动电控、驱动电机及传动系统，其系统的效率可以从如下两个方面来评价。

（1）电驱动总成稳态效率

高效区占比是评价电驱动总成的关键指标，包含了最高效率点、高效区覆盖整个工作面区域的占比，其高效区覆盖面占比越大，电驱动总成效率越高。

（2）电驱动总成工况效率

电驱动总成的工况效率（如 NEDC、WLTC、CLTC 或典型的用户驾驶工况）主要由以下两个因素决定：一是电驱动总成匹配，常用工作点的负荷区域是否落在高效区；二是电驱动总成的控制精度，即稳定工况下，系统的效率波动性。

3. 低压附件的影响

随着整车电气化程度越来越高，众多纯电动汽车上的电气化配置也越来越丰富，日益丰富的电气化配置，除了给电动汽车带来更好的使用体验外，也给电动汽车带来更多的能量消耗，因此除了高压系统外，整车低压对纯电动汽车的能耗也有较大的影响。在不断变化的工况条件下，寻找风扇、水泵和油泵等低压耗能部件的最优控制参数组合，可降低低压附件的能耗。

4. 整车控制策略的影响

对纯电动汽车经济性影响较大的策略主要有整车热管理策略、能量回收策略和低压附件控制策略。

（1）整车热管理策略

在低温条件下，传统燃油汽车可以利用发动机对乘员舱进行加热。而纯电动汽车不仅可用的热能有限，还要同时对乘员舱和动力蓄电池进行加热，导致热管理能耗陡增；在高温条件下，由于要对乘员舱和动力蓄电池进行降温，因此纯电动汽车的压缩机耗能变大，致使整车的续驶里程减小。因此有必要结合纯电动汽车智能化、网联化能力，通过未来长时间尺度的工况分析，利用整车热管理系统的降阶模型进行关键部件的温度预测，开发基于模型预测控制的一体化热管理系统智能控制策略。该策略可实现对具有较大时滞特性的热管理系统进行状态超前感知、温度提前调控。

（2）能量回收策略

纯电动汽车的制动系统是由机械摩擦制动和电驱动系统再生能量制动两者叠加而成，这也是纯电动汽车与传统燃油汽车区别大的地方之一，因此能量回收是降低纯电动汽车整车能耗的直接手段。一般情况下，纯电动汽车有强回收、标准回收和弱回收三种能量回收模式。选用不同的回收模式对纯电动汽车百公里电耗影响较大，同时制动能量回收也影响着驾驶员的感受，因此在追求高效率的制动能量回收过程中，也应该在两者之间找到最优解。

（3）低压附件控制策略

虽然低压附件的能耗占比较少，但在一定程度上也影响着整车的续驶里程。为了减少低压附件的能耗，除了选择能耗低的元器件外，设计合理高效的低压附件控制策略也尤为重要。控制策略可采用智能控制技术，实时监控车辆各部件的温度和能耗，以零部件的上限温度和系统功率最小为控制目标，通过自学习快速从满足性能需求组合中寻出低压系统功率最优的控制参数组合，从而逼近最佳效能点，实现节能的目标。

3.3.4　纯电动汽车整车能量管理策略设计

整车能量管理策略应在满足车辆动力性、制动性及舒适性等基本性能要求的前提下，根据能量存储装置及能量转换装置的特性和车辆运行工况，实现能量在转换装置之间按最佳路线流动，使整车的能量利用率趋于最佳，从而达到降低能耗、增加续驶里程的目的。由于在整车的硬件结构确定后，整车热管理策略和能量回收策略对纯电动汽车的经济性影响最大，因此下面针对这两种策略的设计进行详细阐述。

1. 整车驱动策略设计

纯电动汽车的驱动控制策略主要包含加速踏板曲线设计、多电机转矩分配策略和驾驶模式切换等，其中加速踏板曲线设计和多电机转矩分配策略对整车的经济性影响较大，因此重点围绕加速踏板曲线设计和多电机转矩分配策略进行阐述。

（1）加速踏板曲线设计

根据驾驶员踩下加速踏板的深度，合理匹配车辆的加速性能，使得驾驶员能够根据需求快速调整车辆的行驶状态。在设计加速踏板曲线时除了要考虑整车驾驶的平顺性、动力性和安全性外，还需要考虑整车经济性。合理的加速踏板曲线设计能够提供更加平顺和自然的驾驶体验，使驾驶员能够更好地控制车辆的加速和减速，从而减少不必要的能耗；加速踏板曲线的设计要与动力蓄电池的管理策略相结合，确保电池的充放电过程更加合理和高效，从而延长动力蓄电池的使用寿命，降低维护成本；不同驾驶模式需要设计不同的加速踏板曲线，在运动模式下，加速踏板曲线的设计可能更加激进，追求更高的动力性能，而在经济模式下，加速踏板曲线的设计则可能更加注重节能和能源利用率。通过合理的驾驶模式切换和加速踏板曲线设计，可以实现更加经济和高效的驾驶。

（2）多电机转矩分配策略

多电机转矩分配策略是指根据不同的驾驶需求和行驶条件，将转矩合理地分配给多个电机，以提高车辆的操控性、稳定性、安全性和经济性。多电机转矩分配策略需要综合考虑路面条件、驾驶模式、车辆状态、电机状态等多个因素，通过优化控制算法和实时调整，实现转矩的合理分配，提高车辆的综合性能和用户体验。从整车的经济性方面考虑，多电机转矩分配策略应遵循以下设计原则：

1）能量利用效率。多电机转矩分配策略可以根据车辆的行驶需求和工况，将转矩合理地分配给各个电机，从而降低整车的能量消耗。

2）负载均衡控制。当某个电机的负载过高时，其他电机可以分担部分转矩，以均衡各个电机的负载，这样可以防止个别电机过载，提高系统的稳定性和经济性。

3）自适应调整。多电机转矩分配策略可以根据不同的驾驶风格和行驶条件进行自适应调整，通过学习驾驶员的驾驶习惯和预测行驶工况来优化转矩分配，从而减少整车电耗。

2. 整车热管理策略设计

整车的热管理能耗仅次于整车驱动能耗，在整车的热管理硬件确定后，优化整车的热管理策略对降低热管理能耗至关重要。在面对复杂的行驶工况时，整车热管理策略要对动力蓄电池的温度进行有效的调节，既要在动力蓄电池温升较快的情况下运用高效的冷却系统给其降温，改善其可靠性和热安全性，又要在低温工况下加热动力蓄电池，保证车辆动力性能和延长续驶里程，还要保证动力蓄电池单体温度差在一定范围内，提高动力蓄电池单体温度一致性。另外还要对乘员舱、电机及电机控制器的温度进行有效调节，使系统在满足温度要求的基础上尽量减少用于热管理的能耗。

目前基于经验、规则的单一温度管理机制，缺乏精细化过程控制策略和一体化管理思路，系统能效比较低。为了进一步降低整车热管理的能耗，一体化的热管理策略受到了广泛的关注。一体化热管理策略与整车热管理模型相结合，充分考虑子系统之间的热耦合效应，采用实时优化手段展开温度预测与规划。一体化热管理策略的设计共分为搭建子系统热模型、关键部件热耦合影响量化分析和在线优化算法开发三部分。

（1）搭建子系统热模型

搭建子系统的热模型，主要是对电驱动总成、动力蓄电池系统、乘员舱、空调等关键子系统的产热机理、冷却功耗等进行精确化建模。在建模过程中，需要依靠多种分析手段，确定主要影响参数的数值，建立方便用于实时控制的降阶解析模型。

（2）关键部件热耦合影响量化分析

将孤立的子系统连接与利用，形成统一调配与分析，需要对关键部件的热耦合因素与影响进行分析与量化。许多研究指出，电机、电机控制器、动力蓄电池及空调等发热部件由于布局位置、功率传递等原因相互耦合，导致子系统温升模型相互依赖度较高，需要通过精确化建模进行量化分析。

（3）在线优化算法开发

汽车热管理系统惯性较大，温度瞬态响应慢，在线优化算法的动态规划空间和可操作性强，是汽车在综合热管理方面具有的天然优势。如果可以充分利用该系统惯性，不仅可以在不影响舒适度的前提下减少能耗，还能实现调温功率"平滑化"，帮助整车热管理系统工作在高效区，从而降低整车热管理能耗。

3. 能量回收策略设计

能量回收策略是纯电动汽车重要的控制策略之一，它直接影响到整车的能量利用效率进而影响整车的续驶里程。能量回收的强度会受到动力蓄电池本身的荷电状态、动力蓄电池的最大回馈功率、电机最大回收转矩等自身条件的限制。在动力蓄电池荷电状态高的时候，会对回收的能量进行限制，避免大的能量回收对动力蓄电池造成过充电的状况；随着荷电状态的降低，电机输出的能量回收转矩逐渐变大。能量回收主要分为滑行回馈和制动回馈两种模式，这两种模式均能进行能量回收，从而提高车辆的经济性。

滑行回馈指车辆在 D 位行驶过程中，松开加速踏板至一定深度以下，电机输出反向扭矩使车辆减速的同时进行能量回收。能量回馈强度一般分为弱回馈、中回馈和强回馈三种模式，每种回馈模式对应的电机回收转矩是不一样的。在制定滑行回馈控制策略时，应遵循以下设计准则：

1）用户可以手动选择回馈强度模式。

2）在某些故障状态下车辆的能量回收能力可以自动降至某一设定的较低水平。

3）进入和退出滑行回馈的过程中，不应有顿挫和冲击等现象。

4）在滑行回馈的过程中，整车减速度应尽量保持平滑。

5）可以通过加速踏板的深度来调整滑行回馈电机目标转矩的大小。

制动回馈指车辆在 D 位行驶过程中，松开加速踏板并踩下制动踏板时，电机输出反向转矩使车辆减速的同时进行能量回收。制动回馈强度主要与制动踏板的深度有关，在制定制动回馈策略时，应遵循以下设计准则：

1）确保整车行驶安全，尽量使整车制动过程符合传统驾驶习惯。

2）进入和退出制动回馈的过程中，不应有顿挫和冲击等现象。

3）在制动回馈的过程中，整车减速度应尽量保持平滑。

4）根据驾驶员的意图处理好电机制动与机械制动之间的关系，最大限度地进行制动能量回收（整车动能和势能转化为电能存储起来）。

5）多电机的纯电动汽车应考虑电机间的协同控制、效率优先、安全可靠和经济性等方面的要求，以达到最佳制动的效果。

从整车能量利用率的角度评价制动能量回收策略的节能效果，一般用制动能量回收效率作为评价指标。汽车在水平良好路面上制动时（不考虑低附路面），动能消耗主要由车辆运动过程中的滚动阻力、空气阻力及制动器的摩擦阻力承担，其中制动器摩擦阻力占据动能消耗的绝大部分能量，滚动阻力和空气阻力消耗的动能无法回收，因此制动器摩擦阻力所消耗的动能即为理论上电机所能回收的最大制动能量。根据上述分析，可将制动能量回收率 η_{b_reg} 定义为在特定循环工况下，全部电机制动回收的能量 E_{m_reg} 占无制动能量回收时制动器摩擦阻力所消耗的总能量 E_{b_total} 的百分比，计算公式如下：

$$\eta_{b\_reg} = \frac{E_{m\_reg}}{E_{b\_total}} = \frac{\sum_{i=1}^{n} \int_{t_{i\_0}}^{t_{i\_1}} U_{i\_bat} I_{i\_chg} dt}{\sum_{i=1}^{n} \left(\frac{1}{2} m v_{i\_0}^2 - mgf \int_{t_{i\_0}}^{t_{i\_1}} v dt - \frac{C_D A \rho}{2} \int_{t_{i\_0}}^{t_{i\_1}} v^2 dt \right)} \qquad (3\text{-}18)$$

式中　　n——行驶过程中总的制动次数；

　　　　i——第 i 次制动；

　　t_{i_0}——第 i 次制动的初始时刻（s）；

　　t_{i_1}——第 i 次制动的结束时刻（s）；

　U_{i_bat}——动力蓄电池当前总电压（V）；

　I_{i_chg}——动力蓄电池组的充电电流（A）；

　　　m——汽车质量（kg）；

　　v_{i_0}——第 i 次制动时初始车速（m/s）；

　　　f——滚动阻力系数；

　　　C_D——空气阻力系数；

　　　A——迎风面积（m²）；

　　　ρ——空气密度（kg/m³）。

由于提高纯电动汽车的经济性能对于降低整车运行成本、缓解用户里程焦虑具有重要意义，因此本节主要从纯电动汽车经济性特点、评价指标、关键影响因素及整车能量管理策略设计四个方面阐述经济性的设计过程，为纯电动汽车经济性能的设计提供参考。

3.4 纯电动汽车制动性能设计

制动性是汽车主要性能之一，一般是指汽车行驶时能在短时间内停车且维持行驶方向稳定性和在下长坡时维持一定车速的能力。制动性能的好坏是影响汽车安全性的关键要素之一。

3.4.1 纯电动汽车制动性的特点

传统燃油汽车制动完全依赖于液压制动装置提供制动力；而纯电动汽车制动时，不仅可使用液压制动装置提供制动力，同时也可通过电机回收制动能量，提供制动力矩。

液压制动工作原理为：制动时，驾驶员踩下制动踏板，通过推杆推动主缸活塞，在主缸内的油液中形成一定压力后，油液流入制动轮缸，推动轮缸活塞使制动盘两侧摩擦片压紧，通过摩擦产生阻碍车轮转动的制动力矩。松开制动踏板时，在回位弹簧的作用下，摩擦片回到原位，制动解除。

纯电动汽车制动时的主要特点如下。

（1）制动响应快

传统液压制动原理中，从制动踏板踩下到制动力的产生，这一链路中受油压变化时滞、摩擦片间隙等影响，制动力的产生存在时间延迟。根据 GB 7258—2017《机动车运行安全技术条件》规定，汽车制动完全释放时间（即从松开制动踏板到制动消除所需的时间）对两轴汽车应不超过 0.8s，对三轴及以上汽车应不超过 1.2s。电机通过电磁感应力进行制动，在电池状态允许的情况下，制动力的产生和消失相对液压制动来说更迅速。

（2）摩擦片损耗小

由于电机承担了一部分需求的制动力矩，由制动器承担的摩擦制动力矩可以相应减少，因而电机的能量回收也可以减少制动器摩擦的热负荷，减少制动盘的磨损，提高车辆的制动安全性和经济性。

相比于液压制动，纯电动汽车基于电机制动主要存在以下的限制：

（1）制动力受电机特性的影响

电机的外特性影响制动力矩大小，电机在达到额定转速后，电机转矩会随转速升高而下降。若此时进行电机制动，则更容易出现回馈制动不能满足制动需求的情况。同时，考虑电机的工作特性和输出能力，需要对回馈制动过程中的电流大小进行限制，以保证电机系统的安全运行。

（2）电机制动需满足电池的充电安全

对纯电动汽车进行能量回收时，要注意电机的电流、电压及瞬时功率不能超过电池的最高警戒值，保证电池接收的电压、电流、功率在允许范围内。例如：当电池 SOC 较高时，为了防止长下坡路况的制动发电导致电池过充电，应关闭能量回收系统。

基于上述限制条件，目前电机制动并不能完全取代传统液压制动。同时，随着制动场景变化（如滑行制动、紧急制动、陡坡缓降等），电机制动的策略也应当根据实际需求进行相应地调整。

3.4.2 纯电动汽车制动性评价指标

现今的电动汽车仍保留了传统液压制动，且液压制动装置仍在制动过程中承担主要工作，因此对纯电动汽车仍沿用传统燃油汽车对制动性能的评价指标，包括制动效能、制动效能的恒定性和制动时电动汽车的方向稳定性。

1. 制动效能

制动效能是对制动性最基本的评价指标。通常是指在特定的试验路面、试验条件下，汽车从制动开始到完全停车所需的制动距离或制动时汽车的减速度。一般对试验路面及试验条件的规定，各国有不同的标准。由于制动距离的长短往往与初始车速、路面情况、驾驶员反应时间、轮胎磨损状况相关，根据 GB/T 13594—2003《机动车和挂车防抱制动性能和试验方法》规定：乘用车空载时，初速度为 50km/h 的制动距离不超过 19m，初速度为 100km/h 的制动距离不超过 45m；总质量小于 4.5t 的其他车辆制动距离则小于 21m；而对于其他汽车，车辆初速度为 30km/h 时，则不应超过 12m。同时，制动力的大小、制动时间、制动平均减速度也可用来对制动效能进行评价。根据 GB 7258—2017《机动车运行安全技术条件》规定，汽车制动力空载时应大于整备质量的 60%，满载时这个值为 50%，而制动充分发出的平均减速度 MFDD 被定义为

$$\text{MFDD} = \frac{v_\text{b}^2 - v_\text{e}^2}{25.92(S_\text{e} - S_\text{b})} \qquad (3\text{-}19)$$

式中　v_b——0.8v_0，其中v_0为制动初速度（km/h）；

　　　v_e——0.1v_0；

　　　S_b——车速从 v_0 到 v_b 时车辆的行驶距离（m）；

　　　S_e——车速从 v_b 到 v_e 时车辆的行驶距离（m）；

　　MFDD——制动平均减速度（m/s²），一般乘用车初速度为 50km/h 时，空载下 MFDD 应大于 6.2m/s²，而满载下则应大于 5.9m/s²。

2. 制动效能的恒定性

制动效能的恒定性即制动器的抗热衰退性能，其对制动效能的好坏起到关键作用，制动器抗热衰退性能越强，制动效能越好。对于液压制动器，其制动过程是将动能转化为热能，而随着制动过程的持续，往往伴随着制动器温度的上升，这将导致摩擦力矩显著下降使制动器失效。抗热衰退性能一般与制动器摩擦副材料及制动器结构有关。

3. 制动时电动汽车的方向稳定性

制动时电动汽车的方向稳定性，是指汽车在制动过程中维持直线行驶或按预定弯道行驶的能力。制动时容易出现跑偏或者侧滑的现象，是因为整车的制动状态是由四轮所受制

动力的合力决定，而四轮制动力的不均则可能导致整车在制动过程中出现某一轴或两轴的横向移动。用不相等度表示左、右车轮制动力之差，根据 GB 7258—2017《机动车运行安全技术条件》规定，制动的不相等度可在一定程度上影响制动时方向稳定性，一般要求前轴的不相等度不应大于 20%，当后轴制动力大于或等于该轴轴荷 60% 时，后轴的不相等度不应大于 24%；当制动力小于该轴轴荷的 60% 时，后轴的不相等度不应大于 8%。

对纯电动汽车而言，电机制动在其他方面的评价指标包括：

（1）能量利用率

尤其是在起、停频繁的城市工况下，利用再生制动，可有效延长纯电动汽车的续驶里程。

（2）制动可靠性

电机制动相比液压制动可靠性低，一旦失效，就会发生危险，因此制动系统应设有必要的安全设备和报警装置。

（3）制动平顺性

由于电机转矩在控制过程中存在波动，因此制动时应柔和、平稳；解除时应迅速、彻底。

3.4.3 纯电动汽车制动性关键影响因素

作为评价汽车主动安全性的重要指标，制动性强调"短距离停车"和"维持行驶方向"两个方面。下面分别从液压制动系统关键影响因素、电机制动系统相关影响因素、电动汽车相关参量、外界环境影响因素以及制动控制技术应用五个角度分析制动性关键影响因素。

1. 液压制动系统关键影响因素

（1）制动操纵机构

制动操纵机构如制动踏板和制动手柄如图 3-5 所示，其作用是接受驾驶员的制动指令并将其传递到制动传动机构上。制动操纵机构通常安装在车辆的驾驶室内，便于驾驶员控制制动操作。

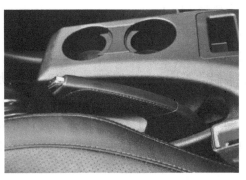

图 3-5 制动踏板和制动手柄实物图

如今，线控制动系统作为由电子控制的制动系统，其主要特征是取消制动踏板和制动器之间的机械连接，通过踏板传感器采集驾驶员制动意图或者通过整车通信网络接收智能驾驶控制器的制动请求，进而由制动控制单元（ECU）处理电子信号并控制制动执行机构输出制动力。

（2）制动传动机构

制动传动机构是指将制动力进行传递的机构，如制动盘、制动液等。其主要作用是将驾驶员的制动信号转化为制动力，使制动器夹紧制动盘，从而实现车辆制动的目的。

对于机械液压制动而言，制动力矩主要与制动压力相关，一般可表示为

$$T_b = K_f p_w \pi r_w^2 r_b \tag{3-20}$$

式中　T_b——制动力矩（N·m）；

　　　K_f——制动盘摩擦系数；

　　　p_w——轮缸压力（bar）；

　　　r_w——轮缸活塞半径（m）；

　　　r_b——制动盘有效作用半径（m）。

一般通过调节制动压力实现对制动力的控制。然而制动压力的准确估算往往较为困难，因此在实际控制中通过调节制动压力的增减来进行制动力的控制。需要注意的是，制动器的制动力会受到摩擦片热衰退的影响，会有一定程度的变化。

从制动效能恒定性角度分析，大多数制动系统都会有热衰退的现象，这是由于制动时的热能无法立即消散，只是程度不同而已。一般规定以一定车速连续制动 15 次，最后的制动效能应不低于冷制动时的 60%。

制动产生热能的理论计算公式为

$$E = \frac{mv^2}{2\eta} \tag{3-21}$$

式中　E——制动产生的热能（J）；

　　　m——整车质量（kg）；

　　　v——初始制动车速（m/s）；

　　　η——制动系统效率。

1）制动器。制动器是一种以摩擦方式将汽车的动能转换为热能的转换器，当前汽车的前轮大部分采用盘式制动器，越来越多的后轮也由鼓式制动器替换为盘式制动器。如图 3-6 所示，盘式制动器表面有多个散热孔，其具有散热快、重量轻、结构简单、调节方便的优点，尤其是高负荷下耐高温性能好，制动效果比鼓式制动器更快、更自然，散热效果更好。

2）制动片。制动片一般由消声片、钢背、定位拉环、黏结剂、摩擦材料、警报器组

成，如图 3-7 所示。制动器摩擦力大小因制动片材料而异，其中陶瓷制动片是较为常用的制动片，其主要特点是制动力强、耐高温、热稳定性好、双重磨损小。

图 3-6　盘式制动器实物图

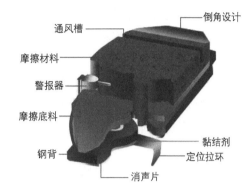

图 3-7　制动片实物图

3）制动液。制动液同样对车辆的整体安全性有着关键的影响。制动液的类型一般为蓖麻油 - 醇型、合成型、矿油型，其制动工作压力一般为 2MPa。由于制动液长时间使用后会吸收空气中的水分，在工作中加热时又会蒸发水分，产生气泡，导致气蚀造成制动失灵，因此需要定期更换。制动液的使用按照我国现行的制动液标准 GB 12981—2012《机动车辆制动液》执行。

2. 电机制动系统关键影响因素

电机制动的过程是把动能回馈到动力蓄电池中，因此整车控制系统的各个模块和使用环境都对电机制动有较大的影响。影响电机制动的关键因素可以概括为以下四个方面：

（1）电机特性

电机的制动转矩影响着制动力大小，电机的功率影响充电功率大小，同时电机的工作温度也影响工作效率。

（2）动力蓄电池特性

高 SOC 下，因动力蓄电池安全保护需要，需减小回馈电流从而降低能量回收强度；低温下，动力蓄电池的两极活性物质化学反应速度降低，为避免动力蓄电池受到大电流影响，动能回收强度也会受到限制。

（3）车辆行驶工况

在不同行驶工况下，纯电动汽车的制动频率不同，回收能量的多少也就不同。例如在车辆频繁起步与停车的城市道路工况下，回收能量相对较多；而在制动频率较低的高速公路上，制动回收的能量则相对较少。

（4）制动的安全性

当车辆进行制动时，首先需要考虑的是制动系统要满足驾驶员的制动需求和制动时车辆的稳定性，只有在满足这些要求的前提下才能够考虑回收能量的多少。在一些特殊情况下，虽然电机能够提供足够大的制动力，但是为了防止车轮抱死，也必须减小电制动力来保证行车安全。

3. 电动汽车整车自身参量关键影响因素

（1）整车质量

整车质量的变化会影响车辆的制动距离和稳定性。纯电动汽车质量过大，可能会使制动距离增加，制动时也容易出现侧滑。

（2）质心位置

质心位置会影响车辆的稳定性和悬架系统的工作状态。如果质心偏高或偏后，就会影响车辆的制动稳定性，制动时容易发生侧滑现象，同时还会影响车辆的悬架系统，导致制动时车轮跳动或者抖动。

（3）轴荷

轴荷是指车辆轴重分布的情况，轴荷的变化会影响车辆的制动力和制动平衡性。如果轴荷不均衡，就会导致制动力分布不均，从而影响整车的制动平衡性。因此，在行驶前，需要保证车辆整备质量、质心、轴荷等参数正常，避免超载、装载不均、改装等现象，以确保车辆的制动性能和行驶安全。

（4）轮胎

轮胎附着力会影响制动距离。如果轮胎附着性差，汽车的制动距离就会延长。由于电动汽车和传统燃油汽车的驱动总成不同，且车身重量差异较大，因此在轮胎选型上有较大差异，如图3-8所示，一般要求电动汽车轮胎的胎宽大于燃油汽车轮胎。

图 3-8　燃油汽车和电动汽车的轮胎对比

目前常用轮胎为充气轮胎，而胎压主要影响轮胎的阻滞力。在车辆制动过程中，轮胎会发生下沉，这种变化会改变轮胎半径。轮胎胎压越低，轮胎变形也就越大，对应的轮胎滚动半径越小，进而增加了制动力。轮胎胎压越高，则呈现相反的变化。尤其是当左、右轮胎胎压不相同时，左、右两侧轮胎的附着系数也不同，轮胎滚动半径也不一样，轮胎与地面之间的附着系数也不一样，从而影响车辆的制动力平衡。

在行驶过程中，由于车辆的重力作用，轮胎会产生明显的变形，而由于胎面花纹的影响，轮胎表面会与地面上不平整的凹坑相啮合，有利于提高轮胎与地面之间的制动力。

（5）悬架

悬架对制动性能最直接的影响就是"制动时的俯仰特性"，俗称"制动点头"。如果该现象较严重，则会使驾驶员产生制动不适感。

同时汽车悬架系统对制动距离有一定的影响。在车辆制动时，其重心就会向前移，从而导致车辆前悬架被过度压缩，使得前悬架的负荷加重，此时后轮的制动效果就会减弱，从而导致制动距离增加。

4. 外界环境影响因素

（1）驾驶员的反应

驾驶员从发现情况到汽车停止的时间包括反应过程时间和减速过程时间，其中驾驶员的反应过程时间越大，制动距离就会相应地延长，如图 3-9 所示。

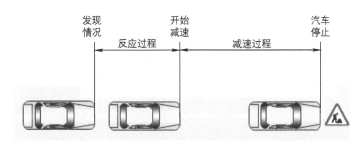

图 3-9　制动过程

（2）道路条件

同一辆电动汽车以同样的初速度制动，在冰雪覆盖的低附路面和铺沥青的高附路面上制动距离不一样，如图 3-10 所示。主要原因是两种工况下的路面附着系数不同：冰雪路面上轮胎的附着系数降低，制动距离较长；沥青路面上，轮胎的附着系数较高，制动距离较短。

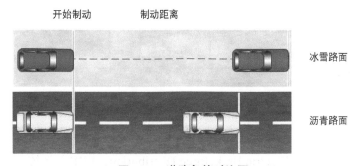

图 3-10　道路条件对比图

路面条件主要决定附着系数，系数越大，制动减速度越大，制动距离越短。天气情况主要是影响空气湿度和路面的附水层，湿度越大，则制动减速度越小，制动距离越长。

地面制动力与附着系数的关系如下：

$$F = mg\varphi \tag{3-22}$$

式中　m——整车质量（kg）；

　　　g——重力加速度（m/s^2）；

　　　φ——路面附着系数。

从式（3-22）可以看出，地面制动力与附着系数成正比，即附着系数增加，轮胎与地面间的摩擦力增大，地面制动力增大。

5. 制动控制技术

在制动控制技术方面，纯电动汽车由传统燃油汽车的制动功能衍生出更多的先进制动控制技术，具体技术如下。

（1）防抱死制动系统（Antilock Brake System，ABS）

在汽车制动时，ABS 自动控制制动力的大小，使车轮不被抱死，而保持边滚边滑（滑移率在 20% 左右）的状态，以保证车轮与地面的附着力在最大值。如图 3-11 所示，在发现前方障碍物需进行紧急制动转向时，无 ABS 的车辆容易失去转向能力，对行车安全十分不利，容易发生汽车追尾和碰撞。

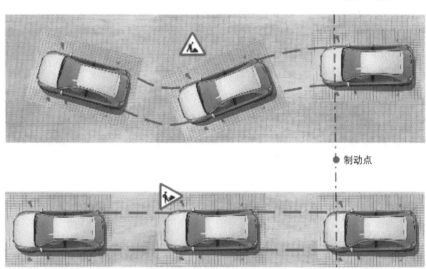

图 3-11　ABS 工作效果图

（2）电子制动力分配（Electric Brakeforce Distribution，EBD）系统

EBD 系统能够根据汽车制动时产生的轴荷转移量，自动调节前、后轴的制动力分配比例，提高制动效能。EBD 配合 ABS 系统可以提高制动稳定性。

以车辆转向制动为例，如图 3-12 所示，EBD 系统能够在汽车制动的瞬间分别对轮胎附着的不同地面进行感应和计算，得出不同的摩擦力数值，根据重载或轻载情况对前后轮进行制动力分配，并在车辆制动过程中不断调整，使制动力与摩擦力相匹配，从而保证车辆平稳制动。

（3）自动紧急制动（Autonomous Emergency Braking，AEB）系统

AEB 系统通过雷达、摄像头共同监测前方车辆以及行人情况，若探测到潜在碰撞风险，系统将采取相应预警及制动措施，从而避免碰撞或减轻碰撞损害程度，如图 3-13 所示。AEB 系统主要包括以下功能：

1）碰撞报警（Forward Collision Warning，FCW）。FCW 系统警告驾驶员需要及时介

入操作（制动或转向）来避免碰撞，一般有预报警和紧急报警两种方式，二者的区别在于报警的程度不同。预报警的提醒程度较轻，主要以视觉为主，如仪表盘上警示图像及文字"注意碰撞"提示；而紧急报警的程度较强，除了视觉上的报警，还有伴有蜂鸣器响 3 声。

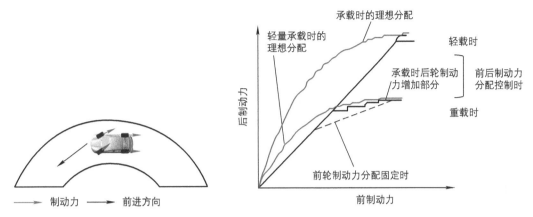

图 3-12　有 EBD 系统的车辆的前后轮制动力分配

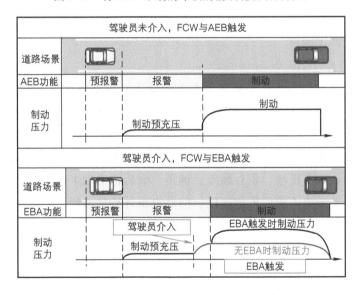

图 3-13　AEB 系统的工作原理

2）紧急制动（Emergency Braking Assist，EBA）。EBA 系统的主要目的是实现更快的制动反应，一般在紧急报警阶段执行。为防止摩擦片过早磨损，在摩擦片与制动盘二者间留有间隙，会影响制动距离。紧急状况下，制动系统会提前将摩擦片移动到制动盘，但并不施加制动力，在制动预充压作用下，系统可以对驾驶员的制动请求做出更快的反应。AEB 系统可以缩短制动系统的响应时间，提高整个制动过程中的平均制动强度，在一定程度上降低制动过程中对最大制动力矩的需求。

比亚迪海狮 07EV 搭载 e 平台 3.0Evo 技术，全车采用 29 个传感器，支持全向高精度感知。装备 AEB 系统后，实车测试完成在 80km/h 车速下突遇静态或动态障碍物的安全制动，以及在 70km/h 车速下前车消失后也能完成安全制动。

（4）液压制动辅助（Hydraulic Brake Assist，HBA）系统

HBA 系统根据驾驶员踩下制动踏板的速度来判断是否存在完全制动的需求。只要驾驶员始终将踏板踩到底，系统就会自动加大制动力直到 ABS 的启动临界值。如果驾驶员放松制动踏板，系统又会降低制动力到规定值。

（5）陡坡缓降控制（Hill Descent Control，HDC）系统

HDC 系统可以在纯电动汽车下陡坡时自动制动，从而使汽车在下坡过程中更加安全。

（6）电子驻车制动（Electrical Park Brake，EPB）系统

EPB 系统通过电子调节技术实现驻车制动，可以替代传统机械驻车制动。

（7）舒适制动（Comfort Stop，CST）系统

CST 系统可以使制动系统自动、智能地调节制动力，以避免制动时出现"点头"现象，为驾乘人员提供更加平顺、舒适的体验。

3.4.4 制动性匹配设计

1. 电机制动性匹配设计

（1）需求参数

电机制动性能匹配设计中应对各项整车级制动指标以及部件级匹配指标进行校核，对制动策略中各项标定参数（如回馈制动进入和退出时的触发条件、回馈制动力矩的加载和卸载速率等）是否需要优化以及优化方向提出建议。

电机制动性能匹配设计中需要用到许多参数，包括依据整车总布置和动力经济性确定的车辆布置参数（如整车质量、质心高度、轴距、前后轮滚动半径等），以及前后驱动电机和动力蓄电池的相关参数（前后传动速比、前后电机外特性曲线、电池不同 SOC 下允许的回馈功率等）。

（2）电机制动性能设计

电机外特性影响输出制动力矩的大小，如图 3-14 所示，在达到一定车速后，电机制动力矩随车速升高会有明显下降，特别是对于前轴电机而言，更容易出现回馈制动不能满足

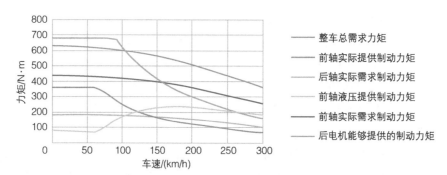

图 3-14　电机允许的最大回馈制动力矩以及整车实际需求制动力矩

制动需求的情况，此时需在前轴上补充适当的液压制动力，以保证汽车制动时的稳定性。

1）电机转速计算公式为

$$n = \frac{vi}{0.377r} \tag{3-23}$$

式中　n——电机转速（r/min）；

　　　v——车速（km/h）；

　　　i——传动系统速比；

　　　r——车轮滚动半径（m）。

由电机转速查外特性曲线即可得到不同车速下电机可提供的最大制动回馈力矩及功率。

2）不同制动强度下需求力矩及功率的计算公式为

$$T_f = \left[9.8z\left(m_f + mz\frac{h_g}{E} \right) - \frac{F_w}{2} - \frac{F_f}{2} \right]\frac{r}{i_f} \tag{3-24}$$

$$P_f = i_f v T_f / 3600r \tag{3-25}$$

$$T_r = \left[9.8z\left(m_r - mz\frac{h_g}{E} \right) - \frac{F_w}{2} - \frac{F_f}{2} \right]\frac{r}{i_r} \tag{3-26}$$

$$P_r = i_r v \frac{T_r}{3600r} \tag{3-27}$$

式中　T_f、T_r——前、后轴制动力矩（N·m）；

　　　　　z——制动强度；

m、m_f、m_r——整车质量、前轴质量及后轴质量（kg）；

　　　　　h_g——质心高度（mm）；

　　　　　E——轴距（mm）；

　　F_w、F_f——空气阻力、滚动阻力（N）；

　　　　　r——车轮滚动半径（m）；

　　i_f、i_r——传动系统前、后速比。

（3）不同动力蓄电池状态下的回馈制动性能

回馈制动能力受动力蓄电池的充电功率、SOC值、温度以及充电电流的限制，当动力蓄电池的状态变化时，应适时调节整车的制动回馈强度。SOC上限值由动力蓄电池本身决定，通常是95%，也有部分达到100%。随着SOC的增大，允许的回馈功率大幅降低。另外，当充电电流过大时，也会使动力蓄电池的温度快速升高，缩短电池寿命。不同SOC下电池允许的回馈制动功率和不同制动强度下需求的制动功率如图3-15所示。

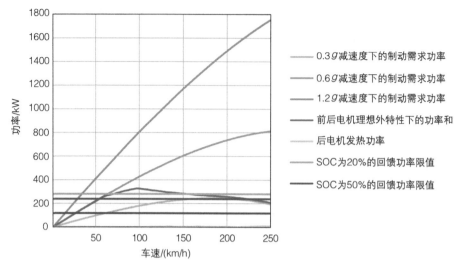

图 3-15　不同 SOC 下制动功率的需求

（4）电机制动策略制定

随着制动场景的变化，电机制动策略也应当根据实际需求进行相应的调整。例如：

1）常规制动中，当松开加速踏板但不踩制动踏板时，车辆会以较小的制动强度进行减速。

2）当踩下制动踏板且需求的制动强度小于阈值时，一般采用回馈制动即可满足制动力需求；当制动强度大于阈值时，一般需要切换为完全液压制动或进入复合制动模式。

3）下坡路段时，会切换为完全液压制动或进入复合制动模式。

4）冰雪路面制动时，由于最大附着系数较小，容易触发 ABS 但总体需求制动力并不大，使用电机回馈即可满足制动需求。

5）对开路面制动时，由于左侧和右侧附着力差异较大，需要考虑制动跑偏问题。

回馈制动策略的基本控制逻辑是，首先判断回馈制动的进入和退出条件。当松开加速踏板时，整车控制器接收加速踏板释放信号，进入能量回馈判断程序，检测此时车速、电池 SOC 值、电机状态、电机控制器和制动系统状态等。若满足各项条件，则允许进行回馈制动模式；若其中某项条件不满足，则应及时退出回馈制动模式。同时需设置合适的回馈制动力矩加载和卸载速率，从提升乘员驾驶体验的角度考虑，制动力矩应尽量避免突加突减，防止车辆窜动，从行车安全角度考虑，应保证回馈力矩的突然加载不会对电动汽车的各种电子设备和功能造成损坏。

2. 液压制动性匹配设计

纯电动汽车的液压制动性能匹配设计与传统燃油汽车一致，主要内容包括制动管路、制动卡钳、主缸和轮缸等部件选型以及制动压力和整车制动性能指标校核。

根据 GB 21670—2008《乘用车制动系统技术要求及试验方法》中对制动强度和稳定性指标要求，在匹配设计中需对各项指标依次进行校核：制动强度不得小于 6.43m/s²，当附

着系数 k 在 $0.2 \sim 0.8$ 之间时，制动强度 $z \geqslant 0.1 + 0.85(k - 0.2)$；在车辆所有载荷状态下，当制动强度 z 处于 $0.15 \sim 0.80 \text{m/s}^2$ 之间时，后轴附着系数利用曲线不应位于前轴上方。当前后制动力分配比例在不同制动强度时，不仅要能充分利用地面附着力，还必须同时考虑前后电机转矩加载和卸载速率差异可能引起的制动力矩波动。制动软管长度应保证在车轮处于极限位置时不发生干涉或造成软管过早发生疲劳损坏，当确定好软管长度后，可大致选定主缸排量。进行轮缸设计时还需考虑作用面积以及制动器与轮毂之间的径向空间。

3. 电液复合制动性匹配设计

（1）常规制动下的电液复合分配策略

为了保证在制动安全的条件下实现能量充分回收，需要合理设计电液复合制动分配策略。液压制动建压情况及电机负转矩加载曲线如图 3-16 所示，常见复合分配策略包括并联模式和串联模式：

1）并联模式中，当需求制动强度小于制动模式切换阈值时，使回馈制动力和液压制动力成一定比例分配；当制动强度大于制动模式切换阈值时，回馈制动完全退出。

2）串联模式中，总是优先采用回馈制动，当回馈制动能力不足时，液压制动参与工作。

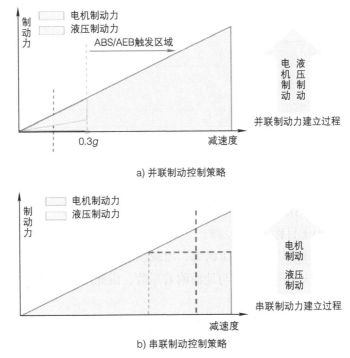

图 3-16 电液复合制动分配策略中的并联模式和串联模式

复合制动的难点在于需要对各电机的回馈制动力矩和液压制动力矩进行联合控制，而各电机的力矩加载和卸载速率以及液压制动力矩的响应延迟等导致总制动力矩难以精确控制。

如图 3-17 所示，车辆允许的回馈制动力矩影响因素较多，当其发生变化时若不能及时补充合适的液压制动力，可能使车辆制动时减速度波动太大，导致车辆窜动，甚至造成制动力不足。同时电机转矩在加载和卸载过程中斜率也是随时间变化的，由于回馈制动和液压制动的加载和卸载速率存在差异，因此在两者间进行切换时需考虑其匹配性，否则可能造成制动时减速度大幅波动，使车辆出现异常抖动。

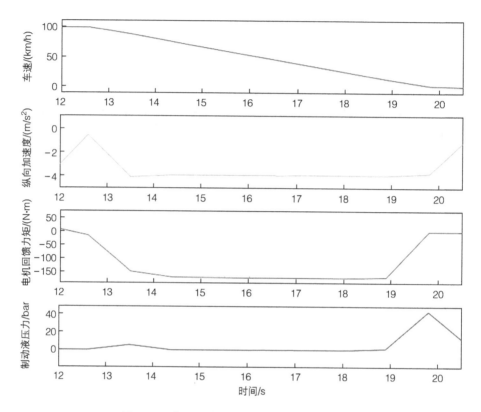

图 3-17　液压制动与回馈制动力矩的加载曲线

（2）触发 ABS 时的电液复合分配策略

当路面附着系数小于目标制动强度时，车轮会发生滑移并触发 ABS，此时目标制动压力相比于常规制动需要频繁切换增减压状态，增减压速率变化较大。

车轮地面制动力取决于法向载荷与地面附着系数，由此可得车轮动力学方程：

$$\lambda = \frac{u - \omega r}{u} \times 100\% \qquad (3\text{-}28)$$

$$F_{xb} = F_Z \varphi(\lambda) \qquad (3\text{-}29)$$

$$I \frac{\mathrm{d}\omega}{\mathrm{d}t} = F_{xb} r - T_\mu \qquad (3\text{-}30)$$

式中　　λ——滑移率；

　　　　u——车速（km/h）；

　　　　r——车轮滚动半径（m）；

　　　　ω——轮速（rad/s）；

　　　　φ——地面附着系数；

　　　F_{xb}——地面制动力（N）；

　　　　F_Z——地面对车轮的法向反作用力（N）；

　　　　I——车轮转动惯量（kg·m²）；

　　　T_μ——制动器摩擦产生的摩擦力矩（N·m）。

附着系数主要取决于道路材料、路面状况、轮胎结构、胎面花纹、材料及车速等因素，滑移率与路面附着系数的关系如图 3-18 所示。当车轮滑移率在 5%～25% 范围时，车辆纵向附着系数在峰值附近，且侧向附着系数也能维持在较大值，在保证制动性能的前提下，能够最大限度地确保车辆稳定性，故 ABS 的主要作用机理是不断调节制动力，将车轮滑移率控制在稳定区域。

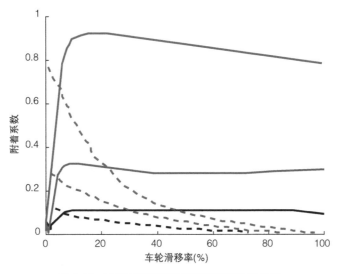

图 3-18　车轮滑移率与路面附着系数的关系

触发 ABS 后的电液复合分配策略包含两层：上层控制策略可以得到各工况下需求的目标制动力矩状态，分为基础制动、转矩保持、增矩、降矩四种状态；下层控制策略则进行电机制动力矩与液压制动力矩的分配，由于电机转矩可控性高，可优先调节电机制动，当电机制动达到极限值时再调整液压制动。

本节从纯电动汽车制动性的特点入手，列举出纯电动汽车制动评价指标以及影响制动性能的关键因素，同时给出纯电动汽车的电机制动和液压制动匹配设计指导方法，对纯电动汽车的制动性改善和制动策略制定给出了建议和目标。明确制动性是保证行车安全的重要性能指标，始终是汽车设计的重要环节。

3.5 纯电动汽车纵向驾驶性能设计

纯电动汽车的纵向驾驶性主要是车辆电驱动总成响应加速踏板、制动踏板等信号的输入，在实现驾驶员驾驶意图的过程中，动力响应保持平稳柔顺的能力。该性能主要表现在驾驶员在驾驶车辆直线行驶时车辆不会出现非预期的加速、减速、动力中断以及抖动等。

纯电动汽车的纵向驾驶性能在设计上受诸多因素的影响，其中电驱动总成系统的软件匹配是重要的影响因素之一。

3.5.1 纯电动汽车纵向驾驶性的特点

相比于传统燃油汽车，纯电动汽车并没有安装内燃机，取而代之的是由动力蓄电池系统、驱动电机和电控装置等组成的电动力总成，因此在纯电动汽车的纵向驾驶性能的设计上与传统燃油汽车有着较大的区别，主要体现在以下几点：

1. 低速加速转矩大、动力输出响应快

传统燃油汽车以发动机为动力源，动力响应相对缓慢，其加速过程是循序渐进的，而纯电动汽车采用电机直驱，电机的转矩输出无需等待转速攀升，因此动力输出的响应更快，加之电机具有低速大转矩的特点，相比于传统燃油汽车在起步和低速行驶时的加速表现更为出色。因此在车辆加速踏板动力曲线的设计上要重点考虑驱动电机的运行特点，以提升纵向驾驶性能。

2. 能量回收辅助制动

在滑行与制动工况中，纯电动汽车的纵向驾驶性能与传统燃油汽车的设计有较大的区别。与传统燃油汽车相比，能量回收是纯电动汽车特有的转矩管理策略，在纵向驾驶性能方面，车辆进行滑行减速时，驱动电机由电动机模式转变为发电机模式，从而可以提供一部分转矩用以制动，也就是电制动力矩。这种电制动力矩的设定在某些情况下可以提供额外的功能，例如在一些长下坡路段，纯电动汽车可以通过滑行制动的特殊功能设定来提供额外的制动力矩，使得驾驶员在不踩踏制动踏板的情况下维持稳定的车速，不但无需消耗动力蓄电池的电力，而且减少了制动系统的磨损。另外，还可以通过车辆的功能设定来调整车辆滑行时电制动力矩的大小以提供额外的驾驶乐趣。例如一些汽车生产厂家在车辆上提供了可以选择能量回收强度的功能配置，驾驶员可以根据个人的驾驶习惯来调整滑行能量回收的强度，从而提升整车的纵向驾驶性能。

有关于制动工况中能量回收的内容请参考 3.4 节的内容。

从纵向驾驶性能的设计角度出发，能量回收策略的一般思路是在保证车辆以合理的减速度行驶的前提下，使能量回收最大化。

3. 加速过程平滑

传统燃油汽车传动系统相对复杂，以安装多档双离合变速器的汽车为例，车辆在行驶过程中会进行档位切换，难免会有一定顿挫感以及动力的延迟、中断现象。而纯电动汽车一般只搭配单级减速器。这样使得纯电动汽车在行驶过程中不需要进行前进档位的切换，从而避免了档位切换引起的纵向驾驶性问题，因此其加速过程更加线性和平滑。

4. 灵活的四驱系统

纯电动汽车的四驱系统（Electric All-Wheel Drive，EAWD）发展到今天，根据配置的驱动电机数量分类，常见的四驱系统主要有：

1）主前驱/主后驱的双电机四驱。

2）主前驱/主后驱的三电机四驱。

3）主前驱/主后驱的四电机四驱。

不论配置驱动电机的数量如何变化，以上三种四驱系统在控制系统上均属于智能四驱系统，与传统燃油汽车的四驱系统有着较大的区别。下面从四个方面分别阐述。

（1）电子控制

不同于传统燃油汽车的机械分配，EAWD 以电子电气系统为核心，通过电子控制单元（ECU）实时监测和控制多个驱动电机系统，可以根据路况、速度和驾驶意图进行快速响应。

（2）动态转矩分配

传统的机械转矩分配响应慢、精度低，不灵活。而 EAWD 可以通过 ECU 的程序算法动态调整转矩分配，相比于纯机械方式的转矩分配，不但拥有更好的精度，而且能快速调整前后轮或单侧车轮的转矩，确保在非常规路况下同样拥有最佳的转矩控制。

（3）可编程性

现代的纯电动汽车往往会预设多种驾驶模式，如雪地模式、运动模式、沙地模式、节能模式等。EAWD 在这些与地形、天气相关的特殊情况下更加智能与灵活，例如，在路面附着力较低且不稳定时，通过 ECU 识别路面特征并快速调节转矩与分配，以提供更好的抓地力。在不同的驾驶模式下可能会设置不同的控制算法与分配方式，使车辆更加舒适和智能。

（4）智能优化

自学习和自适应算法使转矩控制更加灵活。一些高端的 EAWD 可以逐步优化转矩分配，以适应驾驶员的习惯和车辆状态。通过长时间不断地学习驾驶员的驾驶习惯和路况的数据，形成特定的转矩控制和分配方案，提高车辆的驾驶乐趣。

EAWD 在电动汽车中的应用，显著提升了纵向驾驶性能，尤其在湿滑路面和恶劣天气条件下，提供了更好的行驶安全。

3.5.2 纯电动汽车纵向驾驶性评价指标

整车纵向驾驶性能开发一般是指专业设计人员通过仿真、计算获取理论数据，再通过分析测试数据进行纵向驾驶性能问题的定位，最后针对纵向驾驶性能问题进行控制算法的优化以及数据的重新标定从而实现问题优化，以达到改善和提升纵向驾驶性能的目的。在纵向驾驶性能设计匹配过程中，主观与客观评价指标的设定显得尤为重要，下面列举在纵向驾驶性能开发中重要的评价指标。

1. 转矩响应延迟时间

在加速工况中，驾驶员踩下一定深度的加速踏板后并不会在第一时间感受到车辆纵向加速度的产生，而是有一段较短的时间延迟。这种从加速踏板信号响应时刻起，到纵向加速度由当前值增加到规定阈值的时间，即为整车加速响应延迟。如图 3-19 所示，该示例展示了车辆在静止状态下，由驾驶员踩下一定深度的加速踏板后纵向加速度经过一段延迟的时间后到达设定阈值 $0.1m/s^2$，如图 3-19 中标注的"响应延迟"，该时间即为转矩响应延迟时间。延迟时间越短，说明车辆加速踏板的动力响应越灵敏。较小的延迟时间对于纵向驾驶性能来说无疑是有益的，但理论上该响应延迟时间是在所难免的，所以转矩响应延迟时间是否足够短是评价纵向驾驶性能优劣的一个重要的指标。

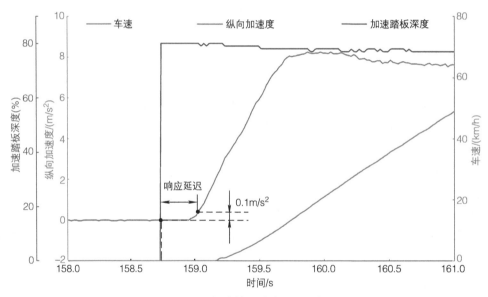

图 3-19　加速转矩响应延迟示例

而在怠速蠕行工况中，转矩响应的延迟时间是指在良好的平直路面上，从驾驶员释放制动踏板时刻起，到怠速蠕行转矩响应使车辆产生加速度的时间。如图 3-20 所示，驾驶员释放制动踏板，经过一段延迟时间后整车加速度上升至 $0.1m/s^2$，此延迟时间即为怠速蠕行的响应延迟。与加速踏板的转矩响应延迟类似，较小的延迟时间对于纵向驾驶性能来说无疑是有益的，因此怠速蠕行的转矩延迟响应时间也是纵向驾驶性能的重要评价指标。

2. 纵向加速平均急动度

纵向平均急动度是车辆在纵向行驶过程中加速度随时间变化快慢的物理量。当驾驶员踩下一定深度的加速踏板时，短时间内过大的平均急动度会造成车辆的非预期加速，俗称发冲。如图 3-21 所示，该示例为当驾驶员将加速踏板深度由 20% 踩踏至 50% 左右时，车辆在短时间内（大约 0.3s）平均急动度过大而出现的车辆非预期发冲。结合车辆的驾驶风格定位和驾驶模式，设定合理的纵向平均急动度对于纵向驾驶性能的表现至关重要。

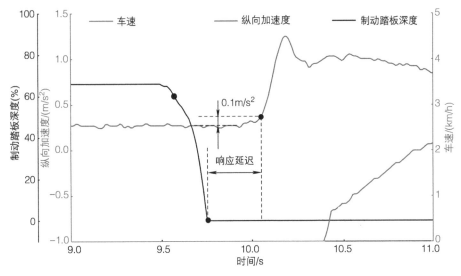

图 3-20　怠速蠕行响应延迟示例

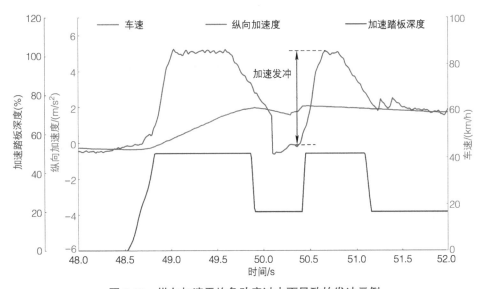

图 3-21　纵向加速平均急动度过大而导致的发冲示例

与纵向加速平均急动度表现评价指标类似，怠速蠕行的转矩控制同样需要考虑短时间的急动度表现。如图 3-22 所示，车辆在良好的平直路面上，车辆以怠速蠕行方式正常行驶，但在 30.5～31s 时出现短时间内急动度明显过大，造成发冲的现象。在怠速蠕行的稳定性设计中，控制系统的算法以及控制参数的设计匹配至关重要，良好的调校参数可以使怠速蠕行更加平顺以获得更好的纵向驾驶性能。

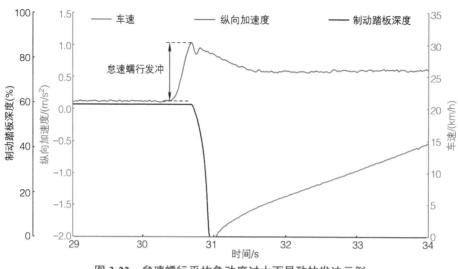

图 3-22　怠速蠕行平均急动度过大而导致的发冲示例

3. 纵向加速度短时下降值

驾驶员以正常的驾驶习惯行驶，并未主动减小加速踏板深度，但车辆出现了非预期的加速度异常跌落，在整车表现上为驾驶员的纵向加速度的增长预期中断，俗称整车加速踌躇。加速踌躇一般可以分为两种情况：一是驾驶员有加速预期，即车辆在行驶过程中驾驶员主动增加加速踏板深度，但车辆的加速度却出现短时下降；二是驾驶员以稳定的加速踏板驾驶车辆，然而车辆并未加速或匀速行驶，反而出现了加速度的短时下降。如图 3-23 所示，在该示例中，驾驶员在时间 103.0～103.5s 的时间范围内加速踏板深度保持恒定，但整车加速度出现了异常的回落约 0.4m/s²，即使驾驶员在 103.5s 之后增加加速踏板深度后，整车加速度仍然下降，此时的表现即为加速踌躇，严重影响了加速的连贯性。因此在进行纵向驾驶性设计时，应充分考虑转矩非预期下降引起的加速度变化，避免加速踌躇。

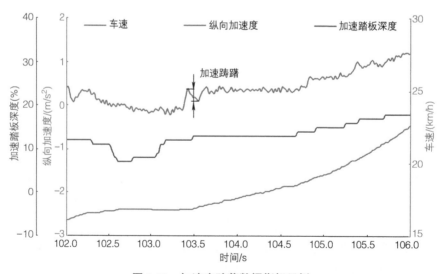

图 3-23　加速度跌落数据指标示例

4. 纵向加速度波动频率与振幅

驾驶员以正常的驾驶习惯行驶，并未主动频繁改变加速踏板深度，但车辆却出现了非预期的加速度波动，在纵向加速度上表现为带有一定周期性的振幅波动。振荡频率和振幅的变化在纵向驾驶性能上主要有两种表现：车辆的异常抖动与耸车。如图 3-24 所示，该示例中，在 5 ~ 7.5s 的时间段内，驾驶员以相对稳定的加速踏板深度驾车行驶，但整车加速度表现出频率约 2.5kHz、振幅约 0.2m/s² 的波动，使车辆出现了异常的小幅抖动，从而影响了纵向驾驶性能。而图 3-25 所示的情况则是整车加速度的波动振幅更大，达到 2m/s² 以上，使得车辆出现了耸车现象。以上示例说明，在车辆行驶过程中，加速度的波动水平对于纵向驾驶性能的影响较大。

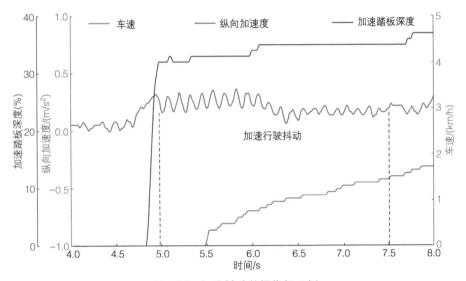

图 3-24　加速抖动数据指标示例

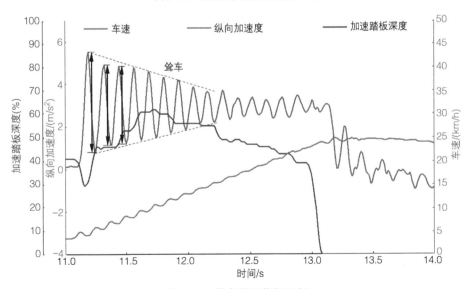

图 3-25　耸车数据指标示例

与纵向加速度波动指标相似，在怠速蠕行的行驶工况中，驾驶的车辆出现了非预期的加速度振幅波动，在整车表现上为车辆的异常抖动。如图 3-26 所示，该示例中，驾驶员以怠速蠕行方式驾驶车辆行驶，但整车加速度表现出约 0.3m/s² 的振幅波动，使车辆出现了异常的抖动，从而影响了纵向驾驶性能。为避免怠速蠕行的抖动，应尽量在怠速蠕行的稳定车速下设计合理的转矩控制算法以提高纵向驾驶性能。

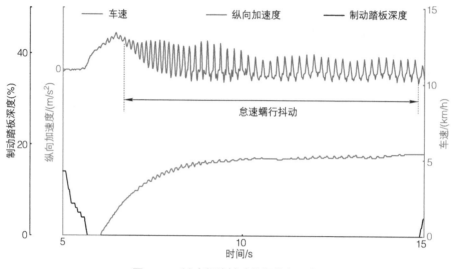

图 3-26　制动释放抖动数据指标示例

5. 纵向加速度瞬时波动值

驾驶员以正常的驾驶习惯行驶，并未主动改变加速踏板深度，但是车辆却出现了非预期的加速度瞬间增大但并没有形成周期性的波动。与车辆的抖动和耸车相比，此时加速度的变化频率较低且往往具有不连贯性，在车辆的行驶过程中表现为顿挫。如图 3-27 所示，

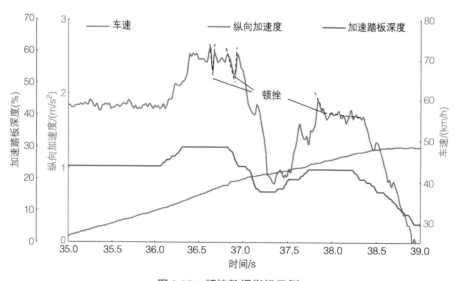

图 3-27　顿挫数据指标示例

在加速踏板深度保持稳定值时，整车纵向加速度出现异常的瞬间上升和跌落，从而使车辆出现顿挫。在进行纵向驾驶性能设计时，应避免出现此类顿挫。

3.5.3 纯电动汽车纵向驾驶性关键影响因素

从控制指令输入到动力输出，直至传递到车轮端驱动汽车行驶，在整个驱动控制过程中，纵向驾驶性主要的影响因素包括转矩输出相对驾驶意图的响应延迟时间、转矩步进加减载特性、控制超调导致的转矩波动、能量回收策略、传动系统啮合间隙以及悬置匹配的影响等。下面将说明在纵向驾驶性能设计过程中的关键影响因素。

1. 驱动电机转矩步进值

驱动电机的转矩步进值，通常是指驱动电机系统在接收到控制信号后，按照预设的步骤或程序逐步增加其输出转矩。在纯电动汽车中，驱动电机通常是由 ECU 控制的。本节讨论的 ECU 包含两种：负责转矩控制指令发起的整车控制器（VCU）和接收转矩指令并通过功率器件控制驱动电机的电机控制器（MCU）。这个过程可以分为以下几个阶段。

（1）启动阶段

MCU 接收到 VCU 发出的微小转矩指令后，可能以最低的转矩（如 10% 或 20% 的最大转矩）启动驱动电机，避免瞬间大电流冲击。

（2）渐增阶段

随着控制目标转矩的逐渐增加，驱动电机的转矩逐渐增加，每次增加的步长（如 5% 或 10%）是预先设定的，以确保平稳过渡。

（3）线性或定速加载

当车辆需要动力时，驱动电机系统按照 VCU 发出的目标控制转矩线性地提升输出，直到达到目标控制转矩。

（4）动力响应

在加速过程中，驱动电机系统能够快速响应并按需调整转矩，提供即时的推背感。

（5）能量回收

当车辆减速或制动时，驱动电机可能转变为发电机，将部分动能转化为电能存储到电池，这一过程也是转矩步进的，只是步进值为负值。

这种转矩步进加载设计的主要目的是保护电机，防止过载，同时确保驾驶过程中的平稳性和舒适性。转矩步进值的大小对纵向驾驶性能影响较大，如果设置过大，则不但容易使驱动电机的短时温升过高影响使用寿命，而且在目标转矩较大时容易使车辆出现发冲的情况；如果设置过小，则由于驱动电机到达目标转矩的时间过长，会出现转矩延迟，严重影驾驶员的加速预期。

2. 软件通信的时间延迟

在电动汽车的驱动电机转矩控制中，通信延迟（也称为信息延迟或控制延迟）指的是从接收驾驶指令（比如踏板输入或 ECU 的命令）到驱动电机实际开始调整转矩所需的时间。这个延迟主要包括以下几个环节：

（1）信号的传输时间

从驾驶员操作（如踩下加速踏板）到ECU接收到信号，需要时间传输，包括车辆内部信号路径和电子系统的处理时间。

（2）控制算法计算

ECU需要解析指令，计算出合适的电机控制参数（如电流、转速目标）并运行控制算法，这个过程也有一定的延迟。

（3）驱动电机响应时间

即使有了控制参数，驱动电机也需要时间来响应，因为电子控制系统需要时间调整电流，而电机的磁力和转矩并非瞬间改变。

通信延迟如果过大，可能会导致驾驶员感觉反应迟钝，尤其是在需要快速动力调整的场合。现代车辆通常通过优化设计、快速处理能力和网络架构来尽量减小延迟，以提供更流畅的驾驶体验。通过实时监控和自适应控制，一些车辆的控制系统可以补偿部分延迟，确保转矩输出的平滑性和实时性。

3. 驱动电机的转矩精度

驱动电机的转矩精度对纯电动汽车的纵向驾驶性能至关重要，高精度的转矩控制意味着车辆能够提供准确和稳定的动力。如果转矩控制不精确，则可能导致加速反应不一致，影响驾驶体验和性能表现。

1）在纵向驾驶性安全方面，车辆在急加速或制动过程中，转矩的精确控制对于避免车辆打滑（如在湿滑路面）或过度制动（导致动能回收过猛）非常重要，保证了驾驶安全。

2）在纵向驾驶性舒适性方面，转矩的稳定输出可以提供平稳的行驶体验，减少振动和冲击，提高车辆的舒适度。

4. 驱动电机的转矩波动

传动系统扭振会引起车辆在前后方向上的振动。纯电动汽车传动系统各零部件之间没有扭转减振器、柔性联轴器等传动减振部件，采用"硬连接"的方式，加之电机转矩响应灵敏，转矩的快速、大幅激励容易产生扭转振动。因此，在一些驱动电机驱动模式变换的工况（如快速起步、频繁加减速、驱动与电制动转换等）中，因转矩由零瞬间增加或转矩的方向突然变化等均容易使车辆发生抖动，造成纵向驾驶性能变差。

5. 传动系统的啮合间隙

齿轮副的齿侧间隙是客观存在的，过大的齿侧间隙可能导致齿轮啮合振动冲击及噪声问题，影响齿轮啮合力及转矩的传递。车辆传动系间隙主要由变速器中齿轮啮合间隙和整个传动系的结构间隙组成。当主动齿轮与从动齿轮重新接触时，会产生冲击，影响纵向驾驶性能。

由于传动系统半轴的弹性和齿轮间隙的存在，电机输出转矩快速变化会引起齿轮之间的单侧撞击，导致碰撞和抖动现象。其中，碰撞是由于齿轮副穿过齿隙后主从动齿轮接触时产生的，而抖动是传动轴周期性扭转产生的。若传动齿轮间存在啮合间隙，则当车辆起步或正负转矩切换时，会由于传动齿轮间的啮合间隙导致转矩冲击，影响纵向驾驶性。

6. 能量回收策略

首先，由于电液复合制动系统动态响应特性的差异，纯电动汽车在制动模式切换过程中，总制动力矩明显波动，整车和系统部件的冲击度增大，影响汽车的纵向驾驶性。此外，不同类型车型、驾驶模式的能量回收策略存在差异，有一些汽车生产厂商的车型的能量回收制动力较大，未适应能量回收功能的驾驶员在减速时倾向于直接松加速踏板，使得瞬时减速度较大，造成驾驶不平顺。因此，设置相对合理的制动力，保证能量回收功能不会影响整车的纵向驾驶性，是纵向驾驶性调校的重要课题。

其次，在车辆滑行制动时，主要由电制动力矩进行制动，由驱动电机系统调节，电机不再驱动车轮，而是变成一个发电机，通过反向转矩使车辆制动。一个完整的滑行制动过程可以分为三个阶段：

1）车辆由驱动状态转变为滑行制动状态，驱动电机由驱动模式转为能量回收模式。

2）车辆保持滑行制动状态，由驱动电机系统提供持续的电制动力。

3）车辆退出电制动状态，驱动电机由能量回收模式转为驱动模式。

通过分析滑行制动过程中的三个阶段，可将纵向驾驶性能设计总结为两个状态，即驱动电机的模式转换以及电制动力矩的持续给定。

1）驱动电机转换过程的平顺性直接决定着车辆在滑行制动进入和退出时的行驶感觉，如果电机转换快速且无声，则驾驶员不会感觉到明显的制动冲击，从而获得较好的驾驶感受。

2）在电制动力矩持续给定状态，电制动力矩的极值以及随车速变化曲线的设计则直接影响滑行制动过程平顺性。如果电制动力矩过大，则可能导致车辆在减速时有明显的振动或冲击感，驾驶员和乘客会感觉不适；如果电制动力矩过小，则驾驶员可能会感觉到车辆在滑行时减速度不足，甚至需要踩下制动踏板来补充，这可能导致驾驶过程缺乏节能感和效率感。

为了保证良好的驾驶体验和安全性，车辆的滑行回馈系统通常会设计有合适的限值，以确保在提供有效能量回收的同时，保持平顺性和舒适性。

7. 悬置匹配

通常纯电动汽车动力传动系统无离合器，采用常啮合的布置结构，电驱动总成悬置系统和传动系统扭振经常会耦合在一起形成纯电动汽车的动态振动特性。悬置用于减少电驱动总成振动的传递，并起到支撑作用。良好的驱动电机系统的悬置参数设计，可有效抑制由于包括内部反作用力和外力对电驱动总成造成的动态位移，防止起振力向车身传递，提高整车纵向驾驶性。

3.5.4 纯电动汽车纵向驾驶性匹配设计

纵向驾驶性能的匹配设计是典型的复杂系统的设计与调试的过程，在系统的机械设计层面需要考虑车辆的悬架特性对系统的影响，在控制系统层面不但要准确、合理地建立控制模型，还需要不断地通过工况试验来优化模型数据，从而提高车辆的纵向驾驶性能。

1. 驾驶工况匹配设计

定义整车性能匹配方案，往往要从客户的实际使用场景出发，开发测试用例，进而通过调试匹配达到性能设定目标，实现极佳的性能体验。

纵向驾驶性开发主要与加速控制、驱动转矩分配、巡航控制、纵向转矩协调控制、失效响应以及整车保护控制等相关。专业技术人员针对不同的路况、交通状况等对以上的控制功能进行调试匹配，通过 ECU 软件参数的多次标定，发现并解决纵向驾驶性问题。

常规的匹配工况主要可划分为起步、怠速、加速、急踩加速踏板（Tip in）、急松加速踏板（Tip out）、减速和匀速 7 个行驶工况。匹配调试的关键是调整相关参数至合适的值或范围（表 3-2），消除驾驶不平顺问题，调整车辆至最优状态。

表 3-2　常规纵向驾驶性能匹配工况

序号	工况	匹配设计指标	关键匹配参数
1	起步	车辆由静止到运动的纵向驾驶性	加速踏板信号标定 加速踏板深度信号维持便利性 加速踏板曲线设计 加速踏板力矩分配原则 电机加速踏板力矩响应曲线 怠速起步转矩大小
2	怠速	车辆怠速时的纵向驾驶性	怠速车速大小 怠速转矩加载曲线 怠速转矩衰减曲线
3	加速	车辆加速时的纵向驾驶性	加速踏板信号标定 加速踏板深度信号维持便利性 转矩加载曲线设计 转矩分配原则 转矩响应加、减载步进值曲线
4	急踩加速踏板	疾踩加速踏板时的纵向驾驶性	转矩加载步进值曲线 回馈加载曲线 同加速工况
5	急松加速踏板	疾松加速踏板时的纵向驾驶性	转矩减载步进值曲线 回馈加载步进值曲线
6	减速	车辆减速时的纵向驾驶性	转矩减载步进值曲线 回馈加载步进值曲线
7	匀速	车辆匀速时的纵向驾驶性	转矩减载步进值曲线

除了上述常规工况外，考虑到车辆在极端路况行驶的可能性，在纵向驾驶性能的设计上就有了更高的要求。在纵向驾驶性匹配设计中，会涉及多种特殊路面来模拟日常驾驶中遇到的各种复杂条件，通过不断的匹配标定，使车辆获得更好的驾驶性能。车辆在这些非常规的路况条件下进行控制参数的匹配标定（表 3-3），使得车辆在一些极端条件下的纵向驾驶性能和安全处理措施得以全面的评估和优化。

表 3-3　纵向驾驶性能非常规匹配工况

序号	工况	路况设定	匹配设计指标	关键匹配参数
1	湿滑路面	湿水泥路	湿滑、积水或雨后路面的纵向驾驶稳定性	加速踏板信号标定 急速蠕行转矩曲线 急速蠕行转矩限制阈值 转矩给定加、减载曲线 最大输出转矩限制阈值 转矩分配原则 回馈加、减载曲线 其他 ECU 请求转矩响应步进值
2		冷冻雨水路	冰层或冻雨路面的纵向驾驶稳定性	
3	冰雪路面	雪地	积雪、融雪或结冰路面的纵向驾驶稳定性	
4		雪泥混合路面	积雪与泥土混合路面的纵向驾驶稳定性	
5	砂石路	沙漠路	粗糙颗粒路面的纵向驾驶性能	
6		石头路		
7	泥草路	泥泞路	湿软土路的纵向驾驶性能	
8		覆草路	覆盖草皮、苔藓等植被路面的纵向驾驶稳定性	
9	起伏路	鹅卵石路	铺满鹅卵石的粗糙、不平滑路面的纵向驾驶性能	
10		搓板路	有多处连续起伏不平的硬质凸起路面的纵向驾驶性能	
11	颠簸路	坑洼路	有大量高低不平的凹陷或坑洞路面的纵向驾驶性能	
12		破损路	存在严重破损、裂缝、坑洞或缺失部分路面的纵向驾驶性能	
13		下坡行驶	下坡辅助电制动平顺性	
14		溜坡控制	溜坡控制介入时机 溜坡控制过程的平顺性	

2. 纵向驾驶性能匹配设计

（1）加速踏板的力矩响应曲线的设计

加速踏板力矩响应曲线的设计方法并不唯一，与车辆的市场定位、预期的驾驶风格以及驾驶模式等有很大的关系。一般乘用车的驾驶模式会设置舒适、经济、运动等模式，在运动模式的加速踏板力矩响应曲线的设计中，加速踏板满深度时往往将力矩响应曲线值设置为与驱动电机的外特性曲线一致。而加速踏板在不同深度时的力矩响应曲线值则根据满深度时的力矩值做不同比例的衰减。图 3-28 所示为某乘用车运动驾驶模式的加速踏板力矩响应曲线，其中不同颜色的曲线代表不同加速踏板深度下，随着车速的变化，驱动电机的目标转矩的相应设置值。从图中可以看出，黑色线代表加速踏板满深度下的力矩响应，此曲线完全跟随驱动电机的外特性曲线。其余颜色线代表不同加速踏板深度下的力矩响应，其趋势与黑色线大体保持一致，在不同加速踏板深度时做不同程度的衰减，如图中的数值标注。根据该方法设计的加速踏板力矩响应曲线保证了在加速踏板满深度时车辆拥有最大的瞬时加速度，且在中低速时不同的加速踏板深度均保持相近的加速风格。

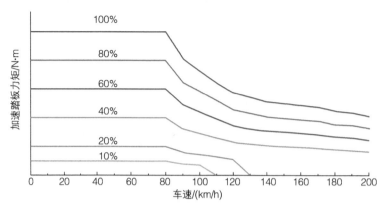

图 3-28 不同踏板深度的加速曲线示例

其他驾驶模式下加速踏板力矩响应曲线的设计同样按照其驾驶风格而定义。例如，经济模式偏重增加车辆的续驶里程，所以其加速踏板响应力矩相比于运动模式会有较大幅度的衰减，以弱化车辆的加速能力、减少电量消耗的方式来提升续驶里程。

（2）融合齿轮间隙的传动系统模型及控制策略设计

常用含电机和轮端载荷的双质量系统模型进行传动系统的建模，如图 3-29 所示。子模型包含电机、减速器、传动轴、轮胎 / 车身等。

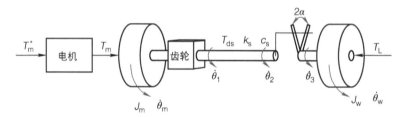

图 3-29 融合齿轮间隙的双质量（二惯性）传动系统模型示意图

定义 θ_s 为传动轴扭转角，θ_d 为传动系统总扭转角，θ_b 为间隙角，$\theta_b = \theta_d - \theta_s$，其中 $\theta_d = \theta_m/i - \theta_w$，$\theta_m$ 和 θ_w 分别为电机转角和轮端转角，i 为传动比。则各子模块建模如下：

电机模型（一阶松弛）：

$$\tau_m \dot{T}_m(t) + T_m(t) = T_{m\_ref}(t - L_m) \tag{3-31}$$

式中 τ_m——时间常数；

$\dot{T}_m(t)$——电机输出转矩的一阶导数；

$T_m(t)$——电机输出转矩；

T_{m_ref}——电机输入转矩指令；

$t - L_m$——匹配常数。

传动转矩：

$$J_m\ddot{\theta}_m(t) + b_m\dot{\theta}_m(t) = T_m(t) - T_{ds}(t)/i \tag{3-32}$$

式中　J_m——一级传动系统转动惯量；

　　　$\ddot{\theta}_m(t)$——转动角度的二阶导数；

　　　b_m——电机固有黏性系数；

　　　$\dot{\theta}_m(t)$——转动角度的一阶导数；

　　　$T_m(t)$——电机输出转矩；

　　　$T_{ds}(t)$——传动轴转矩；

　　　i——速比。

传动轴：

$$T_{ds}(t) = \begin{cases} k_s\theta_s(t) + c_s\dot{\theta}_s(t), & 接触模式 \\ 0, & 碰撞模式 \end{cases} \tag{3-33}$$

式中　k_s——传动轴刚性；

　　　$\theta_s(t)$——转动角度；

　　　c_s——传动轴的固有黏性系数；

　　　$\dot{\theta}_s(t)$——转动角度一阶导数。

驱动车轮：

$$J_w\ddot{\theta}_w(t) + b_w\dot{\theta}_w(t) = T_{ds}(t) - T_L(t) \tag{3-34}$$

式中　J_w——车轮的转动惯量；

　　　$\ddot{\theta}_w(t)$——车轮转动角度的二阶导数；

　　　b_w——车轮固有黏性系数；

　　　$\dot{\theta}_w(t)$——车轮转动角度的一阶导数；

　　　$T_{ds}(t)$——传动轴转矩；

　　　$T_L(t)$——车轮运动时所受的总阻力。

常用的齿隙模型包含死点模型、物理模型、描述方程模型和迟滞模型。死点模型未考虑传动轴的阻尼特性，为分段线性函数，即轴传递的转矩 T_{ds} 与其扭转角 θ_s 呈正比；物理模型中阻尼不为 0，间隙角的动态方程可看作是关于微分 $\dot{\theta}_d + k_s/c_s(\theta_d - \theta_b)$ 和约束 α 的有限积分器，其前提条件是需要已知间隙角 α。

（3）制动模式切换设计

针对制动模式切换时的制动力矩协调控制问题，可以通过滑模控制器、线性二次型最优控制器等实现制动状态转换过程中良好的目标转速跟随，或利用主动控制算法等实现动力系统的间隙补偿，提高模式切换过程中电机的控制性能，以减小整车冲击度。

为了尽可能消除电机制动系统和液压制动系统动态响应特性的差异，可以基于 PID、模糊控制、滑模控制等方法开发电动汽车制动模式切换转矩协调控制策略，以满足整车在制动模式切换过程中的平顺性要求。

总之，在纵向驾驶性能的匹配设计中，车辆的系统设计与匹配调校在纵向驾驶性能的开发工作同等重要，合理的系统设计与调校参数可以给车辆带来更加优质的驾驶舒适性以及操控性。

3.6 纯电动汽车 NVH 性能设计

3.6.1 纯电动汽车 NVH 的特点

1. 纯电动汽车与燃油汽车的区别

纯电动汽车将动力蓄电池系统里的电能通过电磁转换装置转变为机械能驱动车辆运行，相较于传统燃油汽车，其取消了传统汽车的多种构件（发动机、供油系统、进气以及排气系统等部件）。因此纯电动汽车 NVH 特征与燃油汽车也存在显著差异。

纯电动汽车相比燃油汽车，缺少了发动机噪声的"掩盖"，其 1000Hz 内的路噪以及风噪在整车车内表现将更加明显。车辆在 0 ~ 60km/h 范围内低速行驶时，路噪是车内主要背景噪声；在 90km/h 以上高速行驶时，风噪是车内主要背景噪声。而在燃油汽车上，发动机噪声是车内主要背景噪声。

2. 纯电动汽车的独有性能

纯电动汽车电机转速比较高，最高可达到 23000r/min，另外电机振动阶次也较高，比如电机 24 阶、48 阶、72 阶等，这就导致电动汽车 NVH 的频率范围也较宽。电机控制器和电机耦合产生的载波噪声在 6000 ~ 14000Hz 以内，其振动噪声频率远高于燃油汽车动力总成。

纯电动汽车由于需要回收能量，故在车辆减速时电机会产生负转矩，这导致纯电动汽车 NVH 不仅要考虑驱动工况，也需要考虑动能回收或者制动工况下的表现，这也和燃油汽车有较大的区别。

由于缺少发动机噪声的"掩盖"，纯电动汽车的空调压缩机、散热风扇、水泵等设备在运行时产生的噪声和振动会比较明显。针对这类设备产生的 NVH 问题，可以采取以下措施来减少噪声和振动。

1）选用低噪声、低振动的设备，以减少噪声和振动的产生。

2）优化附件安装和固定方式，例如使用弹性垫或减振器来固定附件，以减少振动对车身的影响。

3）加强隔声和减振措施，如使用隔声材料、增加阻尼层等，以减少噪声和振动的传递。

3.6.2 纯电动汽车 NVH 评价指标

纯电动汽车 NVH 评价主要类别包含振源和传递路径两个方面。振源主要来自电驱动总成本体及电子器件等；传递路径则包括结构传递路径和声辐射传递路径。结构路径传递主要为总成振动通过悬置、副车架等结构传递；声辐射传递路径主要为总成近场噪声传递到车内。所以可以用阶次（总成旋转件）、频率、分贝（噪声）、dB（振动幅值）等作为评价 NVH 性能指标。

电驱动总成本体振动阶次来源于电机阶次、齿轮阶次和载波噪声阶次。

电机振动阶次是根据电机结构决定的，电机极对数以及定子槽数决定电机振动阶次，以三相内置式永磁同步电机为例，电机转子极对数是 P，一般对电机 6P、12P、18P 以及定子槽数阶次进行管控，其包含电机电磁产生的径向力和切向力谐波等方面。而对于感应式异步电机，由于其通过转差率控制转速和转矩，一般电机阶次会出现 6P、12P、18P ± 1 阶次的非整数阶次，且随转速不同而变化。不同电机阶次评价要求不同，一般电机阶次越高，频率越高，噪声与振动幅值就越小。

齿轮振动阶次大部分是齿轮啮合阶次，当前比较常见的结构为两级平行轴，一般关注一级和二级齿轮啮合频率，以及 2 倍频和 3 倍频率，对于倍频阶次需要管控齿轮加工精度。对于齿轮啮合出现的"鬼阶"，可以通过齿面傅里叶检测找到相应阶次。不同状态整车齿轮阶次要求不一样，但基本都是一个定值，越小越好，最好本体振动幅值在 −60dB 以下。

电机控制器和电机耦合产生的载波噪声由于其振动频率较高，主要是以电控载波为中心的伞状阶次。须管控伞状阶次产生的近场噪声，以降低声辐射导致的车内噪声抱怨。

路径隔振一般要求总成与副车架连接点（悬置）、副车架与车身连接点、减振器与车身连接点在各方向全频段隔振率均要达到 20dB 以上。对于整车声包隔声要达到 50dB 以上，声包隔声率一般由整车吸声材料、气密性、车声阻尼材料等影响。

对于悬置系统，其隔振率理论上可表示为

$$IR = 20\lg \frac{1/K_p + 1/K_a + 1/K_i}{1/K_p + 1/K_a} \tag{3-35}$$

式中　IR——隔振率（dB）；

　　　K_p——被动端的刚度；

　　　K_a——主动端的刚度；

　　　K_i——隔振元件的刚度。

K_a/K_i 和 K_p/K_i 分别为不同取值时的隔振率，见表 3-4。为满足隔振率至少大于 20dB，则主被动端与隔振元件的刚度比取值应在表格灰色部分范围内。

表 3-4　K_a/K_i 和 K_p/K_i 分别为不同取值时的隔振率

K_p/K_i	K_a/K_i							
	1	5	10	20	30	40	50	100
1	3.52	5.26	5.62	5.81	5.88	5.91	5.94	5.98
5	5.26	11.04	11.23	11.33	11.37	11.39	11.40	11.42
10	5.62	12.74	15.56	17.69	18.59	19.08	19.40	20.08
20	5.81	13.98	17.69	20.83	22.28	23.13	23.69	24.94
30	5.88	14.46	18.59	22.28	24.08	25.17	25.91	27.63
40	5.91	14.72	19.80	23.13	25.17	16.44	27.32	29.42
50	5.94	14.88	19.40	23.69	25.91	27.32	28.30	30.71
100	5.98	15.21	20.08	24.94	27.63	29.42	30.71	34.15

　　需要注意的是，当电动汽车处于大负荷工况时，悬置处于完全压缩状态，静刚度和动刚度都将显著提高，不利于隔振。因此，为提高悬置的高频隔振率，设计电动汽车悬置时应尽可能减小所关心的关键工况下的悬置静刚度和高频动静比。悬置承受的载荷包括电驱动总成的重力、制动回馈及加速踏板开度为 50% 和 100% 时的总成激振力及惯性力等。因此，电动力总成悬置设计中需综合考虑多类工况下的静、动刚度。同时，提高悬置安装点（主动端和被动端）的动刚度也有利于提升隔振率。

　　主动端悬置支架与总成激励频率的共振也会导致隔振率下降，因此悬置支架应设计紧凑，避开问题频率。隔振率对比如图 3-30 所示。

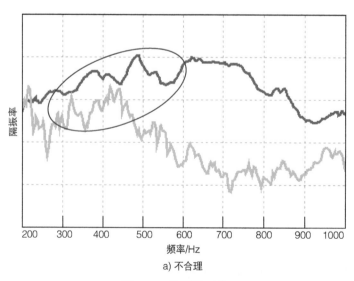

a) 不合理

图 3-30　隔振率对比

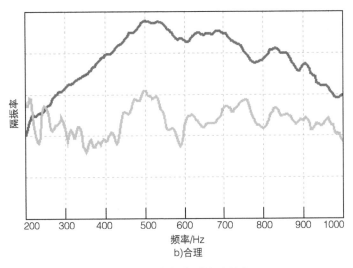

图 3-30　隔振率对比（续）

3.6.3　纯电动汽车 NVH 关键影响因素

1. 振动源

（1）驱动电机

电机 NVH 问题主要影响因素包括极槽比配合、定转子特征模态、壳体固有特性等。电机振动噪声主要由电机的径向力和切向力引起。

（2）减速器

减速器主要由轴齿及壳体组成，减速器总成一般通过花键和止口与驱动电机连接，因此减速器轴齿参数以及减速器总成和电机连接精度对于减速器 NVH 有较大影响。减速器轴齿参数包括：齿轮重合度的设计、齿轮侧隙设计、传递误差的设计等。另外减速器和电机花键连接过程中，当减速器和花键轴受弯矩作用时，会导致轴承力变大，导致轴承损坏产生噪声，同时会导致齿轮啮合变频的出现，影响减速器 NVH 水平。

（3）电控

PWM 载波频率：与逆变器开关频率的控制策略有关，逆变器将高压直流电转变为交流电是产生该噪声的原因，其频谱特征是伞状阶次。

2. 传递路径

传递路径包括空气声辐射路径和结构传播路径。

针对汽车而言，空气声主要有电驱动总成（电机、减速器及控制器）辐射的噪声，电驱动总成附属件辐射的噪声，例如油泵、风扇、进排气噪声、路噪和风噪等。空气声穿透车身吸隔声材料到达车内，或者通过空洞和缝隙到达车内。

结构声的主要源头有动力系统激励、路面激励以及风噪等。动力系统的激励主要通过安装悬置及传动半轴等传递至副车架及车身,路面激励多通过轮胎及悬架引起车身振动,风噪激励则会引起部分车身结构的局部共振。结构声主要通过电驱动总成悬置,以及前壁板连接的管路、拉索、传动轴、排气系统吊耳等到达车内。当局部结构被激励起来后,会向车内辐射噪声,与车内声腔模态耦合共振,声腔模态会与噪声源的某些频率共振。

3.6.4 纯电动汽车 NVH 性能设计

1. 动刚度

$$k(\mathrm{j}w) = \frac{F(\mathrm{j}w)}{X(\mathrm{j}w)} = -mw^2 + \mathrm{j}cw + k \qquad (3\text{-}36)$$

式中　$k(\mathrm{j}w)$——动力总成动刚度;

　　　$F(\mathrm{j}w)$——动力总成受力;

　　　$X(\mathrm{j}w)$——动力总成位移;

　　　m——动力总成质量;

　　　c——动力总成阻尼;

　　　k——动力总成静刚度。

总成动刚度设计需考虑系统的质量(m)、阻尼(c)、静刚度等。设计要求在共振频率处动刚度尽量足够高,使结构变形较小,抵抗变形能力强,可以考虑降低阻尼,提高质量设计。复值函数的特征随频率变化,与系统的质量、阻尼、静刚度有关、当频率等于 0 时,动刚度等于静刚度。在低频时,动刚度接近静刚度,幅值是 k,表明共振频率以下的频率端主要以刚度占主导,如果作用在系统的外力变化很慢,即外力变化的频率远小于结构固有频率时,可以认同和静刚度基本相同。在高频时,共振频率以上的频率以质量占主导,这是因为质量在高频振动时,容易产生很大的惯性阻力。当外力的频率远大于结构的固有频率时,结构则不容易变形,即变形小,此时结构的动刚度相对较大,也就是抵抗变形的能力强。

总成结构系统在受外界瞬态激励产生响应时,将按特定频率发生自然振动,这特定的频率被称为固有频率,通常在共振频处动刚度的幅值会下降明显,其幅值为 w_c,表明在共振频率处主要受阻尼控制。而在共振频率处,结构很容易被外界激励起来,结构的变形最大,因而结构抵抗变形的能力最小,也就是动刚度最小。因此在设计时需要提高共振频率的动刚度,来增强抵抗变形的能力,一种方式是通过改变结构设计使模态频率避开动刚度薄弱频率点;另一种方式是增加质量及约束方向,提高抵抗变形的能力。

纯电动汽车由于开发成本问题,一般使用仿真设计优化动刚度,仿真设计过程可以反复验证方案,使优化时间周期短、效率高,从而节约开发成本。后期对样件进行试验验收动刚度。通常总成动刚度仿真设计评价参数为总成各悬置安装点位置,如图 3-31 所示。为了满足本体振动幅值低，尽可能优化结构让动刚度足够高，以满足系统要求。

2. 刚体模态及解耦率

电驱动总成悬置系统的六个自由度之间是相互耦合的，在某一自由度产生激振时，自由度也会产生相应的耦合振动，这样会加宽共振频率，使得发生共振的概率大大增加。这时，要想获得较好的隔振性能，则需要选择更软的悬置，以降低悬置系统的固有频率，但这将使悬置元件的振动位移增大，影响悬置的使用寿命。因此，悬置的设计应尽量满足模态解耦。研究学者对解耦理论进行了大量的研究，主要有打击中心理论、转矩轴理论、弹性中心法和能量解耦法等。

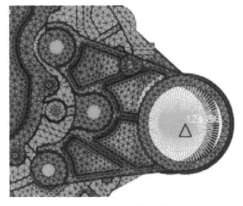

图 3-31 动刚度安装点

能量解耦法相对于其他解耦理论，在坐标系的选择上更加灵活。该方法从能量的角度来解释系统的振动耦合，并据此进行解耦。从能量角度来说，系统沿坐标轴方向的解耦，就是作用在该坐标轴方向上的激振力所做的功全部转化成系统在该方向上的能量，即沿着某坐标轴方向的激振力只能激起该方向上的振动。通常的电驱动总成悬置系统很难达到六个刚体模态之间的完全解耦。

工程上，一般采用能量解耦率来评价悬置系统的模态解耦情况，能量解耦率也被称为模态解耦率。模态解耦率的计算过程如下：

当系统做多自由度耦合振动时，系统总动能可以表示为

$$T = \frac{1}{2}\dot{\boldsymbol{q}}^{\mathrm{T}}\boldsymbol{M}\dot{\boldsymbol{q}} \tag{3-37}$$

式中　$\boldsymbol{M}$ ——质量矩阵；

　　　$\dot{\boldsymbol{q}}$ ——广义位移向量，$\dot{\boldsymbol{q}} = [x, y, z, \alpha, \beta, \gamma]^{\mathrm{T}}$。

做 i 阶主振动时，系统的最大动能 $T_{\max}^{(i)}$ 为

$$T_{\max}^{(i)} = \frac{1}{2}\omega_i^2 \boldsymbol{\varphi}_i^{\mathrm{T}} \boldsymbol{M} \boldsymbol{\varphi}_i \tag{3-38}$$

式中　$\boldsymbol{\varphi}$ ——该阶模态下的模态振型。

展开可得：

$$T_{\max}^{(i)} = \frac{1}{2}\omega_i^2 \sum_{l=1}^{6} \sum_{k=1}^{6} \varphi_{il}\varphi_{ik}m_{kl} \tag{3-39}$$

式中　ω_i ——系统的第 i 阶固有频率；

　　　m_{kl} ——质量矩阵 $\boldsymbol{M}$ 的第 k 行第 l 列元素；

φ_i——由系统特征方程求得的模态（振型）矩阵 $\boldsymbol{\varphi}$ 的第 i 个列向量，即第 i 阶主振型；

φ_{il}、φ_{ik}——φ_i 的第 l 和第 k 个元素。

定义第 i 阶能量分布矩阵为

$$E_{kl}^{(i)} = \frac{1}{2}\omega_i^2 \varphi_{il}\varphi_{ik}m_{kl} \qquad (3-40)$$

$\boldsymbol{E}_{kl}^{(i)}$ 中主对角线上的元素描述的是 6 个广义坐标的能量分配，非对角元素表示各个广义坐标之间的相互交换的能量，即耦合项。那么，$\boldsymbol{E}_{kl}^{(i)}$ 中的第 k 行元素之和表示的是第 k 个广义坐标在第 i 阶主振动下分配得到的全部能量，用 $E_k^{(i)}$ 表示。则悬置系统以第 i 阶固有频率振动时，第 j 个广义坐标的能量百分比可以表示为：

$$P_{ji} = \frac{E_j^{(i)}}{T_{\max}^{(i)}} = \frac{\sum_{l=1}^{6}\varphi_{ij}\varphi_{il}}{\sum_{l=1}^{6}\sum_{k=1}^{6}\varphi_{il}\varphi_{ik}} \times 100\% \qquad (3-41)$$

如果 $P_{ji}=100\%$，则说明第 i 阶模态的各个自由度振动无耦合。

因为驱动电机的转矩波动激励较小，所以对悬置系统模态解耦率的要求也低，在转矩轴坐标系下的绕转矩轴转动的 Roll 方向模态解耦率大于 80% 即可。同时，悬置系统的刚体模态频率要避开电驱动总成周围部件如悬架跳动频率、压缩机激励频率以及车身频率等。

3. 阶次和频率避开

电驱动总成在运行过程中，电机会产生电磁激励，同时齿轮在受力啮合过程中，每啮合一个齿，就会产生一次齿轮激励，当电机电磁激励阶次与齿轮激励阶次以及两对齿的啮合激励阶次相同或者接近时，会产生共振现象，放大齿轮啮合时产生的振动。振动是产生噪声的重要因素，故齿轮啮合阶次应相互避开，同时避开电机阶次，避免共振，这就存在以下要求：

1）在齿轮设计中要求传动比不为整数。

2）在齿轮设计中要求配对齿轮齿数无公约数。

3）要求达到一定车速时，电机齿槽数 Z、电机极对数 P、齿轮箱第一对啮合齿数 Z_{11}、齿轮箱第二对啮合齿数 Z_{21} 等参数的基频、二倍频、三倍频和四倍频对应的频率之间足够大（如有更多级齿轮啮合，依此类推）。

4）电机齿槽数 Z、电机极对数 P、减速器第一对啮合齿数 Z_{11}、齿轮箱第二对啮合齿数 Z_{21} 等参数的基频、二倍频、三倍频和四倍频等阶次之间的间隔足够大，以避开阶次重合。

纯电动汽车 NVH 特征与燃油汽车也存在显著差异，其主要的振源是电驱动总成，其振动噪声频率远高于燃油汽车动力总成。因此在进行 NVH 性能设计时，应尽可能隔开各个频率和阶次，且间距越大越好。

3.7 纯电动汽车动力系统选型匹配

3.7.1 电压平台的定义及选取原则

所谓"电压平台"，从整车电气角度讲就是车上各主要零部件统一使用的电压标准。电动汽车关键系统包括的电池、电机、电控、OBC、DC/DC变换器、高压配电箱、线束等零部件，都要采用相应的电压标准。电压平台相当于电动汽车电驱动总成系统的"根基"，在整车设计研发过程中，能够大大缩短开发周期、降低研发成本，有效解决零部件设计差异化问题。

电动汽车的定位和需求不同，电压平台也不尽相同。400V和800V电压平台泛指电动汽车高压系统工作峰值电压范围在400V或800V级别范围内，不是某个精确数值。比如，400V的电压平台在100%SOC时，电压一般在400～450V，低SOC时可达400V以下。而800V的电压平台在100%SOC时，电压一般在800～850V，低SOC时可能只有600～700V。本书定义最高工作电压在500V以上的电压平台为高电压平台，最高工作电压在500V及500V以下的为低电压平台。

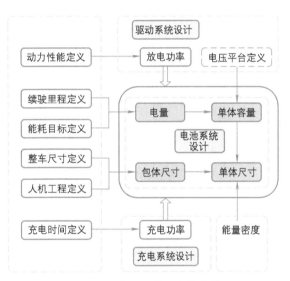

图3-32　高压系统开发关联性

设计整车高压系统时，需在车长、车宽、轴距、整备质量等整车参数确定前提下，从整车动力性、经济性、充电性能、成本、法规等多个方面需求分析，确定适合的电压平台。高压系统开发关联性如图3-32所示。

1. 动力性和经济性因素

电动汽车动力性需求是指汽车在行驶过程中对加速和上坡的动力需求，动力性体现在电动汽车行驶过程中所能达到的最高动力和速度水平，涉及电驱动总成和动力蓄电池系统两部分设计。而整车电驱动总成峰值功率的发挥与电池系统电压平台息息相关，对于同等体积的电机，其功率随着电压等级的升高而增大。

电动汽车经济性体现在车辆的续驶里程和能耗目标，如果车辆经济性较好、能耗较低，在相同电量情况下，其续驶里程更高。续驶里程和能耗目标既是影响整车电池电量设计的关键因素，同时也是影响电动汽车用户和市场接受度的一个关键指标。电池电量确定后可初步确定整车电压平台，电压平台还需通过整车动力性和经济性来校核确定。

2. 充电性能因素

充电性能也是选择电压平台的一个重要因素。电动汽车普及过程中，续驶里程和充电速度是两大关键因素，车企一般会从提升带电量和提高补能效率两方面着手。而动力蓄电池作为电动汽车价值最高的部件之一，提升带电量将导致整车成本和重量增加，整车功耗也将随之增加。随着快充技术的广泛应用，低电压平台电动汽车充电局限性逐渐显露。比亚迪于 2015 年推出的新能源车型唐，满电电压可达 800V 以上，其高压架构如图 3-33 所示。保时捷于 2019 年在 Taycan 上推出了搭载 800V 直流快充的系统，它的高电压电气架构支持 350kW 大功率快充。2021 年后越来越多的主机厂青睐高压快充路线，国内众多车企也相继推出高电压平台，高压平台带来的快充体验成为电动汽车市场差异化体验的重要标准。

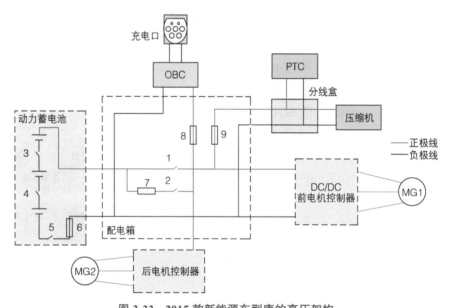

图 3-33 2015 款新能源车型唐的高压架构

1—主接触器 2—预充接触器 3、4—分压接触器 5—负极接触器 6—主熔断器
7—预充电阻 8—车载熔断器 9—空调熔断器

3. 整车成本因素

企业研发生产车辆时，成本是一个非常重要的衡量因素。高、低电压平台的选取，会影响到整车高压系统，进而影响整车成本和市场售价。低电压平台的电动汽车由于应用较早，技术相对成熟，是各车企早期研发车辆的主流选择。高电压平台下的电动汽车，其电池、电机、电控、OBC、压缩机等高压零部件基本均需升级，接插件、线束、接触器、熔断器、电容等元器件需重新与高压系统匹配，电气部件的电气间隙、爬电距离、高低压信号隔离等需要重新设计，以应对耐压绝缘问题。低电压平台的部分试验设备也无法适用于高电压平台产品，开发高电压平台车辆需同步更新电池、电机、电控等大部分车辆相关零件验证的实验设备。此外，还需保证整车和高压零部件的全寿命电疲劳。

高电压平台的电动汽车，其电机能够以较低的成本来满足整车动力性和效率的要求。以某 A 级纯电动汽车为例，将百公里加速时间作为动力性的唯一指标时，不同电压等级下的电机驱动功率与转矩组合存在成本差异（表 3-5）。但高电压电机在设计时，需考虑高电压对电、磁、热、机械等多方面的影响，还需解决局部放电、轴电流失效等问题，对控制器在高功率密度、高耐热、高频率切换等实际应用可靠性的要求也为严格。

表 3-5 不同电压平台最优电驱动方案及成本差

电池包额定电压	峰值功率 /kW	峰值转矩 /N·m	成本差 / 元
328	120	280	0
438	120	280	−200
650	160	235	−600

低电压平台现有电机控制器所使用的 IGBT 市场成熟，同等频率下 Si 基 IGBT 器件的导通损耗、开关损耗随着电压提高会显著上升，如果在高电压平台采用 Si 基 IGBT，其存在现成本上升但效能下降的问题。SiC 比 Si 在高温环境下的工作稳定性更高，导通阻抗和导通能耗较小，开关速度更快，开关能耗更低，散热性能更好，半导体级别下 SiC 和 Si 的对比如图 3-34 所示。SiC MOSFET 可实现 IGBT 无法进行的高频驱动，有助于实现被动器件的小型化，在高电压平台电驱系统应用中具备几乎无可替代的优势，但其成本是 Si 基 IGBT 的数倍。

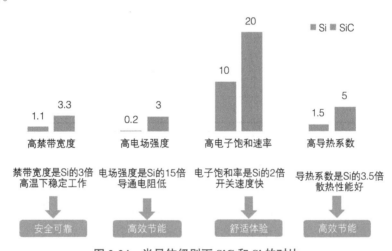

图 3-34 半导体级别下 SiC 和 Si 的对比

由于高电压平台车型电气系统的成本上升，在研发设计中需应对诸多挑战，所以短期车端成本增加较多。但长期来看，当产业链成熟以及规模效应具备之后，部分零部件体积减小，能效提升，整车成本会下降。

4. 电压平台选取

现阶段国内外多数车型基本为低电压平台，电动汽车通常允许使用的电压范围上限为系统额定电压的 115%～120%。动力蓄电池系统额定电压在 400V 左右的纯电动汽车，充电时电压在 500V 以内。而业界一般认为 500A 是车规级线束接插件的极限，导致低电压平台电动汽车最大充电功率被限制在 200kW 以下。目前很多企业规划大功率需求多数为 350/500/1000kW，大电流对于充电枪、线束以及电池核心部件等会产生较高热损失，且导线、母排的尺寸受整车空间布局限制，通过增加尺寸提高载流量并不可行，低电压平台已不能满足充电需求。提高电压不仅可以实现充电速率的提升，还能降低热损耗、减轻整车质量、优化动力结构和提高安全性能。整车工作电压为 800V 时，其充电功率可突破至 500kW，按照长续航车辆电池总量 100kW·h，进行 20%~80% 充电仅需 9min。高电压平台使整车具有更高的充电效率，在充电电压设计上具备更大的设计自由度，有助于实现高效的充电体验，推动整车充电技术快速发展，高电压平台车型电气系统虽然在产业链成熟以及规模效应具备后，成本会有所下降，但在研发设计中将面对的诸多挑战和问题，会导致短期车端成本增加较多，快充应用下车辆总成成本见表 3-6。因此，大功率充电需求使得高电压平台适用于中高端车型。

表 3-6 快充应用下车辆总成成本

前期：同等快充功率	高电压快充系统成本相较于低电压快充系统成本	备注
电池系统	上升	诸多要求提升
电驱动总成	上升	诸多要求提升
OBC+DC/DC 系统	上升	诸多要求提升
配电系统	下降	电流降低，主继电器、快充继电器以及熔断器可降低规格
高压线束	下降	电流降低，线束可以降低规格
热管理系统	上升	诸多要求提升

充电功率提升后，电芯充电倍率提升，一方面将造成活性物质的损失，影响电池容量和寿命；另一方面，锂枝晶一旦刺穿隔膜，将导致电池内部短路，存在起火等安全风险。同时，高电压平台车型还需解决在低电压充电桩充电的问题，市场上较为常见的直流充电桩最大支持 500/750V，限制电流为 250A，至于更早时期布局的直流快充桩，充电电压只有 200~500V，无法充分发挥高电压平台的快充能力。高电压平台电动汽车使用该类直流快充桩，还需在车端增加额外的 DC/DC 变换器进行升压，导致硬件成本增加。此外，高电压平台实现的只是整车端快充，在此基础上还要匹配同等的充电端电压。规模化推广高电压超充基础设施，又要伴随电网的扩容改造，因此高电压平台快充的推广仍然需要时间检验。综上所述，对于经济性要求较高的低端车型而言，低电压平台是较为合适的选择。

3.7.2 动力系统参数匹配

系统仿真选型匹配主要依据整车设计要求，对动力系统各部件进行参数仿真计算和产品选型，是纯电动汽车设计与开发过程中的重要环节。纯电动汽车的动力系统主要由驱动电机、动力蓄电池、单档或多档变速器等系统部件组成，因此选型匹配也针对以上系统部件进行。

与传统燃油汽车类似，在纯电动汽车的系统仿真选型匹配过程中，与选型匹配相关的整车性能设计指标有动力性能指标和经济性能指标。动力性能指标包括最高车速、加速性能、爬坡性能等，经济性能指标包括整车续驶里程、行车能量消耗量、整车充放电效率等。在进行动力系统选型匹配时，应该从整车高度去分析电动汽车动力系统参数要求，将整车动力性和经济性作为综合匹配目标，通过合理的匹配动力系统参数以达到提高整车性能水平的目标。同时，应充分考虑系统部件参数变化对部件特性产生的影响以及整车部件质量对整车成本和性能的影响。

系统选型匹配的大致流程为：首先确定整车的动力性能和经济性能指标，然后根据动力性指标匹配计算电机和变速器的类型及参数，再根据经济性指标匹配计算动力蓄电池的具体参数。驱动电机是直接影响动力性的关键部件，在匹配的过程中，如果选择的驱动电机功率过大，就会造成能量的损耗和效率的降低，功率过小则会影响整车的爬坡性能和加速性能。动力蓄电池是确保纯电动汽车正常行驶的能量储存部件，其容量大小直接影响续驶里程，在匹配过程中，如果动力蓄电池容量过大会引起整车布置困难，动力性下降；容量过小可能无法满足驱动电机的高功率需求，同时无法满足整车续驶里程要求。因此合理的选择匹配动力系统参数对纯电动汽车的设计与开发具有较为重要的研究意义。

1. 电机参数匹配

驱动电机作为纯电动汽车唯一的动力源，其工作特性直接影响整车综合性能。因此，所选驱动电机的各项参数必须满足整车动力性需求。驱动电机的参数匹配主要包括以下参数：峰值功率、额定功率、最高转速、额定转速、峰值转矩、额定转矩等。

（1）电机峰值功率

根据汽车最高车速行驶要求计算电机峰值功率 P_u：

$$P_u = \frac{1}{3600\eta_T\eta_e\eta_{ec}}\left(Mgf + \frac{C_D A v_{max}^2}{21.15}\right)v_{max} \qquad (3-42)$$

式中　η_T——传动系统效率；

　　　η_e——电机效率；

　　　η_{ec}——电控效率；

　　　M——试验质量（kg）；

　　　f——滚动阻力系数；

　　　C_D——风阻系数；

　　　A——迎风面积（m^2）；

　　　v_{max}——整车最高车速（km/h）。

电动汽车在爬坡时，要求电机短时间内输出较大的功率，此时电机主要工作在过载区域。因此根据汽车最大爬坡度要求计算电机峰值功率 P_i：

$$P_i = \frac{v_i}{3600\eta_T\eta_e\eta_{ec}}\left(Mgf\cos a_{max} + Mg\sin a_{max} + \frac{C_D A v_i^2}{21.15}\right) \qquad (3\text{-}43)$$

式中　v_i——最大爬坡度时的稳定车速（km/h）；

　　　a_{max}——最大爬坡度（°）。

车辆在加速过程中，所受到的阻力主要包括滚阻、风阻以及加速阻力，忽略坡道阻力。此时电动汽车 $0 \rightarrow 100$km/h 加速过程中的最大功率为

$$P_a = \frac{v}{3600\eta_T\eta_e\eta_{ec}}\left(Mgf + \frac{C_D A v^2}{21.15} + \delta M_f \frac{v}{3.6 t_m}\right) \qquad (3\text{-}44)$$

式中　δ——旋转质量换算系数，一般取 1.06；

　　　v——加速后的车速，为 100km/h；

　　　t_m——百公里加速时间（s）。

综上，电机峰值功率 $P_{max} = \max(P_u, P_i, P_a)$。

（2）电机额定功率

根据汽车 30min 最高车速行驶要求计算电机额定功率需求 P_{e1}：

$$P_{e1} = \frac{1}{3600\eta_T\eta_e\eta_{ec}}\left(Mgf + \frac{C_D A v_{30\_max}^2}{21.15}\right) v_{30\_max} \qquad (3\text{-}45)$$

式中　v_{30_max}——整车 30min 最高车速（km/h）。

根据 4% 坡度最高车速和 12% 坡度最高车速要求，以两者中需求功率的较大值确定电机额定功率需求 P_{e2}：

$$P_{e2} = \frac{v_{imax}}{3600\eta_T\eta_e\eta_{ec}}\left(Mgf\cos a + Mg\sin a + \frac{C_D A v_{imax}^2}{21.15}\right) \qquad (3\text{-}46)$$

式中　v_{imax}——4% 坡度或 12% 坡度最高车速（km/h）；

　　　A——爬坡度（°）。

综上，电机的额定功率 $P_{max} = \max(P_{e1}, P_{e2})$。

（3）电机转速和转矩匹配

对于额定功率相同的电机来说，其额定转速越高，体积和质量就越小，造价就越低，从整车性能来说，电机转速高些既可以为控制系统提供较大的调速范围，又可减小电机在实际运行中的机械损耗，便于充分发挥电池的能源，随着新能源汽车近些年的快速发展，国内外驱动电机的转速一直向高速化发展。但当电动汽车的速度一定时，如果电机的额定转速越高，传动系统的传动比就会越大，传动系统结构越复杂。因此，电机额定转速的选择应视具体情况确定。

电机输出的峰值转矩的下限为最大坡度时保持最低稳定车速所要克服的阻力矩：

$$T_m = \frac{R}{i_{max}i_0\eta_T\eta_e\eta_{ec}}\left(Mgf\cos\alpha_m + Mg\sin\alpha_m + \frac{C_D A u_s^2}{21.15}\right) \tag{3-47}$$

式中　T_m——电机的峰值转矩（N·m）；

　　　u_s——最大坡度时的最低稳定车速（km/h）；

　　　α_m——最大爬坡度（°）；

　　　R——轮胎动态滚动半径（m）；

　　i_{max}——变速器最大速比；

　　　i_0——主减速器速比。

电机输出的额定转矩的下限为最大持续坡度时保持最低稳定车速所要克服的阻力矩：

$$T_e = \frac{R}{i_{max}i_0\eta_T\eta_e\eta_{ec}}\left(Mgf\cos\alpha_c + Mg\sin\alpha_c + \frac{C_D A u_{s1}^2}{21.15}\right) \tag{3-48}$$

式中　T_e——电机的额定转矩（N·m）；

　　　u_{s1}——最大持续爬坡时的最低稳定车速（km/h）；

　　　α_c——最大爬坡度（%）。

2. 变速器参数匹配

对于纯电动汽车而言，电机具有与传统内燃机不同的工作特性，电机可以在低速时输出大转矩，高速时输出恒功率，且具有很宽的转速范围，电机特性与车辆驱动需求吻合，因此纯电动汽车一般采用单档变速器，基本可以满足需求。以单档变速器为例，变速器参数的具体匹配方法如下：

（1）速比下限

根据最大爬坡度要求，确定变速器速比下限：

$$i_d \geqslant \frac{Mgf\cos a_{max} + Mg\sin a_{max}}{T_{max}\eta_T} \tag{3-49}$$

式中　i_d——变速器速比；

　　　M——试验质量（kg）；

　　　η_T——传动效率；

　　a_{max}——最大爬坡度（°）；

　　　f——滚动阻力系数；

　　T_{max}——电机峰值转矩（N·m）。

（2）速比上限

根据整车最高车速要求，变速器速比上限为

$$i_{d} \leqslant \frac{0.377 n_{max} R}{v_{max}} \qquad (3-50)$$

式中　n_{max}——电机峰值转速（r/min）；

　　　R——轮胎动态滚动半径（m）；

　　　v_{max}——整车最高车速（km/h）。

综上，速比 i 应在变速器速比的下限和上限之间。

3. 动力蓄电池参数匹配

动力蓄电池是为纯电动汽车驱动提供能源的装置，对汽车的性能产生直接的影响。动力蓄电池匹配的性能需要考虑整车的动力性能、经济性能等因素。

目前主流的动力蓄电池为锂离子电池，根据目前整车的应用场景可以分为能量型和功率型动力蓄电池。能量型动力蓄电池对于比能量有一定的要求，比能量是衡量单位质量电池所能输出的电能的指标，为了满足电动汽车续驶里程的要求，就需要动力蓄电池储存尽可能多的能量，又不能使整车的重量太大，因此要求动力蓄电池有较高的比能量。功率型动力蓄电池对于比功率有一定的要求，比功率是指单位质量电池所能输出的功率，用于衡量电池在单位时间内的输出能量大小的能力。在电动汽车加速行驶、爬坡和较高的负载工况下，电机的需求功率较大，功率型动力蓄电池可以在短时间内输出大功率，保障整车动力性、制动能量回收方面的性能。目前能量型动力蓄电池主要应用在纯电动汽车中，功率型动力蓄电池主要应用在混合动力汽车中。

（1）动力蓄电池电压匹配

动力蓄电池电压根据电压平台初步选择，并考虑成本、结构布置等因素，确定最终的动力蓄电池电压。如果纯电动汽车的动力蓄电池总电压选取过高，则单体电池的数量会过大，这样会增加整车的质量，电池布置的难度也大大提高，同时成本也比较高。如果总电压选取较低会使线路中的导线截面积变大，增加线路布局的难度。

（2）动力蓄电池容量匹配

动力蓄电池的能量计算公式为

$$W_{b} = \frac{U_{b} C}{1000} \qquad (3-51)$$

式中　W_{b}——电池组的实际能量（kW·h）；

　　　U_{b}——电池组的平均工作电压（V）；

　　　C——电池组的总容量（A·h）。

在满足纯电动汽车续驶里程的条件下，所需电池的容量一般可用等速法和工况法来计算。

1）采用等速法进行计算时，车辆所需功率为

$$P_{con} = \frac{v_{con}}{3600\eta_T\eta_e\eta_{ec}}\left(Mgf + \frac{C_DAv_{con}^2}{21.15}\right) \tag{3-52}$$

式中　P_{con}——车辆匀速行驶功率（kW）；

　　　v_{con}——匀速行驶车速（km/h）；

　　　M——能耗试验时的试验质量（kg）；

　　　η_e——电机的工作效率；

　　　η_{ec}——电机控制器的工作效率；

　　　η_T——传动系统效率；

　　　C_D——风阻系数；

　　　A——迎风面积（m^2）；

　　　f——滚动阻力系数。

假设车辆所需行驶里程为 S，则所需总能量为

$$W_{con} = P_{con}\frac{S}{v_{con}} = \frac{S}{3600\eta_T\eta_e\eta_{ec}}\left(Mgf + \frac{C_DAv_{con}^2}{21.15}\right) \tag{3-53}$$

式中　W_{con}——车辆匀速行驶所需总能量（kW·h）；

　　　S——车辆匀速行驶里程（km）。

2）采用工况法进行计算时，循环工况分为加速、减速、急速、匀速。因此，车辆所需功率为

$$P_{cyc} = \begin{cases} \dfrac{v_{cyc}}{3600\eta_T\eta_e\eta_{ec}}\left(Mgf + \dfrac{C_DAv_{cyc}^2}{21.15} + \delta M\dfrac{dv_{cyc}}{dt}\right), \dfrac{dv_{cyc}}{dt} > 0 \\[4mm] \lambda\dfrac{v_{cyc}\eta_T\eta_e\eta_{ec}}{3600}\left(Mgf + \dfrac{C_DAv_{cyc}^2}{21.15} + \delta M\dfrac{dv_{cyc}}{dt}\right), \dfrac{dv_{cyc}}{dt} \leq 0 \end{cases} \tag{3-54}$$

式中　P_{cyc}——车辆工况行驶功率（kW）；

　　　v_{cyc}——工况行驶车速（km/h）；

　　　λ——减速过程能量回收比例，纯电动汽车在减速时，仅有部分能量可以进行回收，能量回收比例一般在 30% ~ 45% 之间。

假设工况的总时间为 T_0，总里程为 S_0，车辆所需续驶里程为 S，则车辆按工况行驶时，所需的时间为

$$T_{cyc} = \frac{T_0 S}{S_0} \tag{3-55}$$

采用工况法进行计算时，所需总能量 W_{cyc} 为

$$W_{cyc} = \int_0^{T_{cyc}} P_{cyc} dt \qquad (3\text{-}56)$$

则电池所需总能量为

$$W_b = \min(W_{con}, W_{cyc}) \qquad (3\text{-}57)$$

则电池组总容量为

$$C = \frac{1000W_b}{U_b} \qquad (3\text{-}58)$$

（3）动力蓄电池单体数量选择

初步基于电池系统额定电压和不同材料体系单体电池额定电压，计算系统的单体电池串联数量 n：

$$n = \frac{电池系统额定电压}{单体电池额定电压} \qquad (3\text{-}59)$$

同时，为了能兼顾不同车型的布置需求，合理地利用电池内部有限的安装布置空间，最大限度地提高电池的体积利用率，需要结合电池容量、单体电池尺寸和空间布置对单体电池数量进行修正。

3.7.3 性能仿真校核

1. 仿真软件

比亚迪自主开发的动力经济性仿真软件，具有基于实际工程应用开发设计的建模流程，可以使仿真人员更便捷高效地搭建不同布置结构、不同零部件类型的车辆模型。其模块库丰富多样，相对于传统的商业仿真软件，更易于进行前瞻性方案的仿真分析，满足实际的车型开发需求。

2. 仿真输入

在进行动力经济性仿真时，首先要进行仿真参数的输入。一般与动力经济性仿真相关的主要参数见表3-7。

表 3-7 仿真输入参数

总成及部件	参数
车辆参数	整备质量（kg）
	半载质量（kg）
	满载质量（kg）
	迎风面积（m²）
	风阻系数
	前轴荷百分比
	空载质心高度（mm）

（续）

总成及部件		参数
车辆参数		半载质心高度（mm）
		满载质心高度（mm）
		轴距（m）
动力结构	电机	挡位及速比
		峰值功率（kW）
		峰值扭矩（N·m）
		额定功率（kW）
		额定扭矩（N·m）
		驱动最大转速（r/min）
		随动最大转速（r/min）
		传动效率
	电池	单体容量（A·h）
		单体数量（节）
		连接方式
		输出总电压（V）
		电池总能量（kW·h）
		电池放电深度
		电池放电效率
		各档速比
车轮及轮胎		轮胎类型
		轮胎规格
		附着系数
		滚动半径（m）
		滚动阻力系数

3. 仿真工况

将参数输入仿真模型后，可根据前述的动力性和经济性目标，选择合适的工况进行仿真，并将仿真结果与设计目标进行对比，分析在当前匹配的参数下，性能是否能达到设计目标。常规的仿真工况可以将国家标准、国外标准等标准文件作为依据，也可以根据实际需求制定一些特殊工况进行仿真分析。主要进行以下内容计算：

1）循环工况测试，整车按照指定路谱运行，模拟整车的实际行驶工况，计算循环百公里能耗及续驶里程。

2）爬坡性能测试，计算整车在各车速下的最大爬坡度。

3）稳态行驶工况，计算等速工况下的百公里能耗及续驶里程。

4）全负荷加速测试，计算百公里加速时间和超车加速时间。

与动力经济性相关的国家标准见表 3-8。

表 3-8 与动力经济性相关的国家标准

标准号	名称
GB/T 19596—2017	电动汽车术语
GB/T 38146.1—2019	中国汽车行驶工况 第1部分：轻型汽车
GB/T 12536—2017	汽车滑行试验方法
GB/T 18386.1—2021	电动汽车能量消耗量和续驶里程试验方法 第1部分：轻型汽车
GB/T 18385—2005	电动汽车动力性能试验方法
GB/T 12543—2009	汽车加速性能试验方法

4. 仿真结果

仿真参数和仿真工况定义完成后，即可进行仿真分析。可以通过对各性能的仿真结果与设计目标进行对比，来评估当前匹配的参数是否可以满足性能要求。性能仿真指标见表 3-9。图 3-35 为某车型在 CLTC 工况下的仿真曲线，图 3-36 为该车型的电机工作效率区间分布。通过对循环工况的仿真过程进行分析，可以统计关键零部件的工作区间，进而指导零部件的设计。

表 3-9 性能仿真指标

性能	常用指标
动力性	最高车速（km/h）
	30min 最高车速（km/h）
	0→50km/h 加速时间（s）
	0→100km/h 加速时间（s）
	50→80km/h 加速时间（s）
	60→100km/h 加速时间（s）
	80→120km/h 加速时间（s）
	4% 坡道爬坡车速（km/h）
	12% 坡道爬坡车速（km/h）
	最大爬坡度（%）
	15km/h 车速持续爬坡度（%）
经济性	60km/h 续驶里程（km）
	CLTC 能耗（kW·h/100km）

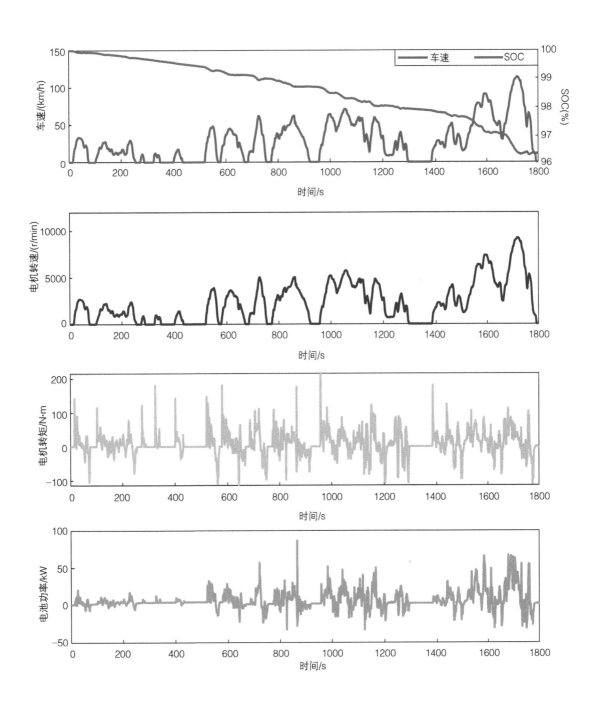

图 3-35 某车型 CLTC 工况下的仿真曲线

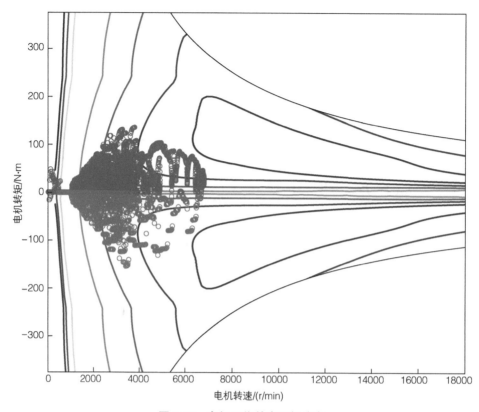

图 3-36　电机工作效率区间分布

图 3-37 所示为能量流仿真分析。通过对能量流进行仿真，可以分析整车的能量损耗，为节能优化提供指导方向。

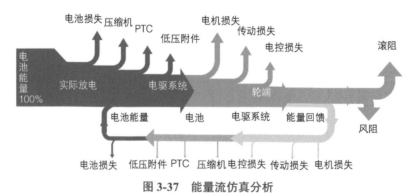

图 3-37　能量流仿真分析

动力系统选型匹配是纯电动汽车设计与开发过程中的重要环节。本节主要围绕电压平台的定义及选取、动力系统参数匹配及性能仿真校核三个方面，阐述依据整车设计要求对动力系统进行选型匹配的过程，为纯电动汽车的动力系统选型匹配提供指导和参考。

第**4**章

纯电动汽车动力蓄电池系统的创新设计与开发

4.1 概述

本章将从动力蓄电池系统角度出发，介绍动力蓄电池电芯、系统结构、动力蓄电池管理系统和动力蓄电池热管理系统的设计过程。首先介绍电芯的材料、结构、工艺和安全设计，明确动力蓄电池的基本原理和开发流程；其次从系统结构和安全防护两个角度，着重介绍动力蓄电池系统的整体设计逻辑和防护技术的开发应用；接着基于动力蓄电池状态监测、使用管理和故障诊断需求，详细论述电池管理系统的硬件方案设计和算法模型；最后从动力蓄电池应用工况和本身温度特性出发，阐述冷却、加热和保温的方案设计。

4.2 动力蓄电池电芯创新设计

4.2.1 动力蓄电池电芯材料

1. 电芯材料选型

动力蓄电池发展历经铅酸电池、镍氢电池和锂离子电池三个阶段。表 4-1 是三种动力蓄电池的性能指标对比。其中，锂离子电池具有能量密度高、循环寿命长和自放电率低等优势，是应用最广泛的动力蓄电池。随着纯电动汽车市场的快速发展，对锂的需求大幅增加，但全球锂资源的储存量有限，仅为 0.002%，而与锂离子具有相似理化性质的钠资源在地壳中储量高达 2.64%，具有资源丰富、价格低廉、安全环保的优点，适用于未来规模化应用的新型能量存储体系，存在替代锂离子电池的可行性。但目前钠离子电池的应用还停留在软包电池和扣式电池，因此锂离子电池仍占据着电动汽车市场的绝对主导地位。

表 4-1　三种动力蓄电池性能指标对比

动力蓄电池种类	能量密度 /（W·h/kg）	循环寿命 / 次	自放电率 /（%/ 月）
铅酸电池	35 ~ 40	400 ~ 1000	30
镍氢电池	70 ~ 80	1000	20
锂离子电池	120 ~ 280	1000 以上	2
钠离子电池	120 ~ 160	1000 以上	5

锂离子电池主要由正极、负极、电解液、隔膜、集流体、外壳等组成。电芯材料影响其寿命、安全和性能，进而影响整车续驶里程、动力性能、使用寿命等，图 4-1 展示了锂离子电池的结构。锂离子电池利用锂离子在正负极之间的往返移动完成充放电。当充电时，锂离子从正极材料中脱出，经过电解液嵌入负极材料，电子从正极流出经过外电路流向负极。当放电时，锂离子从负极脱出，经过电解液重新嵌入正极，电子经过外电路从负极流向正极。

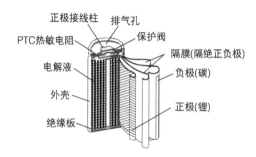

图 4-1　锂离子电池结构示意图

（1）正极材料

正极材料直接影响锂离子电池的能量密度及寿命，需具备较高的电位与容量、稳定的结构、良好的电解液稳定性、较大的充放电功率、安全经济等特点。常用的正极材料包括钴酸锂（$LiCoO_2$，简写 LCO）、锰酸锂（$LiMn_2O_4$，简写 LMO）、磷酸铁锂（$LiFePO_4$，简写 LFP）和三元材料（$LiNi_xCo_yMn_{1-x-y}O_2$）。

$LiCoO_2$ 是 α-$NaFeO_2$ 型层状结构，理论比容量为 274mA·h/g，但实际比容量仅为 140 ~ 150mA·h/g，具有电压高、放电平稳、循环性好等优点。由于脱锂过程中钴离子会溶入电解液致使晶格形变，造成过充性能差，且 LCO 的产量较为匮乏，具有价格昂贵、可逆容量有限、有毒等缺点没有进行大规模应用。这种电池常应用于 3C 领域。

$LiMn_2O_4$ 是尖晶石结构，实际比容量约 120mA·h/g，略低于理论比容量 148mA·h/g，其成本较低，无污染，具有耐过充性、安全性好等优点。但高压充电下高度脱锂的 Mn^{4+} 具有较强的氧化性致使电解液易分解，且深度放电产生 Jahn-Teller 效应导致尖晶石结构被破坏，存在容量衰减过快的问题。

$LiFePO_4$ 是橄榄石结构，理论比容量为 170mA·h/g，实际比容量为 130 ~ 160mA·h/g，充放电过程中会出现斜方晶系的 LFP 与六方晶系的 $FePO_4$ 之间的两相转变。由于 $LiFePO_4$ 和 $FePO_4$ 在 200℃ 以下以固溶体形式共存，所以充放电平台长且平稳，但放电平台电压稍低，为 3.3V（相比 Li/Li^+）左右。LFP 材料具有良好的安全性能、循环稳定性和有较长的寿命等优势。

三元材料在一定程度上兼具 LCO 和 LMO 的优势。其中，镍钴锰酸锂 $LiNi_xCo_yMn_{1-x-y}O_2$（简写 NCM）是三元材料中应用最多的正极材料，镍钴锰酸锂随着三种金属元素比例变化衍生出多种正极材料，如 523、622、811 等。三元材料的基本物性和充放电平台与 $LiCoO_2$ 相近，平均放电电压约 3.6V，实际比容量在 $150 \sim 215mA \cdot h/g$。高电压平台和较大比容量使得三元锂电池的续航时间更长，但三元材料的热稳定性差，且高电压下循环导致层状晶体结构完整度减弱，使得锂离子迁移受阻，循环性能差。不同正极材料性能对比见表 4-2。

表 4-2　不同正极材料性能对比

正极材料	钴酸锂（LCO）	锰酸锂（LMO）	磷酸铁锂（LFP）	镍钴锰酸锂（NCM）
结构类型	层状	尖晶石	橄榄石	层状
工作电压 /V（相比 Li/Li$^+$）	3.7	3.8	3.3	$3.6 \sim 3.7$
理论比容量 /（mA·h/g）	274	148	170	$273 \sim 285$
循环寿命 / 次	$500 \sim 1000$	$500 \sim 2000$	> 3000	$800 \sim 2000$
安全性	较差	较好	优异	较差
结构图				

（2）负极材料

负极材料从锂及锂合金到碳材料和氧化物再到新型纳米合金材料，同样经历了复杂的变化过程。合格的负极材料要求拥有较低且平稳的脱嵌锂电位、较高的比容量、较好的电解液稳定性以及脱嵌锂过程中较小的体积变化。目前常见的负极材料主要有石墨类碳材料、无定型碳材料和硅基材料。其中石墨类碳材料分为天然石墨和人造石墨，无定形碳材料分为硬碳和软碳，硅基材料分为硅氧化物材料和硅碳复合材料。

石墨是由碳原子形成的六边形平面延伸堆垛而成的层状结构，碳层之间的理论层间距为 0.3354nm。石墨负极材料的理论比容量为 $372mA \cdot h/g$，但实际比容量为 $330 \sim 370mA \cdot h/g$。石墨具有明显的低电位充放电平台（$0.01 \sim 0.2V$，相比 Li/Li$^+$），大部分嵌锂容量都在该电压区域内产生。

无定形碳通常指呈现石墨微晶结构的碳材料，包括硬碳和软碳。硬碳指 2500℃以上高温处理也难石墨化的碳，不同于石墨的长程有序层状结构，硬碳是由短程无序的石墨微晶杂乱排布而成。硬碳的嵌锂开始于 0.8V（相比 Li/Li$^+$），电压曲线没有明显的平台且呈逐步下降趋势，表现为高电位部分的斜坡区和低电位的平台区。硬碳负极具有较高的理论比容量（$400 \sim 600mA \cdot h/g$），同时硬碳比表面积相较于石墨更大，易形成更多的 SEI 膜，使硬碳负极材料的首次库仑效率降低。软碳是指在 2500℃以上的高温下可以石墨化的无定形碳，一般由小的石墨纳米晶粒组成，常见的软碳材料主要有石油焦、碳纤维、针状焦等。软碳的比容量一般为 $200 \sim 250mA \cdot h/g$，其无定形结构具有结晶度低、层间距大、与电解液相容性好的特点，因此低温性能优异，倍率性能优良。但软碳材料膨胀系数大，首次充放电的不可逆容量损失较大、输出电压较低，无明显的充放电平台，因此一般不独立作为负极材料使用，而是作为负极材料包覆物或者组分。

硅负极材料具有理论比容量高（高温 4200mA·h/g，室温 3590mA·h/g）、嵌锂电压低（0.37V，相比 Li/Li$^+$）等优点。但硅在充放电过程中体积变化高达 310%，容易引起电极片开裂和活性物质脱落，循环性能较差。此外硅的电导率低，导致倍率性能较差。通常采取对 Si 基材料进行纳米化、与第二相复合、形貌结构多孔化等方式提高电化学性能。各种负极材料的性能对比见表 4-3。

表 4-3　不同负极材料性能对比

负极材料	石墨		无定形碳		硅基材料	
	人造石墨	天然石墨	硬碳	软碳	硅氧化物	碳硅复合
比容量 /（mA·h/g）	340～370	310～369	250～400	250～300	4200	
循环寿命 / 次	>1000	>1500	>1500	>1000	300～500	
工作电压 /V	0.2	0.2	0.52	0.52	0.3～0.5	
快充性能	一般	一般	好	好	好	
倍率性能	差	一般	好	好	一般	
安全性能	良好	良好	良好	良好	差	
结构图						

（3）电解液

电池中的电解质作为离子导体以及电子绝缘体，起到了在正负极之间建立锂离子通道的作用。目前商业化较成熟的电解质为液态电解质（电解液），其主要由锂盐、溶剂和添加剂组成。锂盐提供导电离子，离子电池电解质锂盐按阴离子种类的不同，分为无机阴离子锂盐和有机阴离子锂盐两大类。无机阴离子锂盐包括 LiClO$_4$、LiBF$_4$、LiPF$_6$ 等，有机阴离子锂盐包括 LiCF$_3$SO$_3$、LiB（C$_2$O$_4$）$_2$、LiP（C$_6$H$_4$O$_2$）$_3$ 等，其中 LiPF$_6$ 在目前商业化应用较多。溶剂的作用是溶解锂盐，提供锂离子迁移的媒介和条件。常用的有机溶剂包括碳酸丙烯酯（PC）、碳酸乙烯酯（EC）、碳酸甲乙酯（EMC）、碳酸二乙酯（DEC）、碳酸二甲酯（DMC）等。常用的电解液体系有 EC+DEC、EC+DMC、EC+DMC+DEC、EC+DMC+EMC 等。添加剂一般起到改善电解液电性能和安全性能的作用。添加剂主要有三类：①改善 SEI 膜性能的成膜添加剂，如碳酸亚乙烯酯、亚硫酸乙烯酯等；②防止过充过放的保护添加剂；③阻燃添加剂，如卤系阻燃剂、磷系阻燃剂以及复合阻燃剂，可避免电池在过热条件下燃烧或者爆炸。

（4）隔膜

在锂离子电池中，隔膜虽不直接参与反应，但是它起着防止电极接触以及实现离子传输的作用。其结构和性能影响着电池的循环寿命、安全性、能量密度以及功率密度，图 4-2 所示为隔膜的微观结构。因此为保证电池能够平稳运行，隔膜须具备以下的基本条件。

1）电化学稳定性：隔膜需要对电解液具备良好的稳定性，以保证在强氧化和还原条件下呈现出惰性，避免产生其他杂质干扰电池功能。

2）孔隙率要求：隔膜需要具备多孔结构让锂离子顺利通过。

3）机械强度：隔膜需要具备一定的抗拉强度以承受电池组装期间缠绕操作带来的张力，还须具备足够的耐穿刺强度以对抗电池循环过程中逐渐生成的锂枝晶。

4）厚度要求：隔膜的厚度会影响隔膜的机械强度、内阻以及电池的能量、密度、功率密度及安全性能。

5）热尺寸稳定性：电池在过度充放电时会导致内部温度升高，理想的隔膜能够保持良好的尺寸稳定，起到防止电极接触、避免短路的作用。

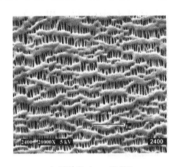 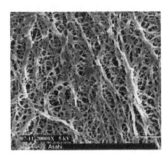

a) 干法Celgard2400　　　　　　　　b) 湿法Hipore-2(Asahi)

图 4-2　隔膜的微观结构

2. 电芯材料创新设计

为了更好满足市场端对动力蓄电池的指标要求，除了以上常规材料外，对固态电解质、磷酸锰铁锂正极材料和复合集流体三个方面进行电芯材料创新设计。

（1）固态电解质

固态电解质可以分为聚合物、氧化物、硫化物三种类型。聚合物固态电解质由聚合物基体和锂盐构成，具有机械加工性能优异、黏弹性好等优点，但较低的离子电导率导致电池的倍率性能较差。常用的锂盐有 $LiPF_6$、$LiFSI$、$LiClO_4$ 和 $LiBF_4$ 等，聚合物基体包括聚环氧乙烷（PEO）、聚丙烯腈（PAN）、聚偏氟乙烯（PVDF）、聚甲基丙烯酸甲酯（PMMA）等。氧化物固态电解质包括晶态和玻璃态两类，其中，晶态电解质包括 NASICON 型、钙钛矿型、石榴石型等电解质；玻璃态氧化物固态电解质主要包括 LiPON 型电解质和反钙钛矿型固态电解质。硫化物固态电解质是指氧化物固态电解质中的 O 被 S 取代形成的固态电解质。由于 S 的原子半径大，晶格容易畸变形成较大的离子通道，且 S 与 Li^+ 间结合力较弱，体系内可移动载流子数量大，因此硫化物固态电解质表现出较好的离子电导性。但硫化物电解质在空气中不稳定，易与空气中的 H_2O 反应生成 H_2S，从而降低电解质的使用寿命。

从研究现状来看，目前氧化物体系进展最快，硫化物体系紧随其后，聚合物体系仍处于实验室研究阶段。从成本而言，硫化物体系性价比最高，最有可能未来商用。从技术路线上看，以氧化物及硫化物电解质研发为主，两者相比，氧化物在稳定性上占优，而硫化物在导电性上占优。

（2）磷酸锰铁锂正极材料

磷酸锰铁锂（$LiFe_xMn_yPO_4$，简称 LMFP）是在 LFP 中掺杂一定比例的锰元素形成的新型磷酸盐类正极材料，具备化学性质稳定、安全性能优异等特点。LMFP 在一定锰元素掺杂量范围内与 LFP 正极材料的理论克容量接近，其电压平台呈现二阶梯形式，分别由 3.4V 的 Fe^{2+}/Fe^{3+} 和 4.1V 的 Mn^{2+}/Mn^{3+} 构成，平台长度正比于锰铁比例。锰铁比例直接影响高低电位下的放电容量，锰含量越高，能量密度越高，如图 4-3 所示。LMFP 的低温性能较 LFP 有所提升，−20℃容量保持率达 76%，而 LFP 只有 60%～70%。LMFP 安全性能优于 NCM，同时能量密度高于 LFP，此外 LMFP 对稀有金属依赖度低，可与 LFP 共线生产，成本优势明显。

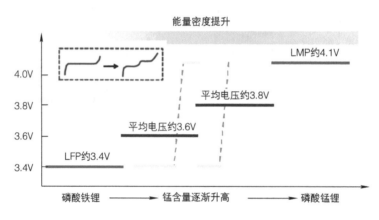

图 4-3　锰含量与能量密度关系图

锰元素的引入提升了材料电压平台，同时也带来其他方面的问题，主要包括：

1）锰元素的存在使得锂离子脱嵌难度增大，电子电导率和锂离子迁移率较低，影响材料的容量发挥和倍率性能。

2）锰离子存在 Jahn-Teller 效应，充放电过程中晶体结构会发生不可逆变化，同时锰离子析出沉积在负极表面会对 SEI 膜造成破坏，因此材料的比容量较低并且衰减迅速，循环性能受到一定影响。

3）锰与铁两种元素电压平台不一致，导致放电出现双电压平台，可能导致输出功率不稳定。

综合来看，LMFP 性能介于三元材料与 LFP 之间，具有高安全性和化学稳定性，能够一定程度上突破 LFP 目前面临的能量密度瓶颈。相较于三元材料，LMFP 具有与三元五系材料相似的能量密度，同时安全性更高、价格更低、对环境更为友好。

（3）复合集流体

集流体是锂离子电池的关键辅材，既可以将电池正负极活性物质产生的电流汇集起来进行导电，从而实现化学能转化为电能的过程；又充当正负极活性材料的载体。因此理想的集流体需要具备电导率高、稳定性好、机械强度高和成本低等特点。目前集流体主要分为薄型和功能型两种类型。在薄型化方向，8~9μm 的铝集流体和 4~5μm 的铜集流体几乎达到了锂离子电池可制造的极致水平，集流体的进一步减薄将导致强度降低，难以批量化应用；功能化集流体如涂碳、陶瓷等虽然可以改善极片黏结力差、内阻高、安全性能差等问题，但仍然存在一些负面效应，比如工艺难控制、成本增加和能量密度降低等。复合集流体集成了薄型和功能型的特点，是一种"金属-高分子材料-金属"三明治结构型集流体，内层为聚合物高分子层（如 PET、PP 或 PI），两侧为金属导电层（如 Al 或 Cu），如图 4-4 所示。其制备是通过真空蒸镀、磁控溅射等方式在高分子膜表面形成纳米级金属，然后经过水电镀将金属层沉积增厚到 1μm 以上来实现。

图 4-4　复合集流体示意图

复合集流体具有高安全性、高能量密度和低成本等优势，具体表现在：

1）中间层采用高分子绝缘材料，高分子不易断裂且具备较强的抗穿刺性，可有效规避电池内短路，大幅提高电池的安全性能。

2）PET/PP 聚酯材料质量较轻，6.5μm 的 PET 复合铜箔相比 4.5μm 纯铜箔减重效果显著，明显提高动力蓄电池能量密度。

3）聚酯材料生产工艺成熟，单位成本低于铜/铝金属，规模化量产后将具备成本优势。但复合集流体工艺难度较高，在高分子材料上面镀铜属于微米级别的操作，而且行业检测手段也不成熟。

4.2.2　动力蓄电池电芯结构

1. 电芯结构介绍

锂离子电池的结构包括正极片、负极片、隔膜、电解液、壳体五大部分，根据壳体的不同封装类型可分为圆柱、方形、软包三类，如图 4-5 所示。不同的封装方式有不同的优缺点，但在核心结构上都包含正负极片、隔膜、电解液等基本部分。

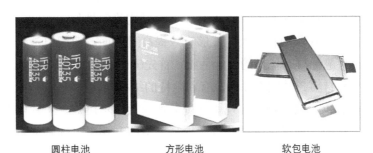

圆柱电池　　　　　方形电池　　　　　软包电池

图 4-5　圆柱、方形、软包电池示意图

圆柱电池具有结构成熟、生产工艺成熟、产品良率高、一致性好等优点。其电池体积小、散热面积大。但圆柱外壳以钢壳为主，能量密度相对较低，圆柱电池组包需要的电芯数量很多，成组成本较高，对电池管理系统和热管理系统要求高。方形电池壳体分为钢壳和铝壳两种，目前以铝壳为主，结构强度高，承受机械载荷能力好，成组易设计，结构可靠性高。多极耳卷绕或叠片结构使得方形电池内阻小，倍率性能优异，循环寿命较长。但壳体较重导致能量密度有限，工艺复杂，产品良率低，一致性较差，机械结构件的成本较高。软包电池的外壳材质是铝塑膜，具有重量轻、能量密度高、延展性好和传热性好等优点。但封口工艺难度高，机械强度低，结构可靠性较差，易发生破损漏液，且成组设计复杂，产品生产效率低，一致性较差。硬壳封装电池由壳体和盖板组成，盖板包括正负极端子、防爆阀、注液孔等，如图4-6所示，盖板的制造工艺复杂度远高于壳体。盖板的主要功能有固定/密封功能、电流导通功能（极柱）、泄压功能（防爆片）、熔断保护功能（翻转片）等。

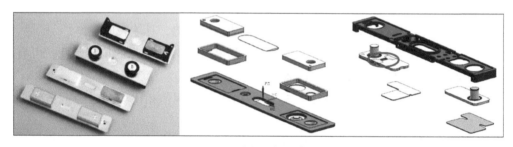

图4-6 盖板结构示意图

2. 电芯结构创新设计

随着纯电汽车对性能需求的进一步提升，对动力蓄电池的成组效率和能量密度提出了更高要求。相较以上常规的电芯结构设计，比亚迪和特斯拉在电芯结构设计方面进行了独特创新，分别推出刀片电池和4680大圆柱电池。

（1）刀片电池

比亚迪刀片电池外形像刀片一样扁平且呈长条状，相当于把传统方形电池拉长、压低、打薄，由一个盖板增加成两个盖板，正负极柱分布在壳体两端，注液孔在正极侧，防爆阀在负极侧。图4-7所示是比亚迪一款经典的长刀电池，尺寸是960mm×90mm×13.5mm。

刀片电池内部的裸电芯采用特殊的叠片设计，结构稳定性好，空间利用率大，体积能量密度高。该电池的极柱截面积较大，能够有效提高过流面、改善电池倍率性能以及提升电池快充性能。刀片电池具有优异的安全性能，首先磷酸铁锂材料结构稳定、热稳定性好，分解温度远高于三元材料，其次刀片电池有着独特的结构设计特征，"扁长"形电池散热面积大，在短路时产热少、散热快，实现了针刺后不起火、不爆炸。刀片电池组包时侧放排布，取消了模组，精简了横纵梁等结构件，提高了空间利用率，体积能量密度相比传统磷酸铁锂电池提升了50%，具有高安全、高体积能量密度、高功率、长寿命的优点，整车寿命可达百万公里以上。

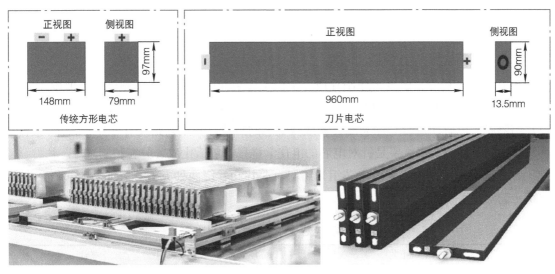

图 4-7 刀片电池示意图

（2）4680 大圆柱电池

特斯拉发布的 4680 大圆柱电池采用高镍正极 + 硅碳负极材料以及无极耳技术，如图 4-8 所示。相较于传统的单极耳电池，电流会在单极耳上汇流，发热量较大，无极耳技术把整个集流体都变成极耳，在内部没有集中发热点，产热均匀分布，增大过流面积，减少电子传输路径，大幅降低电池的电阻，提高功率性能，有利于电池的热管理。4680 电池能量密度高达 300W·h/kg，较目前 21700 圆柱电池，单体容量提升 5 倍，输出功率提升 6 倍。其单体容量的提升使得动力蓄电池系统所需电池数量减少，进而降低了 BMS 控制难度，有效缓解了传统圆柱电池的组包劣势。

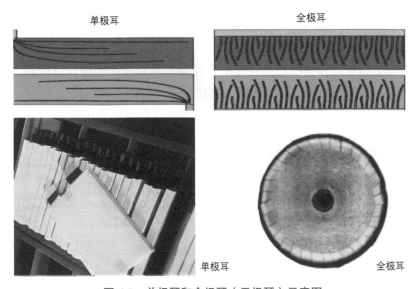

图 4-8 单极耳和全极耳（无极耳）示意图

4.2.3 动力蓄电池电芯工艺

1. 电芯工艺介绍

电芯制造过程分为前段工序制片段、中段工序装配段和后段工序测试段。前段工序完成正负极片制备，其工艺路线有制浆、涂布、辊压、分切。中段工序完成电芯的组装，将极片与隔膜、电解质进行有序装配，完成裸电芯的封装，其工艺路线有叠片 / 卷绕、装配、注液、入壳。后段工序主要是针对电芯的电化学过程，包括化成、分容和测试等。

在电芯制造工艺中，中段电芯组装阶段有叠片和卷绕两种方式，表 4-4 是电芯叠片和卷绕工艺对比。

表 4-4 电芯叠片和卷绕工艺对比

相关参数	卷绕工艺	叠片工艺	备注
内阻	略高（与极耳数量有关）	略低（每层有极耳）	卷绕工艺若能做到每层出极耳，内阻可接近叠片
充放电功率	略低	略高	若其他因素一致，内阻和极片膨胀因素对功率有影响，卷绕比叠片大
能量密度	略低	略高	叠片空间利用率更高，能装入极片面积更大
电芯厚度	不宜太薄，不易控制，充放电时易变形，厚电芯可用多卷解决	范围较宽，厚薄均可适应	动力蓄电池实际应用都不会太薄，两种工艺都能适应常用厚度
电芯形状	只能做成圆柱或长方体	可做异形电池	在动力蓄电池中，异形电芯极少
内短路风险	较低，只有两切边，易控制毛刺和对齐	较高，切四边，毛刺相对多，对齐四边不易控制，合格率相对较低	极片毛刺和对齐问题，都会产生短路风险
工艺方便性	更方便，人工、半自动或全自动卷绕，都易做到高效、高质量	更复杂，人工叠片费时费力，半自动或全自动对设备要求很高	高速卷绕比高速叠片更易实现

如图 4-9 所示，叠片是将分切后的正负极片通过堆叠的方式成型，分为积层式和 Z 字形两种，区别在于隔膜是分切的还是连续的；卷绕是将长条形的极片以旋转方式成型，正负极都是连续的，根据外壳的不同，一般有圆柱和矩形两种卷绕形式。

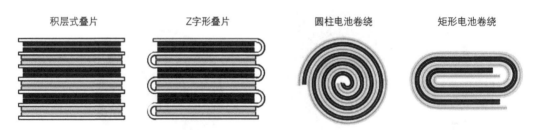

积层式叠片　　　　Z 字形叠片　　　　圆柱电池卷绕　　　　矩形电池卷绕

图 4-9 电芯叠片和卷绕示意图

针对方壳电池，从锂电池性能角度出发，叠片工艺在能量密度、循环寿命、倍率性能上更占优。一方面，由于卷绕工艺存在弧度的 C 角，导致空间利用率低于叠片电池，如

图 4-10 所示；同时极片的弯曲会在充放电过程中受力不均匀，造成变形和扭曲进而影响循环寿命，存在析锂风险。而叠片工艺不存在 C 角，极片平整，每层极片膨胀力均匀，界面一致性好，循环性能更好。另一方面，从工业化控制角度出发，卷绕的难点在于需要保障正负极和隔膜对齐准确性，否则容易出现短路。此外在极片弯曲变形情况下，要控制掉粉、毛刺等问题。但叠片工艺在分切环节较卷绕更为复杂，分切后极片的断面、毛刺等控制要求很高，一定程度上影响电芯的良率和一致性。

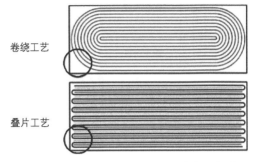

图 4-10　方壳电池中卷绕工艺与叠片工艺对比

2. 电芯工艺创新设计

传统锂离子电池采用湿法浆料涂覆工艺制造电极片，把正负极材料和溶剂混合制浆，涂布后烘干成膜，存在极片干燥时间长、有机溶剂回收成本高、环境污染等问题。而干法电极工艺是一种锂离子电池极片制造新工艺，主要特点是在电极的制程中不采用溶剂，通常是将正负极活性物质、导电剂与固态黏结剂混合后，直接喷涂到集流体上，或者通过不同的工艺制成自支撑膜后与集流体复合。相较于传统湿法电极，干法电极具有生产效率高、操作便捷等优点，但干法电极成膜的均匀度和一致性更难控制，生产难度更高，需要进一步攻克。干湿法电极具体对比如下：

1）干法电极不采用溶剂，无需干燥烘箱和 NMP 回收装置，设备投资低、能耗小、所需场地面积小，从而降低了总体资本和运营费用。干法电极工艺生产效率高，可有效降低成本和能耗。

2）传统湿法工艺电极中残留的溶剂会与电解液发生副反应，使电极性能下降，造成容量降低、产生气体和寿命缩短等问题，而干法电极可有效避免这些问题。

3）传统湿法工艺在溶剂蒸发过程中，电极容易出现裂纹，电极厚度会受到湿涂制造工艺的限制，而干法电极工艺无干燥过程，可以制备超厚电极。

4）传统湿法工艺先将黏结剂溶解于溶剂之中，再将活性材料溶解其中，容易造成活性材料颗粒表面被黏结剂层包裹，从而阻碍活性颗粒与导电剂颗粒的相互接触，降低导电性。干法电极在制作过程不使用溶剂，黏结剂以纤维状态存在，与活性材料颗粒表面点接触，活性颗粒之间与导电剂颗粒的接触更紧密，电极导电性更好。

当前干法电极的生产工艺主要有粉末压片法和粉末喷涂法两种，如图 4-11 所示。粉末压片法是一种借用外部压力使粉末成型的方法，生产效率高，操作便捷，但刚性模具和单向压制存在应力和密度分布不均匀的缺点，会造成极片密度偏低及孔隙率偏高等问题；粉末喷涂法通过干混粉末施加装置将粉末喷涂到集流体上，然后通过热压将粉末固定在集流体上，粉末喷涂生产可采用 roll-to-roll 的生产技术。粉末喷涂技术发展较成熟，但用于大规模工业化生产的设备还较少。

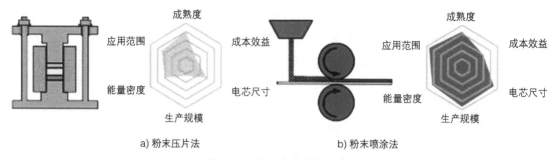

a) 粉末压片法   b) 粉末喷涂法

图 4-11　干法电极制作工艺

4.2.4　动力蓄电池电芯安全防护

锂离子电池的所有安全问题最终都会以热失控的形式展现出来，在电池热失控过程中，由于电芯的生热速率远高于散热速率，未能及时散发出去的热量持续累积，会加速电芯内部的化学反应，化学反应放出来的热量，又反过来让电池系统变得更热，最终导致过热、着火、爆炸等严重后果。动力蓄电池电芯温度升高是导致电池热失控发生的最直接原因，电芯的材料安全、结构安全和工艺安全是解决锂离子电池安全问题的关键。

1. 电芯材料安全

锂离子电芯主要由正负极材料、电解液和隔膜组成，四种材料的选择与设计从本质上影响着锂离子电池的安全性。

（1）正极材料安全设计

影响正极材料安全性能的关键因素是材料本身的晶格结构稳定性，晶格结构在特定温度下会发生分解，导致结构坍塌，不同材料的热分解温度不同，导致安全性能具有很大差别，表 4-5 是不同材料对应的热安全温度。目前主流正极材料中，磷酸铁锂正极材料因其超稳定的晶格结构而具有得天独厚的安全性能和优异的长循环充放电性能。

表 4-5　正极材料热分解温度

正极材料	热分解温度
$LiCoO_2$	150℃左右
$LiNi_xCo_yMn_{1-x-y}O_2$	180℃左右
$LiMn_2O_4$	250℃左右
$LiFePO_4$	400℃左右

（2）负极材料安全设计

目前锂离子电池多用石墨类材料为负极材料，对石墨负极材料而言，主要存在负极析锂、内部短路、循环膨胀失效等安全问题，因此在石墨负极材料选型上，建议遵从以下几点。

1）选择颗粒较大的石墨负极材料，达到降低材料比表面积的目的。石墨负极材料的比表面积越大，反应活性位点越多，反应速率急剧增加，产生的热量更多，材料本征的热稳定性越差。

2）选择改性后的石墨负极材料，如通过包覆、掺杂、表面氧化、球形化等技术手段制备的石墨负极材料，能够有效提高负极 SEI 膜稳定性，提升石墨负极材料稳定性。

3）选择复合石墨负极材料，如通过大小颗粒的石墨负极材料掺混，能够增大颗粒间接触面积、降低内阻、提升材料稳定性。

（3）隔膜材料设计

在锂离子电池中，隔膜是一个关键部件，具有防止电子接触和确保电池运行时两个电极之间的锂离子传输的功能。目前主流的锂离子电池隔膜是聚烯烃材质的微孔薄膜，除了对润湿性和多孔性能的要求外，隔膜还应具有高的化学稳定性、电化学稳定性、热稳定性和优异的力学性能，以确保构建安全可靠的锂离子电池。锂离子电池安全性隔膜的研究方向主要包括：

1）在传统隔膜的制备过程中掺杂阻燃性添加剂或纤维类物质。此方法成本较低且效果显著，主要是在隔膜表面浸涂阻燃剂或者将阻燃剂包覆在隔膜纤维中来达到提升安全性的目的，如溴化聚苯醚（BPPO）能够作为阻燃剂浸涂在隔膜上来提高电池的安全性。

2）在隔膜中掺杂或涂敷电化学惰性陶瓷。如在隔膜中掺杂了表面接枝卤素和磷基分子的 Al_2O_3 陶瓷，Al_2O_3 陶瓷涂层能够显著降低 PE 隔膜的热收缩率，这是因为耐热陶瓷粉末与聚合物黏合剂组成了框架结构，防止 PE 隔膜发生热变形。

3）从结构出发设计并制备新型安全性隔膜。如利用 PE（120～130℃）和 PP（165℃）的熔点不同，开发的一种具有自关闭能力的改性聚烯烃膜。这种三层结构的 PP/PE/PP 隔膜，其中具有较高熔点的 PP 层作为框架以防止隔膜塌陷，而中间的 PE 层起到关闭剂的作用。

（4）电解液配方设计

电解液作为离子电荷转移的介质，保证了内部电路的有效性，是锂离子电池的重要组分之一。尽管非水有机电解质 [碳酸盐溶剂和六氟磷酸锂（$LiPF_6$）] 已使用几十年，但仍存在易燃等安全问题，电解质的不安全性源于溶剂和锂盐。提高锂离子电池电解液安全性的主要方法有溶剂减量与改性、锂盐改性和添加剂引入，具体内容如下：

1）溶剂减量与改性。碳酸酯类仍然被认为是综合性能最好的溶剂，但它们的低闪点使其易于分解为易燃易爆的气体，具有高活性、高挥发和易燃性的特点，因此构建更安全的碳酸酯基复合溶剂并探索创新溶剂对于锂离子电池的安全设计十分重要。此外通过减少溶剂使用量甚至彻底摒弃易燃溶剂，采用凝胶态电解质、固态电解质等其他形式的电解质，解决液体电解质的易燃问题成为当下的研究热点。与传统液态锂离子电池相比，半固态电池在加入固态电解质的同时，只保留了少量电解液，兼具传统液态电池部分电性能和固态电池的安全性能。半固态电池安全性能的提升主要归因于固态电解质热稳定性好、燃点高，不容易分解、起火；能够提供更好的物理隔离，阻止内部正负极接触；可以抑制锂枝晶生长速度，从而防止了内部短路的发生。

2）锂盐改性。由于六氟磷酸锂（$LiPF_6$）具有良好的导电性和电化学稳定性，成为商用最广泛的锂盐，但目前商业化的 $LiPF_6$ 受热易分解且对痕量水敏感。锂盐改性主要是通过提高热稳定性或者寻找综合性能更优的新型锂盐。$LiBF_4$（四氟硼酸锂）、LiFSI（双氟磺酰亚胺锂）、LiBOB（二草酸硼酸锂）、LiDFOB（草酸二氟硼酸锂）等新型锂盐近年来备受重视，其中 LiFSI 由于能够克服 $LiPF_6$ 热稳定性、导电性和对水敏感等不足，被认为是有可能取代 $LiPF_6$ 的新型锂盐之一。

3）使用高安全性能添加剂。高安全性能添加剂能直接起到安全保护作用。不同种类的添加剂按功能可分为降低燃烧风险的阻燃添加剂、抑制过充电电压持续升高的过充电添加剂、加速稳定 SEI 膜形成的 SEI 辅助添加剂和锂枝晶抑制剂。其中阻燃剂是最为重要的一类高安全性能添加剂，其使用量一般占电解液的 10% 左右，能够有效降低电解液的可燃性。

（5）集流体设计

目前应用于电芯生产的正极铝箔集流体厚度在 10 ~ 20μm，一般采用轧制铝箔。铜箔厚度在 6 ~ 8μm，主要采用电解铜箔。锂离子电池正负极电位决定了正极用铝箔，负极用铜箔。近年来为了改善电池安全性，采用"金属 - 高分子材料 - 金属"三层复合结构的集流体设计方法逐渐引起产业界的重视，并小批量应用于电芯量产。针刺实验中，传统箔材会产生大尺寸毛刺，造成内短路，引起热失控。复合集流体是以 PET 等原料作为基膜经过真空镀膜工艺，将其双面堆积上铜 / 铝分子的复合材料，中间高分子绝缘材料不容易断裂且具备较强的抗穿刺性，能够有效规避电池内短路及其导致的热失控与电池自燃的情况，大幅提高电池的安全性。PET/PP 聚酯材料质量轻，箔材减重效果显著，对于提升电池能量密度效果明显。

2. 电芯结构安全

优良的电池结构设计能够明显降低电芯内部发生的短路风险，提升电芯的散热能力，提高电芯的抗振动性能。在进行锂离子电池结构设计时要充分考虑锂离子电池安全性，如极耳折弯空间冗余、防爆阀面积大小与位置等方面的设计。

（1）极耳折弯空间设计

方形铝壳和圆柱电芯极组在壳内要保持一定的压缩量以维持电芯的抗振动和安全能力。压缩量过大存在极耳触壳、极耳倒插、损伤极组等风险，压缩量过小存在极组位移、空间利用率不足等问题，因此在电芯零部件尺寸设计时对电芯极耳折弯空间冗余有着严格的设计要求。目前叠片和卷绕结构的电芯在极耳激光焊接工序后，极耳与极芯端部会形成一个折弯角度。如图 4-12 所示，将隔膜端部与距端部 1 ~ 2mm 高度所形成的区域定为极耳折弯区，极耳在隔膜端部发生弯折并在极耳折弯区内形成极耳折弯角 α。极耳折弯角 α 一般为 45° ~ 135°。

（2）防爆阀设计

防爆阀的开阀压力是电芯防爆阀设计的一个重要参数，一方面，开阀压力过低，可能导致电芯长周期循环防爆阀异常开启，降低了电芯可靠性；另一方面，开阀压力过高，可能导致电芯热失控后直接炸裂，增加了安全风险。此外防爆阀的开阀面积、布置位置等也会影响电芯防爆阀开启后的泄压特性，因此开展防爆阀开启压力、设计面积、布置位置的研究对防爆阀的优化设计具有重大意义。

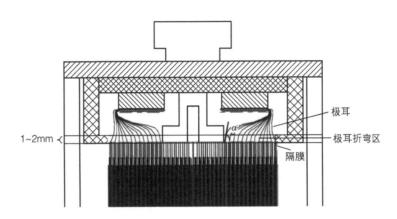

图4-12　折弯角定义

1）防爆阀位置设计。当前主流的电芯防护阀布置是，圆柱电芯防爆阀位于正极端，方形电芯防爆阀位于顶盖一端，软包电芯目前没有明显的泄压方向。防爆阀的布置位点对泄压的影响较小，但选取正对电芯内部产气面位置作为电芯防爆阀布置位点是最优的电芯排气方案。

2）防爆阀开阀压力设计。通过对电芯进行过充电热失控后不同开阀压力下泄压时间验证实验，得到图4-13所示不同开阀压力下的泄压时间曲线。结果显示，泄压时间随着开阀压力的增加而线性增加，防爆阀开阀压力越小，其对热失控的干预越早，泄压时间越短，防爆阀的设计压力应在满足电芯长周期循环可靠性的基础上越低越好。业内电芯防爆阀泄压压力一般在0.5～1MPa，三元材料比磷酸铁锂电芯的泄压压力略大。

3）防爆阀排气面积设计。通过对电芯进行过充电热失控后不同开阀面积下泄压时间验证实验，得到图4-14所示的不同开阀面积下的泄压时间曲线。结果显示，随着开阀面积的增加，泄压时间明显减少，到达拐点后变得平缓，且到后期趋于某一定值。防爆阀的设计面积对泄压时间影响较大，应在结构强度允许的前提下，尽可能在平缓段选取开阀面积，减小面积对泄压时间的影响。

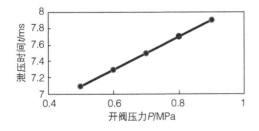

图4-13　不同开阀压力下的泄压时间曲线

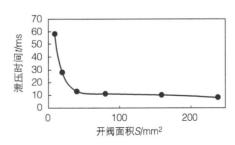

图4-14　不同开阀面积下的泄压时间曲线

（3）外壳／防爆阀防腐蚀设计

研究发现铝（Al）在低电压 0.2 ~ 0.4V 平台段会发生锂铝合金的副反应，阳极反应过程为 $Li_xC_6 \rightarrow yLi^+ + ye^- + Li_{x-y}C_6$，原电池反应过程为 $Al + yLi^+ + ye^- \rightarrow Li_yAl$。$Li^+$ 的嵌入生成锂铝合金，使 Al 的晶格发生膨胀、破裂，Al 变为灰黑色，失去金属光泽，并且粉化严重，防爆阀呈现疏松鼓翘状，呈现多孔或裂纹，最终导致漏液，存在安全风险。

为避免外壳／防爆阀腐蚀，电芯盖板内部可做图 4-15 所示设计，极芯的内引出片通过连接镍片和熔丝（FUSE）与电芯壳体相连接，FUSE 保护盖起绝缘与保护作用，最终令壳体带正电。

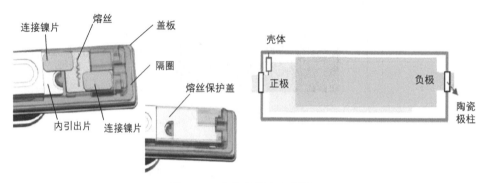

图 4-15　电芯盖板内部设计

3. 电芯工艺安全

在电芯生产工艺设计上，应该结合材料特性和结构特性制定合理的工艺模式，实现电芯层级上的安全设计。电芯工艺如正负极容量配比、极片包覆量、陶瓷边敷料等工艺方面的设计，不单影响到电芯中各结构零部件功能的实现和各种材料性能的发挥，而且对电芯安全性能产生重要的影响。

（1）正负极容量配比设计

N/P 比是指单位面积负极容量和正极容量之比，要求在考虑涂覆量、材料比容量和极组结构等因素以及公差的条件下，保证全生命周期内同一时刻、同一位置的负极嵌锂能力大于正极脱锂能力，即最小 N/P 不低于 1.0。当 N/P 比提高时，负极嵌锂程度减轻，降低了负极析锂的安全风险，但同时增加了正极长期高电位的失效风险和降低了负极能量利用率。因此，对于长循环和快充电芯应尽量增加 N/P 比，避免系统循环析锂和快充析锂风险。而对于高电压体系应在保障安全和性能的前提下降低 N/P 比，避免正极材料长期处于高电位导致循环失效。

（2）极片包覆量设计

因极片充放电过程中膨胀存在内短路风险，极片在隔膜下压过程也会存在内短路风险，所以在电芯内部设计时，负极的设计长度和宽度应能保证完全覆盖正极，隔膜在长度和宽度方向上要保证对负极、正极的覆盖，如图 4-16 所示。极组中极片包覆量设计需充分考虑生产制程能力和尺寸精度、组装精度和公差等因素。

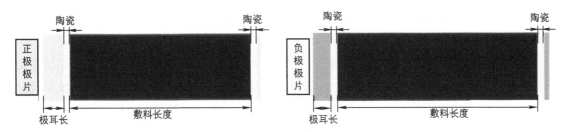

图 4-16　极片包覆量设计

（3）陶瓷边敷料设计

正极敷料边缘区涂覆一层 3 ~ 10mm 宽的绝缘陶瓷，能够有效解决电芯存在的安全问题，防止正负极搭接出现内部短路；通过控制陶瓷涂层厚度，调控并减缓极片辊压后的延伸率，解决极耳根部开裂的问题；特殊配置的陶瓷浆料有较高的粘接性能，通过极芯热压工序的隔膜锁边固定，防止出现隔膜错位引发的安全问题。

比亚迪刀片电池采用自研磷酸铁锂高稳定性正极材料，长薄形"刀片"散热结构，独特的快速层叠、陶瓷边敷料锁边工艺，从材料、结构与工艺上实现刀片电池的高安全创新，成功通过了电池安全测试领域的"珠穆朗玛峰"——针刺测试，即在满电状态下以一根 5mm 钨钢针正面穿刺大面中心附近，保持穿刺状态停留 1h。刀片电池在测试过程中无明火、无烟，表面温度 30 ~ 60℃，表现非常优异。此外在炉温测试中炉温梯度升至 300℃（5℃/min）的实验环境下，比亚迪刀片电池没有发生起火爆炸现象；过充电测试中电压高达 10V（V_{max} 的 2.6 倍），也没有发生火灾或爆炸，展现出良好的安全性能。

正极、负极、隔膜、电解液等电芯材料是电芯电性能和安全性能的基础，结构是将电芯各种物质组合集成起来的纽带，工艺是电芯中各结构零部件功能和各种材料性能发挥的技术手段。本节主要从电芯材料、结构、工艺角度出发，对电芯的材料选型与设计、整体结构、装配工艺和安全设计进行了思考，对动力蓄电池电芯创新设计及其应用做出了简要表述，为电芯技术开发人员设计动力蓄电池提供了开发方向和设计思路。

4.3　动力蓄电池系统结构创新设计

4.3.1　动力蓄电池系统结构

1. 结构设计

动力蓄电池系统设计要以满足整车的动力要求为前提，考虑动力蓄电池系统自身的内部结构、安全、管理、设计等方面。为了满足动力和续驶里程需求，整车上的电芯需要以并联方式提升容量或以串联形式提高电压。为了保证动力蓄电池充电和放电安全有效的运行，需增加热管理系统以保证合适的工作环境温度，增加 BMS 来监控和管理电芯工作状态及均衡功能，以及增加配电系统来控制动力蓄电池系统的工作。为了提升动力蓄电池系统的能量密度、体积利用率和安全性能，需对各模块及整包进行合理的结构设计，以实现结构轻量化和结构可靠性。

动力蓄电池结构主要由托盘、密封盖、冷板等组成，其中托盘作为动力蓄电池系统主要承载部件，主要结构包括底板、边框、膨胀梁、吊耳等；密封盖是指用于动力蓄电池系统总成的上盖，对产品的密封防护起着关键作用；冷板作为热管理系统执行部件，与电芯表面接触进行热交换，以保证动力蓄电池适宜的环境温度。图 4-17 所示为动力蓄电池结构示意图。

密封盖
电芯
托盘
冷板
底护板

图 4-17　动力蓄电池结构示意图

托盘是动力蓄电池的支撑件，被称作动力蓄电池系统的"骨架"。托盘一般安装在动力蓄电池的下部，与上盖板、侧面端板、液冷板、底护板等构成动力蓄电池箱体，在整个动力蓄电池系统中有密闭动力蓄电池、固定外形、支撑整体结构、防撞击等作用。由于托盘底板需要承受整个模组重量和预防动力蓄电池系统磕碰，为了提高其抗冲击和底部防护能力，多采用双层底板的设计方案。动力蓄电池的托盘设计需从长度、宽度和高度三个维度考虑，相对合适的托盘空间能够赋予动力蓄电池最大化的体积利用率。

密封盖通过与托盘配合形成密闭空间，实现对框体内部零部件的保护。密封盖材料选择主要考虑环境适应性、耐候性能、耐高温、耐腐蚀等，需具备足够的强度以满足结构强度需求；同时在密封盖的尺寸平整度上也有较高的要求，以保证动力蓄电池系统密封的要求。

冷板位于动力蓄电池内部，与电芯表面接触，其主要作用是与电芯进行热量传导，保持动力蓄电池在适宜的温度区间以提高工作效率。动力蓄电池在工作过程中会产生热量，如果长时间不散热容易导致动力蓄电池过热，降低工作效率进而影响动力蓄电池的使用寿命。冷板可以快速帮助动力蓄电池散热，保持动力蓄电池内部温度稳定，提高动力蓄电池的工作效率和使用寿命。而当环境温度过低时则需对动力蓄电池进行加热处理，保证动力蓄电池正常工作，否则可能造成动力蓄电池析锂等安全风险以及影响动力蓄电池的使用寿命。

动力蓄电池系统结构的安全防护设计包括边框的防撞结构和布置结构对接插件、配电箱的安全保护，通过碰撞吸能缓冲和加强梁的防撞结构，兼备高强度和轻量化的设计需求。利用有限元分析系统进行结构分析，获取模态、变形、应力等参数，确保设计满足指标需求。动力蓄电池结构仿真包括振动、冲击、挤压、碰撞、跌落，相关仿真工况来源于整车输入、工况采集、法规要求等。

2. 结构创新应用

早期动力蓄电池通常采用典型的"电芯 - 模组 - 系统"集成方式，其结构件数量多、集成效率低、能量密度低。为适应车辆和用户的需求，提高动力蓄电池系统集成效率和能量密度，行业陆续推出无模组式集成技术、一体化式集成技术。目前市场方案分为模组化集成方案和无模组化集成方案，量产的一体化集成方案如比亚迪 CTB 技术及特斯拉 CTC 技术已成为未来发展方向。

（1）模组式集成

模组的设计方案是先将多节电芯按照标准模组尺寸进行组装，然后将多个模组进行组装形成动力蓄电池系统。每个模组都采用端板、侧板、顶盖等零部件将多节电芯进行成组，且模组大多采用螺栓连接方式与托盘进行固定，如图 4-18 所示。采用模组式集成方案有如下优点：结构及装配简单，生产装配工艺要求较低；可维修性好，维修成本低，当单一模组一致性或电芯发生故障时可进行单独更换。其缺点是零部件数量多，采用电芯 - 模组 - 动力蓄电池系统模式增加了端板、侧板、顶盖等装配固定零部件；能量密度低，模组式方案由于模组组件以及模组安装间隙导致整包有效空间利用率较低，故能量密度也相对较低。

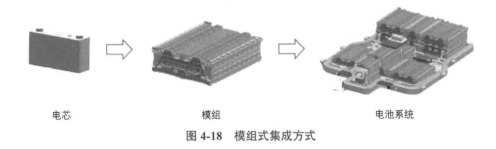

电芯　　　　　　　　　　　模组　　　　　　　　　　　电池系统

图 4-18　模组式集成方式

早期电动汽车采用传统燃油汽车的车身和布置方案，在车身底部布置动力蓄电池系统，因此整车提供给动力蓄电池系统的空间总是不规则的，动力蓄电池没有统一的标准，动力蓄电池、模组、动力蓄电池系统尺寸的多样化导致电芯开发成本极高，并且不方便更换和维护。后续研究发现每辆车可以利用的空间位置具有一定的共性，根据这些空间尺寸，推算出模组的尺寸范围，从而一定程度上实现电芯尺寸的标准化。

（2）无模组式集成

为了满足整车续驶里程需求及低成本追求，进一步提升动力蓄电池系统能量密度，目前产业界涌现出多种集成化设计方案，提出"少件化"设计理念，即减少动力蓄电池系统内部组件，其中无模组化方案（Cell to Pack，CTP）效果突出。

刀片电池集成设计是真正意义上的无模组化设计方案，设计采用长而薄的高容量刀片电芯，通过电芯横向布置排列，电池结构设计借鉴蜂窝铝板的原理，通过结构胶把电芯固定在冷板与托盘之间，同时减少或不使用动力蓄电池系统内横、纵梁结构，让电芯本身充当结构件以增加整个系统的强度，如图 4-19 所示。这种结构性设计方案不仅可以有效提高动力蓄电池系统的空间利用率，还可以提升动力蓄电池系统能量密度，系统体积利用率提升了20%以上，体积能量密度提升50%以上；其成组方式简化了动力蓄电池系统装配工艺、降低了生产成本；动力蓄电池系统方案可根据整车续航、性能等需求进行电芯节数、电压、电量调整，实现平台化运用。刀片电池的超大长宽比特殊结构和整包密排集成胶粘固定设计高效地发挥了制造工艺强项，解决了超大尺寸一致性难题。

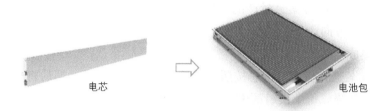

电芯   电池包

图 4-19　刀片电池集成设计

（3）一体化集成

动力蓄电池系统包体结构集成设计已逐渐趋于成熟并应用于市场。随着新能源汽车行业的快速发展，各厂商也在积极探索动力蓄电池系统与整车的深度集成，即动力蓄电池系统与车身、底盘进行一体化设计，通过结构件集成、功能复用等方式有效减轻质量，实现整车轻量化设计，进而提升车辆的动力性和经济性。

CTB 集成设计是比亚迪提出的一种全新的动力蓄电池系统方案，其创新点是将电池上盖与车身地板合二为一，用电池上盖替代车身地板，从原来的电池三明治结构进化为整车三明治结构，实现动力蓄电池系统与车身高度集成，如图 4-20 所示。在CTB 结构中，电芯不仅是能量体，同时也作为结构体，主动参与整车受力和传力，能够大幅提升整车的碰撞安全性能。

图 4-20　CTB 集成方式

CTC 集成技术是指将电芯直接集成于车辆底盘，即动力蓄电池系统取消自身下箱体等主要承载电芯的部件，电芯直接布置与集成在车体边梁与横梁之间，如图 4-21 所示。它进一步增加了动力蓄电池系统与电动汽车动力系统、底盘的集成，减少零部件数量，节省空间，提高结构效率，并且大幅度降低车重，增加车辆续驶里程。

图 4-21　特斯拉 CTC 集成和零跑 CTC 集成

4.3.2 动力蓄电池系统配电技术

1. 配电系统介绍

配电系统（Battery Distribution Unit）即动力蓄电池电力分配单元，是电动汽车中用于管理和控制高压电池组的关键组件。其核心功能是电源的分配和管理、高压回路上下电控制、过载短路保护和高压采样。现阶段动力蓄电池的能量密度越来越高，800V以上电压平台日趋成熟，动力蓄电池或其他高压部件一旦出现短路，会瞬间产生巨大热量，存在起火、爆炸风险，对车辆驾乘人员的人身安全造成严重威胁，因此需要配电系统对高压回路设置保护，防止短路及过载现象的发生，保证驾乘人员和车载设备安全。

配电系统通常由接触器、熔断器、电流传感器、预充接触器、预充电阻和铜/铝排等组成，典型配电系统电气原理如图4-22所示。接触器是一种用控制电路的小电流控制主电路大电流的机械开关，保证高压回路的正常接通和断开，起到安全保护的作用。熔断器是在短路或异常大电流情况下能够断开电路连接，以保护电路上其他元件的一种保护器件。电流传感器常见的有分流器和霍尔电流传感器两种，分流器本身处于电回路中，为接触式测量，通过高精度小电阻的压降间接测量电流值，霍尔电流传感器根据磁平衡式霍尔原理，通过电-磁-电的转化测量电流值，为非接触式测量。预充接触器是一种控制电流通断的电器元件，与预充电阻两者配合调节上电过程中电流、电压增长的速度，使高压回路中元器件电压平缓升高，避免浪涌电流冲击元器件，延长电池、接触器等元件的使用寿命。

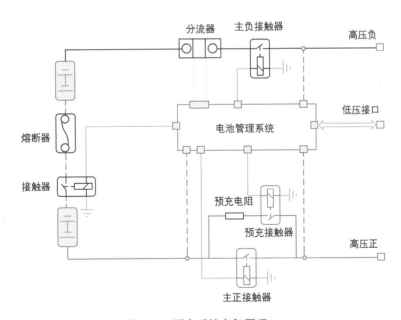

图4-22 配电系统电气原理

2. 配电系统设计

动力蓄电池高压配电系统开发过程中，必须以安全为前提，结构相关的高压绝缘、电气间隙和爬电距离应参照 GB 18384—2020《电动汽车安全要求》和 GB 38031—2020《电动汽车用动力蓄电池安全要求》的要求展开设计。接触器、熔断器等核心部件选型设计，应进行系统层面设计匹配。

图 4-23 所示为动力蓄电池接触器和熔断器选型匹配关系，图中绿色虚线左侧为动力蓄电池正常工作区域，接触器选型设计应覆盖该区域。绿色虚线上方红色区域为动力蓄电池系统或整车其他系统出现故障时（如绝缘故障），根据 BMS 故障处理逻辑而主动分断的区域，接触器在该区域应考虑其较小电流下的分断能力和次数。绿色虚线右侧橙色区域表示动力蓄电池电流超过系统最大阈值，接触器需要带载拉断，应结合这个电流区域确定接触器最大带载拉断能力。图中红色实线为接触器设计最大值，超过该曲线的电流或时间，接触器会发生损坏。黑色虚线为熔断器熔断电流时间关系曲线，电流超过该曲线右侧区域时应在规定的时间内及时熔断，否则会导致动力蓄电池安全问题。图中浅蓝色虚线为接触器和熔断器的相交点，此线为接触器和熔断器保护能力的分界线，此线左侧区域为较小电流下的异常工况，由接触器进行保护，右侧区域为短时大电流的异常工况，由熔断器进行保护。

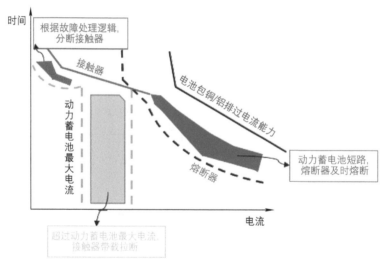

图 4-23　接触器、熔断器选型匹配关系

3. 配电系统创新应用

随着电动化逐步深入，新能源汽车进入全方位竞争时代，新能源车辆不仅对动力蓄电池充放电功率和能量密度的追求不断提升，同时对安全性能和成本控制也提出了更高要求。作为动力蓄电池的组成部分，配电系统相关技术也在不断革新，主要朝着配电模块化集成和配电高性能化两个方向发展。

（1）配电模块化集成

如图 4-24 所示，比亚迪配电系统主要经历了器件独立布置配电、局部模块集成配电和一体式集成配电三个阶段。

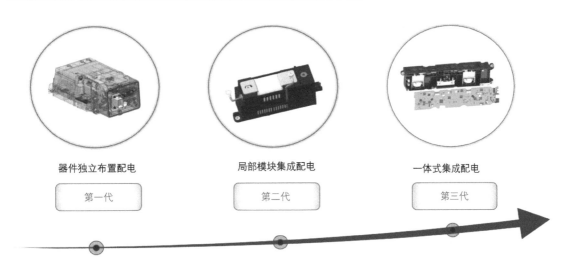

器件独立布置配电　　　　局部模块集成配电　　　　一体式集成配电

第一代　　　　　　　　第二代　　　　　　　　第三代

图 4-24　比亚迪配电系统的发展历程

1）器件独立布置配电。各零部件分散安装在配电系统内，受空间影响，零部件布置方式多样，连接铜排多且复杂；同时高压采样、低压控制线束等零部件布置烦琐，接插件插拔空间小。独立布置导致配电系统种类繁多且难以通用，实现标准化生产和自动化装配较为困难，是一种较为早期的设计方案。

2）局部模块集成配电。通过将配电系统分解成几种不同功能的模块，各项目可根据需要搭配模块使用。例如，正极模块集成应用，将正极接触器、主熔断器、预充电阻及预充继电器集成为正极模块，从而减小体积，增加部分器件的通用性。

3）一体式集成配电。通过元器件共用一体化外壳，零部件紧凑布置，简化连接铜排，提升空间利用率；元器件与 PCB 直插连接，高压采样、低压控制和预充回路集成在 PCB 上，实现配电系统内部零线束化；螺栓、铜排、线束等物料使用大幅减少，装配步骤极大简化，更容易实现自动化装配。该设计方案通过配电空间压缩，可满足不同车型的装配需求，达到提升配电系统通用性目标。

（2）配电高性能化

大功率充放电和频繁急加急减工况下，配电元器件温度迅速飙升。BMS 芯片及电芯对温度很敏感，工作温度范围较小，容易受到配电系统元器件的热传导、热辐射影响而过温。配电系统设计时应对配电系统散热措施进行考虑，满足电动汽车高性能要求。

为提升配电系统散热，目前行业内配电系统多数采用辅助散热或主动冷却的设计方案。辅助散热主要措施有灌导热胶、贴导热垫、局部加大铜排面积、应用相变材料等。核心设计思路是将高温点的热量引导到其他位置，加大散热面积。主动冷却一般需要整包配合设计，主要思路有风冷、液冷和直冷。风冷需要做格栅式设计，对空间、电气安全、碰撞安全等方面的设计要求较高，且驻车充电等工况下，散热效果一般，易受环境温度影响。液冷或直冷可以通过动力蓄电池系统冷板延伸或独立设计配电系统冷板，在配电区域设计相应流道及导热结构，使高温元器件通过绝缘导热材料与冷板进行换热，以实现更高效的冷却散热，如图 4-25 所示。

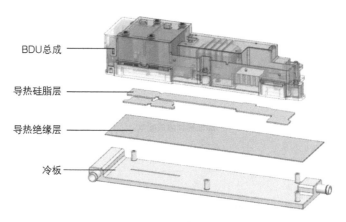

BDU总成

导热硅脂层

导热绝缘层

冷板

图 4-25　BDU 主动冷却方案示意图

4.3.3　动力蓄电池系统粘接技术

1. 胶黏剂选型

动力蓄电池系统中胶黏剂主要起到粘接固定、导热、密封防护三大功能，常见胶黏剂体系可以分为环氧体系、丙烯酸体系、有机硅体系以及聚氨酯体系四大类，其中环氧体系胶黏剂存在韧性差、性能偏脆的局限性，丙烯酸体系胶黏剂存在体积收缩大、放热剧烈的问题，有机硅体系胶黏剂粘接性不足，因此这三种体系胶水均不适用于动力蓄电池系统。由于聚氨酯体系胶黏剂具有粘接性高、老化性能优，基本满足动力蓄电池系统对胶黏剂的要求，因此现有结构胶和导热结构胶以聚氨酯体系为主。

胶黏剂的主要作用是使两种及两种以上材质黏结在一起，即体现了胶黏剂的粘接性要求。粘接性能一般可以分为胶黏剂本身的特性和胶黏剂与基材之间的相互作用：前者主要包括模量、抗拉强度和断裂伸长率；后者主要包括拉拔强度、剪切强度、剥离强度，其中拉拔强度主要衡量垂直方向的粘接性能，剪切强度主要衡量水平方向的粘接性能，剥离强度主要评价局部脱胶时脱胶面积扩大的风险。

胶黏剂常分为单组分和双组分两种结构，均不含有溶剂。单组分胶黏剂使用方便，但常温下固化速度较慢，需要升高到一定温度实现快速固化。双组分胶黏剂使用时需要按两个组分配比进行混合，在常温下可以快速固化。结合生产工艺与胶黏剂本身的特点，以双组分胶黏剂为例，操作时间、胶黏剂厚度、混合比例、使用温度、固化速度等都会影响粘接性。

随着快充技术的发展、续驶里程的增加以及轻量化的趋势要求，对胶黏剂的功能提出了更高、更新的要求，主要分为三个方面：提高胶黏剂高温下的粘接性能以满足快充、快放等更多工况；胶黏剂的轻量化，降低动力蓄电池系统重量以增加能量密度；降低电芯的温度，实现更好的散热。

胶黏剂的性能指标可以分为工艺相关参数、粘接性相关参数、安全性相关参数、老化性相关参数以及其他参数。工艺相关参数，主要是为了满足打胶设备、装备工艺和生产节拍而制定的相关参数，包括黏度、触变指数、开放时间、固化速率等；粘接性相关参数，主要是为了满足各种工况下对粘接固定的基本要求，包括模量、抗拉强度、断裂伸长率、拉拔强度、剪切强度、剥离强度等；安全性相关参数，主要是为了满足电池包在正常充放电过程中的安全需求，其中绝缘性主要包括击穿电压、漏电流、电阻率，热管理性能主要是导热系数和安全性的阻燃等级要求；老化性相关参数，主要是为了评估动力蓄电池系统整车使用周期内是否能够满足产品需求，主要包括温度 - 湿度 - 振动 - 充放电综合测试验证方法。胶黏剂关键性能参数见表 4-6。

表 4-6　胶黏剂关键性能参数

性能参数	导热结构胶	结构胶	灌封胶
黏度	AB 混合后黏度 50000～300000CPS	AB 混合后黏度 50000～300000CPS	AB 混合后黏度 ≤ 4000CPS
硬度	40～85D	40～85D	—
热导率	25℃下热导率 ≥ 1.2W/（K·m）	—	—
不同混合比例的操作时间	±20% 混合比例，操作时间 ≥ 30min	±20% 混合比例，操作时间 ≥ 30min	±20% 混合比例，凝胶时间 ≥ 30min
绝缘耐压	AC 3000V，持续 60s，无击穿，无跳火，漏电流 < 0.3mA	AC 3000V，持续 60s，无击穿，无跳火，漏电流 < 0.3mA	AC 3000V，持续 60s，无击穿，无跳火，漏电流 < 0.3mA
防火等级	UL94 V-0	UL94 V-0	UL94 V-0
拉拔强度	25℃下拉拔强度 ≥ 3MPa	25℃下拉拔强度 ≥ 5MPa	—
击穿电压	击穿电压 ≥ 10kV/mm	击穿电压 ≥ 10kV/mm	击穿电压 ≥ 10kV/mm

2. 胶粘技术创新设计

"三分胶七分用"是行业内对胶黏剂使用的通俗说法，暗含了胶黏剂的应用要与产品结构和组装工艺相配合的理念。胶粘技术的应用与动力蓄电池系统结构设计息息相关，下面针对特定位置解决特定的需求，以结构胶为例进行动力蓄电池胶黏剂的应用方案分析。结构胶将电芯和壳体进行连接、固定，可代替模组结构的机械连接，提升动力蓄电池的稳定；施胶工艺主要有表面清洁、点胶、压胶、保压、固化等流程。动力蓄电池结构粘接面积较大，施胶的时间较长，故需要 30min 的开放时间内结构胶不会固化成型；这就导致结构胶固化时间增加，所以在压胶之后需要保持一定的压力防止胶水和粘接界面分离，一般保压时间在 4～24h 不等；为了保证结构胶不会在开放时间内流淌至非粘接区域，所以需选取黏度偏高、触变性适中、流淌性较差的结构胶；结构胶粘接强度和厚度关系较大，为保证粘接强度，对粘接界面的平面度也提出了要求，一般要求界面平面度为 ±2mm。图 4-26 所示为比亚迪胶粘技术应用示意图。

在电动汽车续驶里程需求增加和轻量化的背景下，当胶黏剂用量不变时，通过降低胶黏剂自身的密度来实现减重效果。随着大功率充放电的发展和需求，对胶黏剂的散热性能和耐温性能提出了更高的要求。随着电池包技术的发展和结构的优化，一种胶粘剂实现多种功能也将成为未来的发展趋势之一。

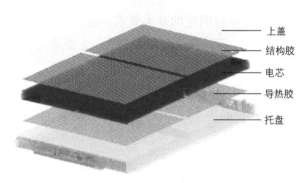

上盖
结构胶
电芯
导热胶
托盘

图 4-26　比亚迪胶粘技术应用

4.3.4　动力蓄电池系统密封技术

1. 密封方案设计

密封是动力蓄电池系统安全性能重要的一环，动力蓄电池系统结构设计时必须对安装结构和密封设计进行严格把控，使核心元件在汽车复杂的行驶路况下安全可靠。按照电气元件的要求，密封性一般须达到 IP67 等级及以上。但是由于动力蓄电池箱体尺寸较大，有效空间受到了动力蓄电池系统和车身结构的限制，导致动力蓄电池箱体密封长度较长，有时甚至超过 6m。密封材料是实现密封的介质，需要依据材料属性进行择选，常用的密封材料有橡胶密封圈、硅胶泡棉、密封胶等三大类，三种材料的对比见表 4-7。

表 4-7　密封材料对比

性能对比	橡胶密封圈	硅胶泡棉	密封胶
组成	一般由橡胶、硫化剂、促进剂、增塑剂、填料等硫化制得	基材如橡胶或塑料和发泡剂等在一定温度压力下进行反应得到的发泡材料	液态分子在一定条件下固化
优点	价格低廉，可重复利用	密封性好，操作方便，可重复利用	价格昂贵，较难实现自动化
缺点	对法兰面平整度要求高，无法自动化安装	固化后贴合密封性好，密封剂保持粘结时间长	法兰面平整度要求高，固化时间长，维修拆解需重新点胶密封

为确保密封的长久有效性，弹性单元应具有较好的抗压缩形变性能和反弹应力衰减性能，需满足实际应用场景的状态、介质、压力、温度、成本、耐腐蚀、拆装便利性等需求。

目前有压缩密封和粘接密封两种满足 IP67 的密封方式，其中压缩密封是通过上下界面的作用力压缩弹性单元，把弹性单元压缩到一定的百分比（压缩率），利用弹性单元的反弹力，使弹性单元与上下安装界面充分接触，达到防水防尘的要求，工作方式如图 4-27 所示。

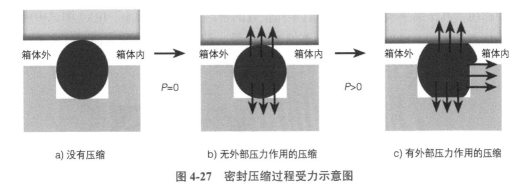

a) 没有压缩   b) 无外部压力作用的压缩   c) 有外部压力作用的压缩

图4-27 密封压缩过程受力示意图

对于弹性单元的压缩，压缩率是表征密封性能的关键技术指标，由图4-28可知，压缩率计算公式为

$$\varepsilon = \frac{\beta - \alpha}{\beta} \times 100\% \tag{4-1}$$

式中 β——密封圈自由状态下的截面高度（mm）；

   α——密封圈压缩后的动力蓄电池系统上下盖密封平面的高度（mm）；

   ε——压缩率。

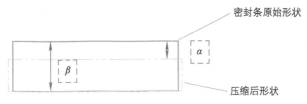

图4-28 密封原理示意图

粘接密封是使用粘接性能较好的弹性单元，通过弹性单元的粘接力代替压缩弹性单元产生的反弹力，使弹性单元与上下安装界面充分按触，达到防水防尘的要求。

在IP67的实验要求中，被测试产品需浸泡在1m水深中30min，水压约为9.8kPa。当弹性单元与上下安装界面接触的摩擦力大于9.8kPa的水压时，基本可以满足IP67的要求。

2. 密封技术创新设计

（1）托盘-上盖密封设计

图4-29所示为比亚迪CTP结构动力蓄电池系统内部密封示意图，上盖与托盘间通过硅胶泡棉密封垫作为密封介质，密封压条与螺栓对发泡硅胶泡棉密封垫施加压力达到密封作用。密封面的平面度是造成密封失效的主要影响因素，这些区域内上下壳体的匹配与其他区域不一致，密封条的压缩量会有变化，同时起伏区域前后预紧力方向也不一致，所以密封面起伏区域容易发生泄漏。

图4-30所示为比亚迪CTP结构动力蓄电池系统密封压缩剖切图示意，密封条在螺钉预紧力作用下压缩后截面形状呈拱桥形态，距离螺钉较近位置的密封条区域由于受到预紧

力集中作用，其压缩率较大；两个螺钉中间位置的密封条压缩率最小。IPX7 测试中密封圈内外的压差达到约 9.8kPa，必须有足够的预压缩量。设计过程中主密封面最好处于同一平面，且主密封面上必须有足够的紧固螺栓，在密封条转角区域的两端一定要设置紧固螺栓。

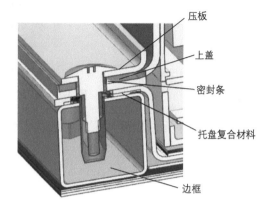

图 4-29　CTP 结构动力蓄电池系统内部密封示意图

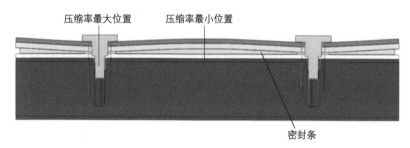

图 4-30　CTP 结构动力蓄电池系统密封压缩剖切图

比亚迪 CTB 结构设计增加 Z 向空间，创新设计密封胶替代密封垫，密封胶可以充分填充接合面间隙，形成均匀、稳定的黏弹性薄膜，从而实现密封效果，如图 4-31 所示。一方面，密封介质厚度减小，Z 向空间增加；另一方面，密封胶的粘接力远大于密封垫，实现降低成本效果。密封胶分为聚氨酯、环氧和有机硅三大类，需具有良好的粘接性能以达到 IP68 的密封效果。

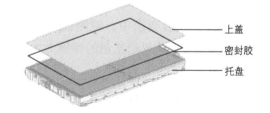

图 4-31　CTB 结构动力蓄电池系统密封胶示意图

特斯拉 Model Y 动力蓄电池系统外壳采用湿法涂布（FIPG）防水方案，法兰面刮涂粘接强度和邵氏硬度较高的密封胶，生产效率高，但导致拆解困难。整包灌胶的思路使得上盖、托盘和壳体内的所有零部件粘接为一体，动力蓄电池系统的整包强度较大，密封性能优异，如图 4-32 所示。

宝马 i3 采用上盖法兰面刮涂有机硅现场发泡成型材料（FIPFG）的方式替代了垫圈或FIPG 胶水。这种发泡材料最初呈液态，点胶后短时间内膨胀形成圆柱状弹性泡棉结构。这种方案最大的优势是具备 FIPG 胶水的全自动连续生产，同时具备垫圈可轻易拆解、返修的特点，如图 4-33 所示。但有机硅发泡 FIPFG 的材料要比聚氨酯发泡胶贵，对于追求降本的厂商而言具有较大挑战。

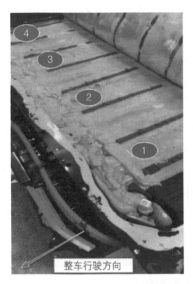

图 4-32　特斯拉 Model Y 动力蓄电池系统密封胶

图 4-33　宝马 i3 动力蓄电池上盖的FIPFG 防水方案

（2）外部接口密封设计

对于配电箱、高低压接插件的密封，设计连接器的插头护套和插座护套时，护套外围配合的叠加误差尺寸很大，难以单纯依靠护套之间的配合来实现防水密封功能，必须依靠密封材料进行过盈配合。过盈量的多少决定防水密封的整体性能，过盈量过小，密封圈无法承受介质压力，将导致密封失效；若过盈量较大，可能导致配合面的接触压力过大，导致装配过程中，接触面的摩擦力过大，难以装配或者产生变形、扭曲、破裂问题，影响到密封性能。其密封的本质也是压力密封，通过橡胶圈来填充密封间隙，图 4-34 所示为配电箱密封截面和接插件密封圈示意图。为保证安装外部接口与动力蓄电池系统的安装可靠性和安全性，其对于托盘安装界面的平面度及粗糙度有一定的要求。近年来由于密封结构发生了较大变化，为提升密封精度，密封圈的形状不仅局限于 O 形圈，而是逐渐变得更多元化以便嵌入各种异面密封板端中。

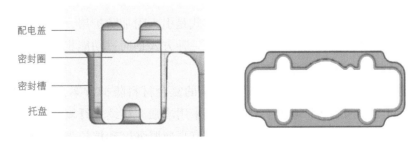

图 4-34　配电箱密封截面和接插件密封圈示意图

4.3.5 动力蓄电池系统底部防护技术

1. 底护板方案设计

动力蓄电池系统布置于车身底盘，其箱体底部直接裸露在外，在行驶过程中有发生磕碰的风险，受磕碰影响的动力蓄电池系统轻则引起用户投诉，重则影响正常使用，甚至引发漏电、短路、热失控等安全事故。动力蓄电池系统受到局部挤压导致短路失效是电动汽车碰撞事故中危险性比较高的典型工况，因此提高动力蓄电池系统底部防护能力意义重大。

由于路面的不规则性，车辆行驶过程中的起伏或俯仰运动和其自身不规则底部结构使得底部存在撞击道路异物风险。车辆撞击的道路异物可分为非固定式和固定式。非固定式道路异物主要来自前车脱离的物体，如转载货物、车辆部件等。固定式道路异物主要来自道路相关安全设备，如翘起的井盖、路肩和路缘石等。对于非固定式道路异物，通常考虑由底盘防撞杆趋避；对于固定式道路异物，考虑防撞杆接触异物后，使整车抬起并越过障碍，此时车辆在重力作用下会向下砸向道路异物，导致动力蓄电池系统底部接触道路异物，此时采用底护板来减少磕碰对动力蓄电池系统底部的损伤。

底护板作为动力蓄电池系统离地间隙最小的零部件，除了降低磕碰工况对系统的伤害外，还应具有保温、防腐等性能。底护板设计关键性能参数包括：

1）抗冲击强度：底护板的主要功能是减少磕碰障碍物对动力蓄电池系统的侵入，保证电芯的正常使用。为了衡量不同厂家动力蓄电池系统底部防护的能力，C-IASI 参考比亚迪的测试方法，提出了整车托底的测试工况，并制定了评价指标。

2）老化性能：底护板应具有良好的耐老化性能，保证在整车的寿命区间内，不会因材料老化而影响防护性能。结合动力蓄电池系统的使用场景，通常需要考虑高温高湿和高低温冲击试验，生命周期下力学性能和抗冲击强度衰减应不超过 20%。

3）防腐性能：底护板应具有良好的防腐性能，保证在整车的寿命区间内，不会因盐雾导致材料腐蚀生锈而影响防护性能。通常需要考虑中性盐雾试验，生命周期下力学性能和抗冲击强度衰减不超过 20%。

4）导热系数：底护板作为动力蓄电池系统与外界直接接触的零部件，要减少系统对环境的热交换。高温环境下起隔热作用，减少外界高温环境的热影响；低温环境下起保温作用，减少动力蓄电池热管理系统的加热能耗和动力蓄电池系统的能量损耗。

2. 底部防护创新设计

底部防护设计主要分为两个方向：一种方式是引入附加防护层，采用刚性材料、缓冲材料和防护结构设计提高底部防护安全性；另一种方式是通过功能集成，将底护板集成其他零部件结构或功能，减少零部件数量。

比亚迪动力蓄电池系统采用高强蜂窝结构的复合材料防护方案，其结构如图 4-35 所示。该底护板可实现四层防护功能：外防护层采用增强型连续玻纤复合材料，直接有效防护外部石击和磕碰对托盘的损伤；高强钢板具有高屈服强度和抗拉强度，可以在变形过程

中吸收大量能量，将点载荷转化为面载荷，冲击以应力波的形式在介质表面传播，增加后
续缓冲结构受力面积，进一步提高能量吸收能力；缓冲层采用高阻尼、高平台应力的蜂窝结构，实现缓冲吸能的作用；内衬层采用连续玻纤复合材料，防护动力蓄电池系统托盘底板。此防护设计具有高比刚度、高比强度、优异的抗冲击性能等优势，同时兼顾保温、吸声、防腐蚀等功能。

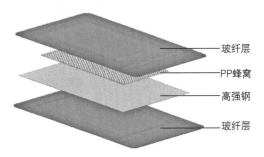

图 4-35　高强蜂窝结构底护板

特斯拉 Model 3 将底护板与托盘底板直接集成，采用铝合金边框冲压凸起设计，模组固定在凸起造型上与托盘形成悬空间隙，如图 4-36 所示。模组底部布置多层材料，增加冲击力的传递损耗，同时模组底部与托盘悬空形成缓冲空间吸收能量，磕碰时底板变形达到保护电芯效果。但这也导致该集成方案的整体维修成本偏高。

图 4-36　特斯拉 Model 3 底部结构示意图

4.3.6　动力蓄电池系统热失控防护技术

1. 热失控防护方案介绍

动力蓄电池热失控发生过程中，从低温到高温将依次经历高温容量衰减、固体电解质界面（SEI）膜分解、负极 - 电解液反应、隔膜熔化、正极分解反应、电解质溶液分解反应、负极与胶黏剂反应、电解液燃烧等过程，如图 4-37 所示。

热失控防护设计方案可分为"堵"和"通"两个方面，主要分为高温绝缘防护材料设计和高温气体排放的隔离通道设计。

（1）热失控防护材料关键参数

高温绝缘防护材料最主要的性能是耐高温性能、绝缘性能和老化性能。耐高温性能是指材料在热失控发生后能够保证绝缘效果，一般是保证其使用位置最高温度下 30min 内不出现绝缘失效。基于应用场景分为两类，一类是以丁烷火焰模拟动力蓄电池系统起火状况，在丁烷火焰燃烧下 30min 内保持结构完整和绝缘性能；另一类是火焰不直接接触，采用马弗炉按最高温度烘烤 30min 后保持结构完整和绝缘性能。绝缘性能是指材料的绝缘阻值

和耐电压性能，一般要求是常温下绝缘阻值 ≥ 50GΩ，耐电压为 AC 3000V 电压下，保持 60s，漏电流 ≤ 3mA；在高温处理后耐压 ≥ 1000V。

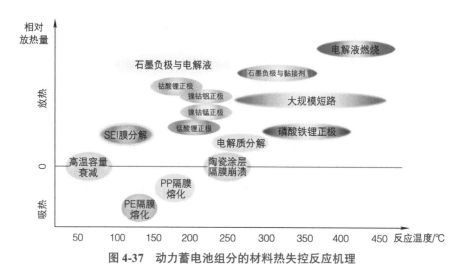

图 4-37　动力蓄电池组分的材料热失控反应机理

（2）热失控防护结构设计

动力蓄电池热失控过程中电芯内部发生剧烈副反应，产生大量腐蚀性和导电性较强的高温烟气。如果烟气无法顺利排出会导致包内压力无法释放，造成热量聚集，引发更大面积的热失控，甚至严重破坏包体绝缘和整包拉弧起火。因此高温烟气的热电隔离和疏散设计是动力蓄电池系统被动安全中非常重要的一环。热电隔离通道能够确保大量高温烟气与电芯隔离，杜绝烟气对电芯的二次加热，实现快速泄压散热，将热失控限制在较小范围内，降低拉弧短路引起燃爆的风险。高温气体疏散通道在原有设计的基础上，采用侧边梁关键位置开口设计，以型材空腔为载体运输烟气到防爆阀后直接排放到外部环境，通过较小的改动完成烟气隔离和排出，如图 4-38 所示。

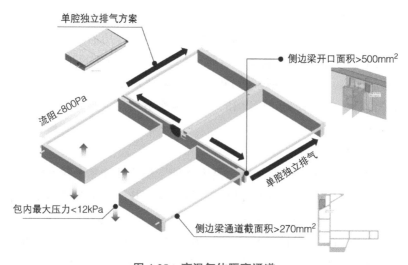

图 4-38　高温气体隔离通道

2. 热失控防护创新设计

比亚迪刀片电池正极和防爆阀在电芯两侧，当热失控发生时高温气体向两侧定向排放，因此在电芯两端添加云母片和气凝胶作为热失控绝缘防护材料，阻隔高温气体直接冲击动力蓄电池系统托盘，防止绝缘失效，如图4-39所示。

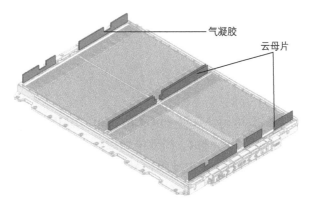

图4-39　比亚迪动力蓄电池托盘高温绝缘

比亚迪的动力蓄电池系统绝缘防护主要采用两种方案，如图4-40所示。一种是钢板作为上盖时，要求高温绝缘材料兼具高温绝缘和隔热性能，采用玻璃纤维复合材料和钢板模压成型工艺，确保结构强度和一定的隔热效果。另一种方案是冷板集成上盖，由于冷板和电芯之间的换热需求，要求材料具有较小的热阻，因此采用聚酰亚胺（PI）膜背胶贴合成型工艺，确保粘接强度和耐温性能。聚酰亚胺分子链中含氮五元杂环和芳环，以及芳杂环间的共轭效应，赋予聚酰亚胺优异的热稳定性和电绝缘性能。

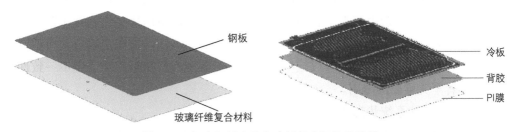

图4-40　复合钢板上盖和冷板的高温绝缘防护

特斯拉Model S圆柱动力蓄电池的正极朝上，发生热失控后高温气流喷向箱体上盖，因此在模组和上盖之间采用压敏胶贴合云母片成型工艺，保护上盖不被高温气体侵蚀，如图4-41所示。云母主要成分是二氧化硅，具有良好的电气性能和力学性能，可以剥离加工成柔软、富有弹性的0.01～0.1mm薄片，其熔点高达1723℃，因此在热失控温度下可以保持完整的结构和绝缘性。

图4-41　Model S模组上方的云母片

本节简要介绍动力蓄电池系统的设计和防护，着重介绍动力蓄电池整包的关键技术指标和安全防护创新设计，为技术开发人员设计动力蓄电池结构提供开发方案和技术关键点。

4.4 动力蓄电池管理系统创新设计

4.4.1 动力蓄电池管理系统概述

1. 系统构成

动力蓄电池管理系统（Battery Management System，BMS）作为动力蓄电池系统与整车的枢纽，既可以保证电动汽车高安全、高效率地运行，又能实现电池的最大利用率，延长电池使用寿命。BMS 主要功能包括电池组信号采集、均衡管控、状态估计、安全管理、温度控制以及故障诊断。

（1）动力蓄电池系统信号采集

在电池充放电过程中，实时采集各电芯的端电压和温度、充放电电流及动力蓄电池系统总电压，通过以上电池信息防止电池发生过充电、过放电、过温以及过电流等现象，保障电池的性能和安全。

（2）动力蓄电池系统均衡管控

由于电芯在生产、安装过程中存在差异，使得动力蓄电池系统中的电芯存在不一致性，即失衡。失衡动力蓄电池组在使用过程中，单体电池会出现四种不同的工况，即满充满放、满放未满充、满充未满放以及未满充满放，导致电池组的一致性差异变大。失衡动力蓄电池系统在充电和放电工况下，均为性能最差的电芯的电压优先达到截止条件，类似于木桶短板效应，严重降低动力蓄电池系统的使用性能。均衡功能无法避免动力蓄电池系统出厂时就存在的不一致性，但可以减少动力蓄电池系统在使用过程中产生不一致性，而BMS 则发挥着至关重要的作用。

（3）动力蓄电池系统状态估计

电池状态可以通过荷电状态（State of Charge，SOC）、健康状态（State of Health，SOH）和功率状态（State of Power，SOP）等方面反映，电池状态估计的精度取决于SOC、SOH 以及 SOP 估计的精度。电池状态估计的准确性可以让 BMS 对动力蓄电池系统进行更加精准的管控，很大程度上提高电池的安全性以及性能。

（4）动力蓄电池系统安全管理

动力蓄电池系统的安全管理需要具备可靠的过充电 / 过放电保护、过电流 / 过温 / 低温保护、多级故障诊断保护等电池安全管理功能，同时还要具备高压继电器粘连检测、高压互锁检测、高压绝缘检测等安全管理功能。

（5）动力蓄电池系统温度控制

电池温度是影响电池性能的重要参数，将电池温度控制在合适的范围内可以最大限度保证电池安全以及延缓电池衰老，温度过高会影响电池的使用寿命，严重时可能会导致电池热失控，温度过低严重影响电池的性能。温度控制是保障电池输出能力和安全性的重要功能。

（6）动力蓄电池系统故障诊断

故障诊断功能是 BMS 与整车交互的功能，通常建立在 CAN 网络通信中，针对整车不同表现情况，区分为不同的故障等级，并且在不同故障等级情况下 BMS 和整车控制器都会采取不同的处理措施，如报警、限功率或直接切断高压。故障诊断是与整车通信的关键功能，可以对电路的故障进行诊断，确定故障位置和故障级别，并做出相应的容错控制。

2. 系统特点

从整车系统的角度来看，电池管理系统和动力蓄电池组一起构成动力蓄电池系统整体，通过实时监测动力蓄电池系统的电压、电流和温度等信息，保证动力蓄电池系统的安全、可靠运行并延长动力蓄电池系统的寿命。如 BMS 通过 CAN 总线与电动汽车整车控制器通信，上报动力蓄电池系统状态参数，接收整车控制器指令，配合整车需要，确定功率输出；同时，BMS 监控整个动力蓄电池系统的运行状态，保护动力蓄电池系统不受过放、过热等非正常运行状态的侵害；在充电过程中，BMS 与充电机交互，管理充电参数，监控充电过程正常完成。BMS 主要特点包括以下几个方面：

（1）高精度的电池数据采集

BMS 采集模块由采集器和芯片组成，其中电池信息采集器用来采集电池数据，芯片用于处理和存储采集的数据，可以实时地采集动力蓄电池系统内各电池的电压和温度信息，确定电池的状态和健康状况，便于对电池进行管理和保护。

（2）高效的电池能量管理

BMS 通过 CAN 总线和整车进行交互，根据当前电池的状态来限制动力蓄电池系统最大的放电功率或充电功率。由于电池组的不一致性，在充放电过程中会出现失衡的现象，降低动力蓄电池系统整体的性能，BMS 中的均衡管控可以主动补偿各电池的差异性来提高动力蓄电池系统整体性能。电池性能受温度影响，只有在合适的温度范围内才能最大限度地发挥出动力蓄电池系统的性能，BMS 热管理将电池温度维持在适合的范围，将动力蓄电池系统的性能发挥到最大。

（3）科学的电池寿命管理

电池寿命变化实际上是由电池内部充放电化学反应不可逆以及隔膜通透性下降导致的，目前电池寿命会随着充放电循环次数的增多而衰减，在 BMS 的管理下可以延缓电池寿命衰减的速率。BMS 电池寿命管理就是让电池尽量处在寿命衰减最慢的状态，尽可能地延长电池的使用寿命。

（4）安全的电池保护机制

电池作为一个高能量体，其自身的充放电过程伴随着剧烈的化学反应，若电池能量释放失控会导致非常严重的后果。当电池内部短路或受到撞击时，电池里面有保护电路可以迅速实现电气隔离，从而降低动力蓄电池系统出现短路或着火的风险。BMS 也有一套安全保护机制，如电流限制保护、短路保护、电压范围保护等，来防止动力蓄电池系统失控。

4.4.2 动力蓄电池管理系统硬件方案

动力蓄电池管理系统由电池信息采样单元和电池管理单元（Battery Management Unit，BMU）组成，其中BMU可以细分为高压监测单元、数字隔离芯片以及微控制单元（Microcontroller Unit，MCU）。电池信息采样单元负责对各电芯进行电压检测、温度检测。高压监测单元负责对动力蓄电池系统的总电压、输出电流、绝缘电阻等状态进行监测。数字隔离芯片将数字信号的干扰和噪声隔离，从而提高数字信号的稳定性和安全性。MCU 负责将输入的数字信号进行处理，实现动力蓄电池系统安全管控、均衡管理以及状态估计等相对复杂的功能。动力蓄电池管理系统硬件方案按照拓扑结构可以分为集中式和分布式，按照电气架构可以分为高压模块和低压模块。

1. 电池管理系统的拓扑结构

由于电池采样芯片的能力有限，通常一个采样芯片可以采集 12 ~ 14 个电池信息，特质芯片可以采集 20 个以上。动力蓄电池需要多个电池采样芯片来实现对各电芯的监控，电池采样芯片之间通常以菊花链的形式首尾相连，多个采样信号共同占用一个总线且在信号传输时不会相互影响，如图 4-42 所示。

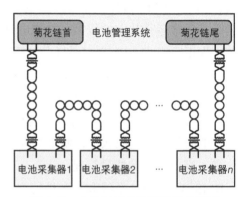

图 4-42　电芯采样芯片菊花链示意图

动力蓄电池管理系统硬件方案按照拓扑结构可以分为集中式和分布式，如图 4-43 所示。集中式拓扑结构将 BMU 和电池信息采样单元集成在一块电路板上，电路设计相对简单，且成本低、抗干扰性强、数据传输稳定可靠；但采样的线束较长，线束排布程度更加密集，动力蓄电池系统的线束排布相对复杂。

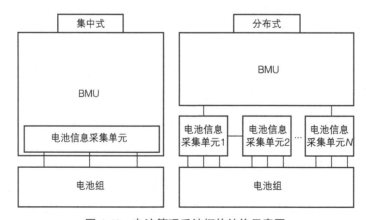

图 4-43　电池管理系统拓扑结构示意图

分布式拓扑结构包括主板和从板，其中主板为 BMU，从板为电池信息采样单元。分布式架构能较好地实现从板的分级管理，根据不同的电池系统设计高效配置方式，线束更短、更均匀、可靠性更高；但采样单元之间相互独立，采集信息逐级传递过程中会受到干扰，受装配和振动因素影响较大，容易出现级联通信故障，导致优先级较低的电池信息无法上传到总线上。

2. 电池管理系统的电气架构

BMS 的电气架构由高压部分和低压部分组成。BMS 硬件高压部分包括电池信息采样、绝缘检测、高压互锁等。BMS 低压部分包括电源模块、接触器驱动模块、通信模块等。图 4-44 所示为动力蓄电池管理系统电气架构图。

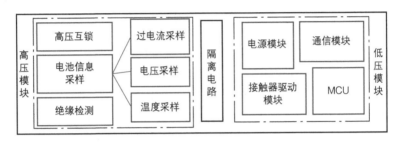

图 4-44 动力蓄电池管理系统电气架构图

（1）BMS 硬件高压部分

1）动力蓄电池信息采样模块。采样模块包括电流采样模块、电压采样模块以及温度采样模块。

常见的电流采样模块有分流器和霍尔电流传感器，其中霍尔电流传感器根据通电导线周围产生的磁场强度来判断当前流过导线电流的大小，具有成本低、体积小、功耗低等特点，但容易受温度和噪声干扰，产生零漂和温漂误差。

$$U_H = K_H I_S B \tag{4-2}$$

式中　K_H——霍尔元件的霍尔系数（m^3/C）；

　　　U_H——霍尔电势差（V）；

　　　I_S——流过霍尔元件的电流（A）；

　　　B——垂直于霍尔片的磁感应强度（T）。

分流器内含一个阻值很小的电阻，直接串联到动力蓄电池系统母线上，测量内阻两端的电压，根据欧姆定律可以算得分流器当前的电流。分流器采样精度受温度影响较小，具有高精度、高可靠性、成本低等特点，但由于分流器串联在动力蓄电池系统母线上，流过电流较大时，会对分流器造成磨损，影响分流器使用寿命。

$$I = U/R \tag{4-3}$$

式中　I——通过元器件的电流（A）；

　　　U——元器件两端的电压（V）；

　　　R——元器件自身的阻抗（Ω）。

电压采样分为动力蓄电池系统整体电压采样和电芯采样，动力蓄电池系统的采样由高压监测单元完成，电芯采样由电池信息采样单元完成。高压监测单元将多通道的采样电路和过电压保护电路集成在采样芯片里面，相比单路采样实现冗余设计，更安全、更可靠。电池信息采样单元直接采集电池两端的电压，对全部电池进行实时监控，但电池数量较多，电压未进行冗余设计。

温度采样分为配电箱温度采样和电芯温度采样，配电箱温度采样采集的是分流器的温度，分流器带有热敏电阻，可以实时监测分流器的温度。电池信息采样单元上带有温度传感器，温度传感器的布置与电池形状有关，方壳电池存在两个宽面和两个窄面，窄面靠近正负极引脚采样温度较高，宽面则采样温度偏低。

2）绝缘检测。动力蓄电池绝缘检测主流方式为平衡电桥法和不平衡电桥法。在整车闭环系统中，动力蓄电池系统正负极对车身地会存在正对地和负对地的阻值。对动力蓄电池而言，按照 GB 18384—2020 规定，绝缘阻值低于 $500\Omega/V$ 属于一般漏电，低于 $100\Omega/V$ 为严重漏电。整车系统无漏电情况时，正对地的阻值与负对地的阻值都是兆欧级别且近似相等。平衡电桥法通过判断正对地的阻值与负对地的阻值的差值来判断整车系统是否漏电，优点是检测时间短，缺点是无法判断整车的漏电等级。不平衡电桥法通过建立正对地和负对地与所连接电阻之间的等式关系，可以计算出当前的绝缘阻值，判断整车的漏电等级。

3）高压互锁。高压互锁是一种安全保护功能，确保在受到激烈碰撞，高压连接器松动、脱离、损坏时，可以快速断开整车高压；也能够判断高压接插件是否正常连接，避免接插件虚接引起的安全隐患。高压互锁利用低压回路的检测信号来判断高压回路每个高压接插件各自是否连接紧固。高压互锁在设计中应考虑低压回路如何有效、及时地反馈各接插件的连接状态。所有高压端子均长于低压互锁端子，在连接高压接插件时，高压端子先接通，当高压接插件连接紧固时，电压互锁端子才会连通。当拔下高压接插件时，低压端子先断开，高压端子后断开，如图 4-45 所示。

（2）BMS 硬件低压部分

1）电源模块。常见的电源芯片是系统基础芯片（System Basis Chip，SBC），具有供电、通信和唤醒功能，具有集成度高、功能多样、功耗低等优点。SBC 供电模块将外部 12～16V 低压电转换成稳定的 5V/3.3V 电，给 MCU 以及桥接芯片供电。当外部输入 SBC 的电压大于 8.5V 时，会给 MCU 发报警信号，让整车退出高压。SBC 自带 CAN 收发器，通过 CAN 通信，负责电池管理器和整车网络的通信。部分 SBC 芯片会带有时钟模块，可以实现电池管理系统的休眠和唤醒功能。

图 4-45　高压接插件端子结构图

2）接触器驱动模块。整车与动力蓄电池系统连接状态是通过接触器来控制的，动力蓄电池管理系统通过接触器控制模块来实现整车的上电／退电过程。接触器一般是常开状态，给接触器线圈供电就会变为吸合状态。接触器控制存在高边控制和低边控制两种方式。高边控制由单独的控制芯片驱动，具有体积小、集成度高的优点，低边控制由 MCU 直接驱动接触器，具有设计简单、成本低等优点。接触器较多时，电路设计采用高边控制，接触器较少时采用低边控制。

3）通信模块。动力蓄电池管理系统中常见的通信协议分为 SPI 通信、UART 通信和 CAN 通信。SPI 通信具有操作简单、数据传输速度快等特点，且支持数据的双向传输。SPI 通信线束由片选信号线、时钟信号线、输出信号线和接收信号线构成，可以实现数据同步交互，但四线通信会增加通信连接线束成本。SPI 通信只支持单主机，从机较多时总线上会存在拥堵，且数据传输过程无应答机制，数据接收缺乏可靠性。UART 通信是异步串行双向通信，由输出信号线和接收信号线构成，需要在主从机上设置相同的波特率使数据进行同步交互。它相比于 SPI 通信连接线束成本较低，但数据传输时一次只能有一个主机与一个从机进行通信，传输速度较慢。

4.4.3 动力蓄电池管理系统算法模型

动力蓄电池管理系统的基本功能只能简单地对动力蓄电池进行保护和监控，无法对动力蓄电池系统进行精准的管理控制。BMS 算法根据动力蓄电池的外部特性以及内部化学反应机理对动力蓄电池的 SOC、SOH、SOP 进行估计，使动力蓄电池管理系统实现对动力蓄电池系统精准的能量管控和寿命管理。

1. SOC 估计算法

动力蓄电池电量输出本质为其内部化学反应，动态工况下动力蓄电池端电压变化比较明显，当动力蓄电池停止充放电后，其内部化学反应不会立刻停止，端电压呈现缓慢变化的趋势。动力蓄电池的 SOC 与开路电压（Open Current Voltage，OCV）是非线性关系且与动力蓄电池的类型密切相关，具有代表性的动力蓄电池系统包括三元锂和磷酸铁锂动力蓄电池。如图 4-46 所示，三元锂动力蓄电池的 SOC-OCV 曲线与磷酸铁锂动力蓄电池的 SOC-OCV 曲线相比，在 20% ~ 80% 的 SOC 区间内，三元锂动力蓄电池的 OCV 变化更为明显，辨识度更高，在 SOC 估计上拥有更高的精度。常见的动力蓄电池 SOC 估计方法一般分为安时积分法、电化学模型法、等效电路模型法。

（1）安时积分法

安时积分法又称库仑计数法，即利用电流对时间的积分来描述 SOC 的变化。

$$SOC = SOC_0 - \eta \int Idt / C_b \qquad (4-4)$$

式中　SOC——当前动力蓄电池的荷电状态（%）；

　　SOC$_0$——初始时刻动力蓄电池的荷电状态（%）；

　　　η——动力蓄电池充放电库仑效率（%）；

　　　I——流经动力蓄电池的电流（A）；

　　　C_b——动力蓄电池的最大可用容量（A·h）。

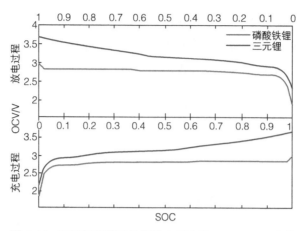

图 4-46　三元锂和磷酸铁锂动力蓄电池 SOC-OCV 曲线

作为目前动力蓄电池的核心算法，安时积分法计算简便应用广泛，但也存在几个明显的缺点。

1）动力蓄电池的初始 SOC 难以精准获取，导致安时积分法从开始就出现了偏差。

2）对电流采集精度要求较高，实际情况下电流采集会受到噪声以及零漂和温漂的影响，在安时积分运算中会产生误差累积最终影响 SOC 估计精度。

3）动力蓄电池老化后性能衰减，其最大可用容量会减小，从而影响 SOC 估计精度。

（2）电化学模型法

电化学模型是根据动力蓄电池内部锂离子活性、隔膜的通透性以及电荷守恒定律建立的偏微分方程和代数模型。该模型不仅可以准确估计动力蓄电池外特性，还可以对动力蓄电池内部特性进行仿真。常见的电化学模型为伪二维模型（Pseudo-Two-Dimensional，P2D），如图 4-47 所示，该模型将动力蓄电池简化为由集流体、电解液、正极、负极和隔膜五部分组成的结构。

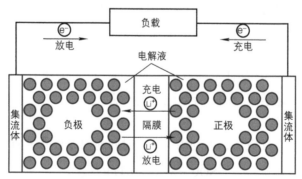

图 4-47　P2D 模型示意图

根据 P2D 模型，可以建立一系列偏微分方程和代数方程，用于从化学反应层面量化动力蓄电池特性。该模型建立在 3 个核心假设上，分别为：电极材料由球状颗粒组成；不考虑双电层效应；电子只会集中在正极或负极的集流体上，通过电荷守恒定律和物质守恒定律建立方程等式。

由于反应离子的液相传质速度缓慢，通电后，电极表面反应离子浓度与平衡时的浓度不同，根据平衡电极电位能斯特方程来描述电极电位发生的变化。

$$E = E_0 - (RT/ZF)\ln(AB/CD) \tag{4-5}$$

式中　　R——气体常数；

　　　　　T——绝对温度（K）；

　　　　　Z——化学反应过程中转移的电子数目（mol）；

　　　　　F——法拉第常数；

　　　　　E——动力蓄电池电动势（V）；

　　　　　E_0——标准电动势（V）；

A、B、C、D——反应物与生成物所带电位。

在化学反应过程中，动力蓄电池内部存在固相和液相的传质与扩散，该过程属于非稳态扩散，即扩散过程中任意截面的浓度会随时间变化，符合菲克第二定律。

$$\frac{\partial C}{\partial t} = \frac{\partial}{x}\left(D_x \frac{\partial C}{\partial x}\right) + \frac{\partial}{y}\left(D_y \frac{\partial C}{\partial y}\right) + \frac{\partial}{z}\left(D_z \frac{\partial C}{\partial z}\right) \tag{4-6}$$

式中　t——扩散时间（s）；

　　　C——当前位置的浓度（mol/L）；

　　　D_x——X轴方向的浓度扩散系数；

　　　D_y——Y轴方向的浓度扩散系数；

　　　D_z——Z轴方向的浓度扩散系数。

在电解液与固体电极界面的电极反应，电子会存在向动力蓄电池正极和负极移动的趋势，这两种状态同时存在于动力蓄电池的正极和负极上，通过建立巴特勒 - 福尔默方程来描述电极上的电流与电势的关系：

$$j = j_0 \left\{ \exp\left[\frac{\alpha_a zF\eta}{RT}\right] - \exp\left[-\frac{\alpha_c zF\eta}{RT}\right] \right\} \tag{4-7}$$

式中　j——电极的电流密度（kg/m^3）；

　　　j_0——交换电流密度（kg/m^3）；

　　　T——热力学温度（K）；

　　　z——该电极反应涉及的电子数目（mol）；

　　　F——法拉第常数；

　　　R——气态常数；

　　　α_c——正极方向电荷传递系数；

　　　α_a——负极方向传递系数；

　　　η——活化过电位，$\eta = E - E_{eq}$；

　　　E——电极电势（V）。

（3）等效电路模型法

等效电路模型使用电阻、电容、恒压源等电子元器件来模拟动力蓄电池的外部特性，该模型使用 RC 网络来描述动力蓄电池的极化特性和迟滞特性。等效电路模型对动力蓄电池的各工作状态具有较好的适用性，同时便于应用和分析，目前已广泛应用于新能源汽车建模和仿真中。图 4-48 所示为由 n 个 RC 网络结构组成的动力蓄电池等效电路模型，简称 n-RC 模型。该模型由恒压源 U_L，欧姆内阻 R_0 以及 $R_n C_n$ 网络组成。

根据基尔霍夫电压定律和基尔霍夫电流定律，以及电容电压变化与电流的关系，动力蓄电池模型的状态方程可以表示为

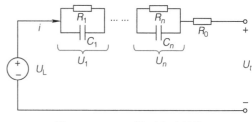

图 4-48　n-RC 模型电路结构

$$\begin{cases} \dot{U}_1 = -\dfrac{U_1}{R_1 C_1} + \dfrac{i}{C_1} \\ \quad\vdots \\ \dot{U}_n = -\dfrac{U_n}{R_n C_n} + \dfrac{i}{C_n} \\ U_t = U_L - U_1 - \cdots U_n - i R_0 \end{cases} \tag{4-8}$$

等效电路模型中的参数需要进行在线或者离线数据辨识。在线辨识的方式为，实际测量动力蓄电池的电流、电压和温度数据进行参数辨识，实现模型参数的在线更新。离线辨识的方式为，利用 BMS 自身储存的电流、电压和温度数据进行参数辨识。当参数辨识完成后，将模拟动力蓄电池的充放电电压曲线与真实的动力蓄电池电压曲线进行对比，选取精度最高的参数搭建模型。

2. SOH 估计算法

动力蓄电池的最大可用容量会随着动力蓄电池的老化而不断衰减，SOH 正是衡量动力蓄电池当前健康状态的量化指标。对于电动汽车而言，设定动力蓄电池系统出厂时 SOH 值为 100%，当动力蓄电池系统的 SOH 为 80% 时，动力蓄电池可用容量不足以满足常规的电动汽车续航需求。SOH 也可以反映不同工况下对动力蓄电池系统寿命的影响，便于动力蓄电池管理系统更好地管理动力蓄电池健康状态。当前主流的 SOH 估计方法分为基于经验的锂离子动力蓄电池 SOH 估计方法和基于性能的锂离子动力蓄电池 SOH 估计方法。

（1）基于经验的锂离子动力蓄电池 SOH 估计方法

基于经验的动力蓄电池 SOH 估计方法本质是统计变化规律，最终根据动力蓄电池的当前状态对动力蓄电池的 SOH 进行估计。基于经验的动力蓄电池 SOH 估计方法主要分为循环寿命检测法、加权安时法和日历寿命检测法。

循环寿命检测法通过实验来测得最大循环寿命，动力蓄电池的最大循环寿命会因动力蓄电池类型而产生差异，磷酸铁锂动力蓄电池的最大循环寿命为 3000 ~ 5000 次，三元锂

动力蓄电池的最大循环寿命为 1000 ~ 2000 次，钛酸锂动力蓄电池的最大循环寿命为 10000 次以上。已知，动力蓄电池寿命会受到外部因素影响，如温度、放电倍率等，通过与影响因素加权求和，得到动力蓄电池的寿命变化情况，来对动力蓄电池的 SOH 进行估计。动力蓄电池本身的寿命也会随时间以及行驶里程而衰减，即日历寿命，如图 4-49 所示。

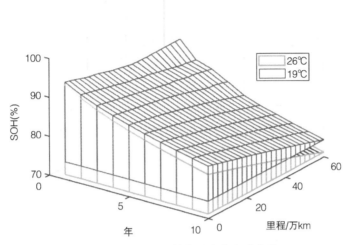

图 4-49　LFP 动力蓄电池寿命衰减曲线

（2）基于性能的锂离子动力蓄电池 SOH 估计方法

根据锂离子动力蓄电池本身的性能并考虑老化过程，可以从化学反应机理、外部特性以及历史数据这三个方面对动力蓄电池的 SOH 进行估计。

1）基于锂离子动力蓄电池外部特性的实验分析法。SOH 实验分析法分为直接测量法和间接分析法。直接测量法通过测量动力蓄电池内阻或最大可用容量的变化来反映动力蓄电池的 SOH，其容量的测量需要对动力蓄电池进行满充和满放实验且需要保证足够高的采集精度，只适用于实验室测试环境。动力蓄电池内阻受温度影响比较严重，常温下动力蓄电池内阻较动力蓄电池容量更容易获取，但动力蓄电池内阻会受到电流、SOC、端电压等因素的影响，使得动力蓄电池端电压与电流倍率呈现非线性。当采样间隙足够小时，动力蓄电池内阻的计算值更加接近于真实值。

$$\mathrm{SOH} = \frac{C_{\mathrm{ap}}}{C_{\mathrm{b}}} \qquad (4\text{-}9)$$

式中　C_{ap}——当前状态下动力蓄电池的最大可用容量（A·h）；

　　　C_{b}——动力蓄电池的出厂容量（A·h）。

间接分析法是通过动力蓄电池容量、内阻等相关参数来对动力蓄电池的 SOH 进行估计。动力蓄电池端电压直接反映了动力蓄电池外部特性，而端电压会受到动力蓄电池 SOC、电流、内阻的影响，可以通过控制变量法的方式来估计动力蓄电池的 SOH。例如，动力蓄电池刚出厂时，将动力蓄电池的 SOH 标定为 100%，测试并记录其在不同倍率和温度下的充放电曲线。当动力蓄电池使用一段时间后，可以通过其充放电曲线与出厂充放电曲线的偏移量来估计该动力蓄电池的 SOH 变化。

2）基于动力蓄电池化学反应机理的 SOH 估计方法。基于电化学机理的预测，根据动力蓄电池内部化学反应机理以及电化学方程，建立动力蓄电池的老化模型，从电化学角度模拟动力蓄电池的老化曲线并结合动力蓄电池的当前状态对动力蓄电池的 SOH 进行预测。建立动力蓄电池化学反应机理的动力蓄电池寿命预测模型，需要研究每个老化因素对动力蓄电池寿命的影响程度，分析电化学反应过程、电解液扩散速率以及不同温度和工况下动力蓄电池的极化特性。该方法从动力蓄电池老化本质上对动力蓄电池的寿命进行预测，详细考虑了动力蓄电池老化对动力蓄电池内部影响。

3）基于数据驱动的预测方法。动力蓄电池的充放电过程伴随着复杂的物理和化学反应，从动力蓄电池的外部特性和化学反应机理仅能从动力蓄电池的内部因素描述动力蓄电池的老化情况，但由外部因素引起的动力蓄电池寿命衰减通过模型的方式无法准确估计，包括驾驶员的驾驶习惯、环境温度等都会对动力蓄电池的寿命造成影响。基于数据驱动的寿命预测模型不需要动力蓄电池的机理知识，它以数据的分析为基础，通过机器学习的方式，挖掘出各参数与动力蓄电池寿命之间的隐藏联系，从而简化复杂的寿命预测模型，但数据本身具有很强的不确定性和不完整性，严重影响预测模型的精度。

3. SOP 估计算法

SOP 是动力蓄电池最大放电或充电功率的量化指标，其直接影响车辆的动力性能，包括快速启动、加速和紧急制动能力，进而关系到整车运行的安全性和可靠性。BMS 必须具备 SOP 的在线估计能力，来准确评估动力蓄电池在不同 SOC、SOH 下的充电、放电极限能力，匹配动力蓄电池与充电桩以及整车动力之间的适配关系，以满足整车的加速、快充等性能，最大限度地发挥整车的性能。SOP 受动力蓄电池的温度、电压和电流的影响以及 SOC 和可用容量的制约。常见的 SOP 预测算法为瞬时 SOP 预测方法，瞬时 SOP 是指在下一时刻动力蓄电池的最大充电或放电能力。瞬时 SOP 估计方法主要分为混合脉冲功率特性法、基于 SOC 约束的预测方法和基于动力蓄电池模型约束的预测法。

（1）混合脉冲功率特性（Hybrid Pulse-Power Characteristic，HPPC）法

混合脉冲功率特性法对动力蓄电池的 SOP 进行估计，基于锂离子动力蓄电池的内阻模型，利用当前状态下动力蓄电池的 SOC 和内阻估计出动力蓄电池的瞬时 SOP 值。该方法使用 Rint 模型估计动力蓄电池电芯的 SOP。动力蓄电池系统中电芯端电压可以表示为

$$U_{\text{L}} = U_{\text{ocv}} - IR_0 \tag{4-10}$$

式中　U_{L}——动力蓄电池的端电压（V）；

　　　U_{ocv}——动力蓄电池的开路电压（V）；

　　　R_0——欧姆内阻（Ω）；

　　　I——电流（A）。

式（4-10）可以用来计算动力蓄电池充放电过程中的峰值电流：

$$\begin{cases} i_{\mathrm{cha,max}} = \dfrac{U_{\mathrm{OCV}} - U_{\mathrm{L,max}}}{R_{\mathrm{cha}}} \\[3mm] i_{\mathrm{dis,max}} = \dfrac{U_{\mathrm{OCV}} - U_{\mathrm{L,min}}}{R_{\mathrm{dis}}} \end{cases} \tag{4-11}$$

式中 $i_{\mathrm{cha,max}}$——充电截止电压对应的峰值电流（A）；

$i_{\mathrm{dis,max}}$——放电截止电压对应的峰值电流（A）；

$U_{\mathrm{L,max}}$——充电截止电压（V）；

$U_{\mathrm{L,min}}$——放电截止电压（V）；

R_{cha}——充电时动力蓄电池的欧姆内阻（Ω）；

R_{dis}——放电时动力蓄电池的欧姆内阻（Ω）。

根据功率计算公式 $P = IU$ 可以计算出动力蓄电池的峰值充放电功率：

$$\begin{cases} P_{\mathrm{cha,max}} = i_{\mathrm{cha,max}} U_{\mathrm{L,max}} \\[2mm] P_{\mathrm{dis,max}} = i_{\mathrm{dis,max}} U_{\mathrm{L,max}} \end{cases} \tag{4-12}$$

式中 $P_{\mathrm{cha,max}}$——充电截止电压对应的峰值功率（W）；

$P_{\mathrm{dis,max}}$——放电截止电压对应的峰值功率（W）。

HPPC 可预测动力蓄电池系统的瞬时 SOP，但无法持续对 SOP 进行预测，测试过程中需要使用较大的脉冲电流使动力蓄电池电压达到截止电压，测试过程会影响动力蓄电池寿命。基于 Rint 模型的 SOP 估计，忽视了电流、SOC 等因素，会造成 SOP 预测值偏大，进而威胁到动力蓄电池的安全使用。

（2）基于 SOC 约束的预测方法

基于 SOC 约束的预测方法可以依据动力蓄电池使用过程中的最大 SOC 和最小 SOC 的限制获得动力蓄电池的峰值充放电电流，进而可以算出这段时间内动力蓄电池的峰值功率。设动力蓄电池最开始在 t 时刻，动力蓄电池的充电或放电时间为 k。

充电过程可建立表达式为

$$\mathrm{SOC}(t+k) = \mathrm{SOC}(t) - i_{\mathrm{cha,max}} \frac{\lambda k}{C_{\mathrm{b}}} \tag{4-13}$$

放电过程可建立表达式为

$$\mathrm{SOC}(t+k) = \mathrm{SOC}(t) - i_{\mathrm{dis,max}} \frac{\lambda k}{C_{\mathrm{b}}} \tag{4-14}$$

式中 $\mathrm{SOC}(t)$——初始放电时刻 SOC（%）；

$\mathrm{SOC}(t+k)$——结束放电时刻 SOC（%）；

λ——动力蓄电池的充放电效率；

t——动力蓄电池初始放电时间（s）；

k——动力蓄电池充电或放电时间（s）。

由式（4-14）可以计算出 k 时间内峰值充电或放电电流，进而可以计算出峰值功率。该方法使用动力蓄电池的 SOC 变化量对动力蓄电池的峰值功率进行约束，与真实的动力蓄电池工况相符合，但仅使用 SOC 约束仍然会存在预测值偏大的问题。

（3）基于动力蓄电池模型约束的估计方法

动力蓄电池模型可以反映出动力蓄电池 SOC、OCV、端电压、电流、欧姆内阻以及极化内阻之间的关系，以模型的角度对动力蓄电池的峰值功率进行约束，动力蓄电池模型越复杂，约束参数越多，最终预测出的 SOP 值也会更加准确。以 Rint 等效电路模型为例，估算 t 到 $t+k$ 时间段内的 SOP，式（4-10）可以改写为

$$U_L(t+k) = f[SOC(t+k)] - R_0 I(t) \quad (4\text{-}15)$$

式中，$f[SOC(t+k)]$ 可通过查 OCV-SOC 关系曲线求得。

由于 OCV-SOC 的非线性关系，不能直接通过式（4-15）求得峰值电流，需要对式（4-15）进行泰勒级数的展开，由于采样时间间隔很短，泰勒展开余项近似于 0。

$$U_L(t+k) = f[SOC(t)] - I(t)\frac{\lambda k}{C_b}\frac{df(SOC)}{dSOC} - R_0 I(t) \quad (4\text{-}16)$$

基于动力蓄电池模型约束的估计方法中峰值电流计算公式为

$$\begin{cases} i_{cha,max} = \dfrac{f[SOC(t)] - U_L(t+k)}{\dfrac{\lambda k}{C_b}\dfrac{df(SOC)}{dSOC} + R_{cha}} \\[4mm] i_{dis,max} = \dfrac{f[SOC(t)] - U_L(t+k)}{\dfrac{\lambda k}{C_b}\dfrac{df(SOC)}{dSOC} + R_{dis}} \end{cases} \quad (4\text{-}17)$$

由于动力蓄电池的 Rint 模型考虑了 SOC 和电压的变化，与前两种方法相比精度提升较多，但没有考虑动力蓄电池的极化特性和迟滞特性，该方法估计的 SOP 精度依赖于动力蓄电池模型的精度。

4.4.4 动力蓄电池管理系统技术创新

目前动力蓄电池管理技术面临的挑战主要分为以下四点，首先是精度要求的提高、算法不断的迭代更新以及功能的多样性，现有的 MCU 算力无法满足现实需求。其次是管理系统功能增加、硬件结构更加复杂，导致各元器件不可避免地产生磁场干扰，使得通信质量得不到保障。再次是工况需求和种类增加，动力蓄电池系统失衡频繁，导致原有的均衡方案均衡效率低、均衡时间长。最后是车辆发展智能化，导致功能增加，通信网络变得复杂，常规动力蓄电池信息采样技术无法准确获取到动力蓄电池信息。

动力蓄电池管理技术通过硬件架构、软件算法和采样技术创新解决以上问题。比亚迪算法上采用车云 BMS 结合的动力蓄电池安全预警技术，给车辆的使用提供安全保障；宁

德时代在硬件结构上进行高度集成化设计，增加系统板路的抗干扰性；特斯拉硬件结构上采用双 MCU 控制芯片的菊花链回环设计，充分保障了采集数据的稳定性和可靠性；上汽通用在硬件结构上致力于无线 BMS 的开发与应用，提高系统板路的抗干扰性。

1. 硬件方案创新设计

（1）无线 BMS 技术

随着整车对动力蓄电池系统续航能力的依赖性变强，目前增加动力蓄电池系统续航能力的方式是增加电芯能量密度或者增加电芯的数量。由于电芯的能量密度涉及电芯技术的研发且改进后电芯缺乏安全性认知，所以增加电芯数量是提高动力蓄电池系统续航能力的最直接有效的方式。电芯数目增加会加重采样模块的负担，具体表现在更多的动力蓄电池信息采集器板、更多的线束以及更加紧张的包内空间。无线 BMS 技术带来的最直观好处是可以简化动力蓄电池系统结构，通过采用业内首创的无线通信技术，可以减少动力蓄电池系统内 90% 的线束，有效提高动力蓄电池系统的空间利用率，可以兼容多种电芯的数据采集，且可以适用复杂的采样方式，动力蓄电池信息采集器可以有更多的连接方式而不再只局限于传统的串联。无线光通信，即将电信号通过光电调制器，调制到一个光波上，在光纤里进行传输，在接收端进行解码和解调。该技术中的光波通信具有抗干扰性强、EMC 效果好、传输速度快等特点。光纤具有体积小、重量轻以及低损耗的特点，可用于长距离的传输。图 4-50 所示为无线 BMS 通信架构图。

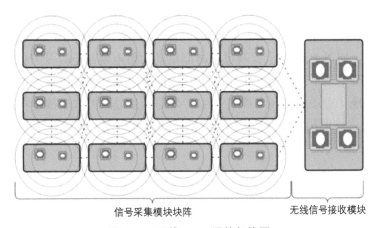

信号采集模块块阵　　　　　　　无线信号接收模块

图 4-50　无线 BMS 通信架构图

（2）电流采样 - 磁通门电流传感器

电流传感器一般位于动力蓄电池系统高压主正、副回路上，用于测量整包的电流，电流信号回馈至 BMS，作为 BMS 充放电控制、动力蓄电池 SOC 估算、过电流过充电保护的依据。如图 4-51 所示，磁通门电流传感器与高压总线隔绝保证系统安全，不需要系统层级进行额外的温度补偿和标定；并且无过电流过载的限制，避免因发热带来的老化问题且测量精度高，零点误差极低。当磁通门传感器工作时，激励电路中加入正弦波，使磁心磁场达到饱和，当外部没有磁场干扰的时候，线圈检测到的感应电动势波形上下对称。当存在外部磁场干扰时，感应电动势波形会出现复合波形，即磁心处同时存在直流磁场和激励磁场，此时输出的电动势波形上下不对称，出现振幅差，振幅差与被测电流产生的磁场成正比，故可以利用振幅差值来反映被测电流的大小。

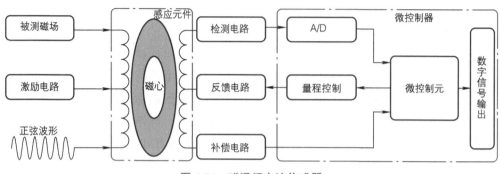

图 4-51　磁通门电流传感器

2. 算法模型创新设计

（1）主动均衡技术

传统的均衡算法为被动均衡，均衡效率低，均衡过程需消耗整车能量且以热量的形式散失，不利于整车的热管理和能量管理，且缺乏对低能量动力蓄电池的均衡处理方式。随着整车功能的增加，会使动力蓄电池系统内各动力蓄电池失衡更加明显，为了更快地消除动力蓄电池系统的不一致性，提高整车性能，均衡算法由被动均衡向主动均衡发展。主动均衡技术均衡效率高，可以实现动力蓄电池间的能量传递，具有均衡速度快、能量损耗低、发热较少等优势。如图 4-52 所示，通过对高能量动力蓄电池放电以及对低能量动力蓄电池充电来实现动力蓄电池系统均衡。主动均衡的能量传递方式通过电感、电容、变压器或变换器等元器件实现。主动均衡技术拥有更加高效的能量处理方式，放电模式下优先均衡低 SOC 动力蓄电池，充电模式下优先均衡高 SOC 动力蓄电池，可以最大程度减小动力蓄电池系统失衡带来的影响。

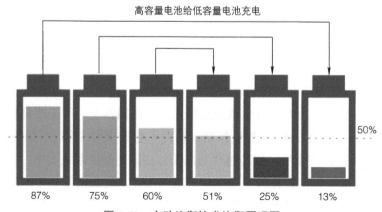

图 4-52　主动均衡技术均衡原理图

（2）车云 BMS 技术

BMS 芯片存储能力有限且 MCU 算力不足，动力蓄电池状态估计模型的精度受到限制，这在动力蓄电池 SOH 估计方面表现尤为明显。动力蓄电池的健康状态可以根据动力蓄电池的外部特性估算出来，由于动力蓄电池模型无法模拟动力蓄电池外部复杂的环境（如温度、湿度等）以及伴随动力蓄电池充放电产生的不完全可逆的化学反应（如锂离子浓度降低、隔膜穿透性降低）等因素，估算出来的值与真实健康状态存在较大的差异。根据动力蓄电池开路电压（Opean Current Voltage，OCV）和 SOC 特性曲线，在不同工况下 SOC 估计精度存在较大差异，通过增加多物理参数耦合的 SOC 估计模型，可提高 SOC 估计精度，但同时也会增加 MCU 的计算负担。动力蓄电池 SOP 估计可根据动力蓄电池当前 SOC、SOH、温度进行估算，但复杂的工况以及工作环境使得 SOP 估计存在较大的偏差。云计算平台拥有强大的算力和超大的存储空间，可以实现实时数据监控、历史数据分析、动态压差异常算法识别、SOC 偏差识别等，可以很好地解决动力蓄电池状态估计中存在的问题。

目前动力蓄电池安全主要由车端 BMS 来进行管理，但随着电动汽车发展，车端 BMS 无法完全保障动力蓄电池的安全性。云端 BMS 的动力蓄电池全生命周期平台、安全预警功能对动力蓄电池起到有效的诊断和预警。图 4-53 所示为车云结合的复合动力蓄电池管理架构，车端负责动力蓄电池状态监控和估计，偏向于短期的分析与执行，云端负责收集动力蓄电池系统全生命周期数据并起到提示预警的作用，偏向于长期的规划与预测，车云结合的 BMS 既保证了短期数据的精度，也保证了动力蓄电池长期健康运行。

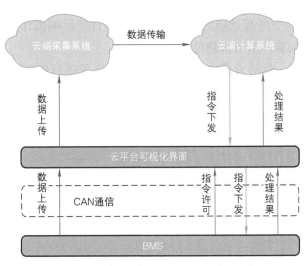

图 4-53　车云 BMS 原理图

本节主要讲述动力蓄电池管理系统功能，包括采样、状态估计、温度控制以及诊断控制等，具有高精度采样、高效能量管理、科学的寿命管理等特点。但随着车辆功能增多，行驶工况更加多样化，极致的轻量化设计对管理系统仍提出了更高的要求，能促使更加先进的技术运用到动力蓄电池管理技术中，推动动力蓄电池管理技术的发展。

4.5 动力蓄电池热管理系统创新设计

4.5.1 动力蓄电池热管理系统功能概述

动力蓄电池热管理系统，是通过冷却、加热和保温等方式对电池进行温度控制的系统，是保证动力蓄电池系统的使用性能、寿命和安全性的关键技术之一。温度过高或过低都会影响到动力蓄电池的性能，轻则影响容量、功率、寿命，重则引发安全问题，因此在动力蓄电池系统中需要设计高效可靠的动力蓄电池热管理系统来进行温度控制，使动力蓄电池系统始终工作在适宜温度区间内，从而提升纯电动汽车的环境适应性。

动力蓄电池热管理系统的主要功能包括：

1）冷却。在动力蓄电池温度较高时进行有效散热，及时转移产热，阻止动力蓄电池温度进一步升高，避免高温限电流、高温报警等影响使用体验，防止产生热失控事故。

2）加热。在动力蓄电池温度较低时进行预热，提高动力蓄电池温度，使动力蓄电池能保持较好的电化学性能，确保低温下动力蓄电池的充放电性能、容量保持率和安全性。

3）均温。减少电芯及动力蓄电池组之间的温度差异，保证动力蓄电池系统温度场均匀分布，避免"木桶效应"，过大的温差会造成动力蓄电池性能过快衰减，降低动力蓄电池系统整体安全性及寿命。

4）保温。当动力蓄电池热管理系统开始工作时增强冷却和加热的效率，减少对环境的热损耗；在高温环境下可起到隔绝周围高温高压器件热影响的作用，在低温环境下可将动力蓄电池热量储存起来，节省加热能耗。

5）温度测量监控。对动力蓄电池系统内部特定位置进行温度测量并实时上报至动力蓄电池管理系统。

4.5.2 动力蓄电池热管理系统技术方案

动力蓄电池热管理系统需要根据动力蓄电池系统的应用工况和动力蓄电池本身的温度特性进行方案设计，包括冷却系统、加热系统和保温系统。

1. 冷却系统方案

按照使用的冷却介质不同，动力蓄电池热管理冷却系统主要有空气冷却、水冷冷却、制冷剂冷却、相变冷却、热管冷却等方案，各种冷却方案对比见表 4-8。

1）空气冷却方案。采用空气对动力蓄电池进行冷却，结构简单、安全性高、所用成本低，但需要空间布置流道，且对流道设计要求较高；空气本身导热系数、比热容很小，换热系数范围有限，无法满足随着电动汽车的发展提出的高能量密度和高换热需求，已逐渐不被采用。

2）水冷冷却方案。采用具有高导热系数的冷却液对动力蓄电池进行散热，在设计上根据冷却液是否与动力蓄电池直接接触分为直接换热和间接换热两种方式，市面上多采用间接换热——冷却液在换热管路中流动进行换热：将换热管路布置在动力蓄电池的某一面或某几面，让动力蓄电池产生的热量通过冷却液带走，原理如图 4-54 所示。

表 4-8　动力蓄电池热管理系统不同冷却方案对比

冷却方案	空气冷却	水冷冷却	制冷剂冷却	相变冷却	热管冷却
采用介质	空气	冷却液	制冷剂	相变材料	氨等相变介质
换热系数范围 /[W/（m²·K）]	20 ~ 100	1000 ~ 1500	2500 ~ 25000	—	2500 ~ 25000
相变潜热范围 /（kJ/kg）	—	—	374 ~ 408（R134a）	150 ~ 220	1567 ~ 1580（氨）
动力蓄电池均温性难度	中等	低	中等	低	中等
空间需求	大	小	小	大	大
系统复杂度	中等	简单	简单	简单	复杂
系统压力范围 /kPa	0 ~ 101	0 ~ 200	0 ~ 3670（R134a）	0 ~ 101	0 ~ 10400（氨）
控制难度	低	中等	中等偏上	低	低
密封难度	高	低	低	低	低
绝缘风险	中等	中等	低	低	中等
安全风险	低	低	低	低	高，氨气可燃
重量增加	中等	低	低	高	中等
成本	低	中等	中等	高	高
目前整车搭载应用情况	成熟技术，逐渐淘汰	冷却液冷却为主流技术，大部分车型搭载	宝马 i3、海豚等	研究为主	研究为主

图 4-54　水冷冷却间接换热方案原理图

此种冷却方案是当前应用最普遍的，如图 4-55 所示，雪佛兰 Bolt 的软包动力蓄电池系统、保时捷帕拉梅拉的方形动力蓄电池系统、特斯拉 Model Y 的圆柱形动力蓄电池系统、宁德时代麒麟动力蓄电池系统等都采用此种技术。

3）制冷剂冷却方案。与水冷冷却方案类似，只是换热管路中介质是制冷剂，驱动动力是压缩机，在保留水冷冷却方案的换热模式基础上，将换热介质改为与空调系统同样的制冷剂（R134a、R1234yf 等），介质的换热从显热变成潜热，换热量大大提升，且瞬时换热速度加快。此种方式目前在行业中应用较少，搭载的动力蓄电池系统如图 4-56 所示，随着对动力蓄电池热管理系统冷却性能要求的提升，这将会是未来的主流冷却方案。

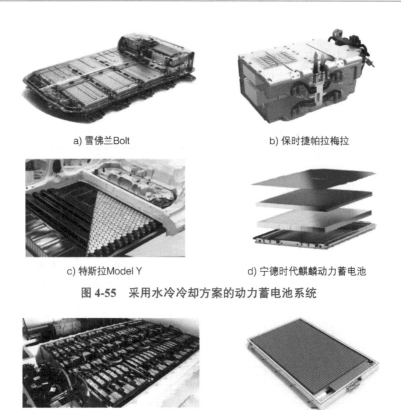

a) 雪佛兰Bolt

b) 保时捷帕拉梅拉

c) 特斯拉Model Y

d) 宁德时代麒麟动力蓄电池

图 4-55　采用水冷冷却方案的动力蓄电池系统

a) 宝马i3

b) 海豚

图 4-56　采用制冷剂冷却方案技术的动力蓄电池系统

4）相变冷却方案。采用相变材料作为换热介质，利用其相变时能吸收热量且能保持本身温度不变的特性对动力蓄电池进行冷却，能有效对热量进行缓冲并保持动力蓄电池的均温性。但因其导热系数相对较低，且作为一种储热材料，当超越其储热能力后仍要继续起冷却作用时需与其他冷却方案配合使用，与动力蓄电池的结构设计结合也相对复杂，目前还处于研究为主的阶段。

5）热管冷却方案。在军工行业、精密小器件的散热上多有应用，它基于相变原理换热，如图 4-57 所示。当热管的蒸发段被加热时，热管内的液体介质吸收热量发生蒸发汽化，在压差作用下流向冷凝段，在冷凝段中释放热量发生液化，在毛细管作用下回流到蒸发段，如此往复循环实现热量的快速转移。热管是一种超导热元件，在应用时需区分蒸发段和冷凝段，并与其他冷却方案配合使用，且

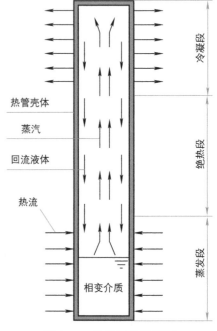

冷凝段

热管壳体

蒸汽

回流液体

绝热段

热流

蒸发段

相变介质

图 4-57　热管工作原理图

其形状设计具有一定的局限性，加之成本不低，要在动力蓄电池系统上得到推广应用还比较困难，目前处于研究为主的阶段。

2. 加热系统方案

动力蓄电池热管理加热系统主要有空气加热、水热加热、制冷剂加热、加热膜 / 片加热、动力蓄电池内部自加热等方案技术，每种加热方案技术对比见表4-9。加热方案技术从热量来源可分为两类：一类是外部加热方案，另外一类是内部加热方案。表4-9 中前四种就属于外部加热方案，利用外部热源通过热传导、热对流方式给动力蓄电池传热，使动力蓄电池温度升高。

表 4-9　动力蓄电池热管理系统不同加热方案对比

加热方案	空气加热	水热加热	制冷剂加热	加热膜 / 片加热	动力蓄电池内部自加热
采用介质	空气	冷却液	制冷剂	加热膜 / 片	动力蓄电池自身
热量来源	发热部件或加热装置	发热部件或加热装置	发热部件或环境	电能	电能和电化学能
动力蓄电池温升速率范围 /（℃ /min）	0~2	0~1	0~1	0~5	0~20
加热效率	低	中等	中等	高	高
COP	[0,1]	[0,1]	[0,+∞]	[0,1]	[0,1]
动力蓄电池均温性难度	中等	低	中等	低	高
空间需求	大	低	小	小	大
系统复杂度	中等	简单	简单	简单	复杂
系统压力范围 /kPa	0~101	0~200	0~367（R134a）	0~101	0~101
控制难度	低	中等	中等偏上	低	高
密封难度	高	低	低	低	低
绝缘风险	中等	中等	低	中等	高
安全风险	低	低	低	高	中等
重量增加	中等	低	低	低	中等
成本	低	中等	中等	低	中等
目前整车搭载应用情况	成熟技术，逐渐淘汰	冷却液加热为主流技术，大部分车型搭载	海豚、海豹等	欧拉 R1、海鸥等	腾势 N7

1）空气加热方案。通过加热换热的空气介质来提升动力蓄电池温度，与上述的空气冷却方案原因相同，逐渐不被选择应用在动力蓄电池热管理系统中。

2）水热加热方案。配合外部水加热器对换热管路中的冷却液进行加热，从而将热量传给动力蓄电池，最常用的加热器件是 PTC（Positive Temperature Coefficient），具有使用安全、热转换效率高、升温迅速、无明火、自动恒温及成本低等特点。在水热加热方案搭载应用时，常与间接式水冷冷却方案共用换热管路实现冷却、加热功能一体化：常用的冷却液是体积分数为 50% 的乙二醇溶液，此种冷却液具有热容量大、冰点低的特点，配合冷板流道的设计，整个动力蓄电池热管理系统可通过驱动冷却液在流道中循环流动与动力蓄电池进行换热，通过换热器和 PTC 对冷却液温度的调整可实现冷却、加热功能一体化，其系统原理图如图 4-58 所示。

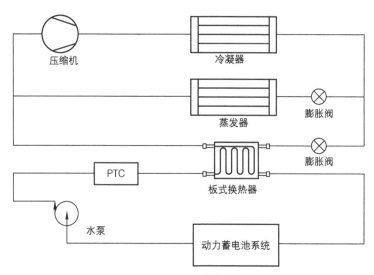

图 4-58　水冷水热一体化动力蓄电池热管理系统原理图

3）制冷剂加热方案。换热管路中流动的换热介质是制冷剂，靠压缩机驱动。结合热泵空调系统，可实现冷却和加热两个功能：通过调节电磁阀，切换制冷剂循环方向形成不同回路，冷却时换热管路相当于蒸发器，加热时相当于冷凝器，实现冷却和加热两个功能，如图 4-59 所示。该种方式目前主要应用于比亚迪的车型，如海豹、海豚等。

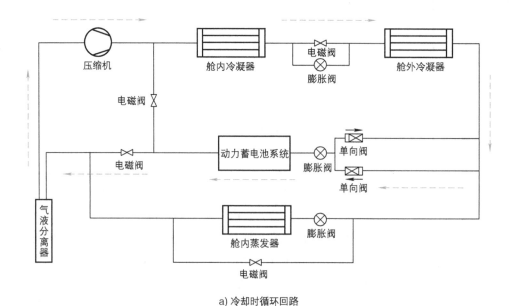

a) 冷却时循环回路

图 4-59　制冷剂冷却、加热一体化方案原理图

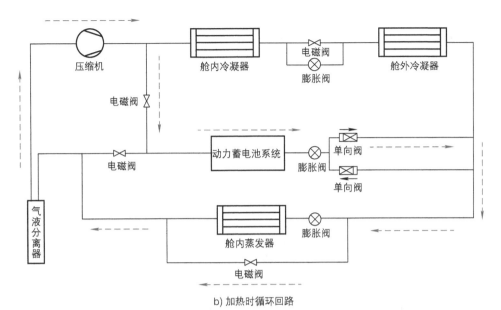

b) 加热时循环回路

图 4-59　制冷剂冷却、加热一体化方案原理图（续）

4）加热膜/片加热方案。加热膜/片导热效率高、能耗低、需求空间小，且其不同位置的加热功率可做定制化设计。此种加热方案搭载车型如图 4-60 所示，有欧拉 R1、海鸥等车型。

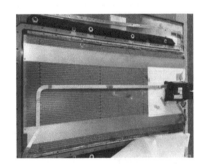

a) 欧拉R1　　　　　　　　　　　　　　b) 海鸥

图 4-60　采用加热膜/片加热方案技术的动力蓄电池系统

5）动力蓄电池内部自加热。属于内部加热方案，其利用动力蓄电池自身在低温条件下内阻增大的特性，施加电压或电流激励使其自身产热来使温度升高。在对动力蓄电池施加电压或电流激励时，需合理进行参数选择，方可以避免动力蓄电池在低温应用过程中发生析锂。

3. 保温系统方案

合理的保温设计是动力蓄电池热管理系统不可缺少的一环，目前行业主流的保温方式是给动力蓄电池系统加装隔热材料，以降低传热路径上的换热效率。隔热材料按照材质可分为四类，见表 4-10。

表 4-10　隔热材料的分类及其特点用途

隔热材料种类	特点	主要用途	举　例
无机隔热材料	不腐烂、不燃烧、耐高温、价格低等	用于热力设备及管道保温，以及早期的建筑与工业保温	① 天然矿物，如石棉、珍珠岩、硅藻土等 ② 人造材料，如泡沫玻璃混凝土、陶瓷纤维、玻璃纤维和气凝胶等
有机隔热材料	保温隔热性能好、耐低温、质轻、吸声等；易燃、抗老化能力差、废弃材料不易降解	是普冷条件下的保冷材料，适合寒冷地区	① 天然有机类，如软木、织物纤维、兽毛等 ② 人工合成有机类，如聚氨酯、聚苯乙烯泡沫塑料、软木等 ③ 蜂窝状材料，如蜂窝板等
金属隔热材料	有较高的红外热辐射反射率	用于航空航天等高温领域及各种保温材料的外层防护	① 金属材料，如铜、铝、镍等箔材 ② 金属箔与有机或无机材料的夹层（如蜂窝）复合材料
复合隔热材料	结合了各自的优势，性能较全面且经济适用	用于航空航天、建筑的保温隔热	气凝胶纤维类复合材料

　　动力蓄电池系统对隔热材料的选择，在抗拉强度、抗压强度、抗剪强度、断裂伸长率、吸水率、闭孔率、阻燃特性、绝缘电阻、粘接性、性能耐久性、质量等方面都有要求，在动力蓄电池热管理系统的保温设计中，最关注的是导热系数，导热系数越小，保温效果越好。表 4-11 是常用的隔热材料常温下的导热系数。

表 4-11　动力蓄电池热管理系统常用隔热材料的导热系数

常用隔热材料	常温下的导热系数 /（W/m·K）
气凝胶	0.02 ~ 0.03
聚氨酯	0.024
聚苯乙烯泡沫	0.038
岩棉	0.041
发泡水泥	0.08
硅酸钙	0.05
膨胀珍珠岩	0.025 ~ 0.048
高分子发泡材料	< 0.03

4.5.3　动力蓄电池热管理系统技术创新

　　随着电动汽车对动力蓄电池系统容量和电压需求的提高，使得需要集成的动力蓄电池数量不断增加，同时还提出了快速充电和高续驶里程保持率的用车需求，这使得动力蓄电池热管理系统的设计挑战越来越大。下文将以目前普遍应用的间接式换热板方式为例进行技术创新思路的阐述。

1. 提升换热性能

　　根据换热公式（4-18）可知，换热量 Q 与换热系数 h、换热面积 A 以及换热温差 $|T_{介质} - T_{换热板}|$ 成正比，每一项的增加都可以提升换热板的换热量。

$$Q = hA \left| T_{介质} - T_{换热板} \right| \tag{4-18}$$

式中　Q——换热量（W）；

　　　h——换热系数 W/（m²·K）；

　　　A——换热面积（m²）；

　$T_{介质}$——换热介质温度（℃）；

$T_{换热板}$——换热板温度（℃）。

换热系数的影响因素有：

1）流体传热是强制传热还是自然对流传热。

2）流体有无相变。

3）流体的流动状态是层流还是湍流。

4）换热表面的几何因素：形状、大小、与运动方向的相对位置、粗糙度等。

5）流体的物理性质：密度、动力黏度、导热系数、比热容等。

冷却液的换热系数范围是 1000～1500W/（m²·K），制冷剂的换热系数范围是 2500～25000W/（m²·K），同样的换热面积和换热温差下，制冷剂换热涉及相变，其换热性能更优。不改变换热介质，提升换热系数还可通过优化流道内壁结构来强化换热实现，如在流道内部增加翅片或沟槽，如图 4-61 所示。

a) 增加翅片　　　　　　　　　　　　　b) 设置沟槽

图 4-61　流道内壁强化换热结构示意图

换热面积 A 取决于动力蓄电池的表面积和动力蓄电池系统的结构设计。宁德时代 CTP 3.0（Cell To Pack）技术的麒麟动力蓄电池。相较于前两代 CTP 技术，取消了传统的电池 - 模组 - 动力蓄电池系统的三级装配模式，直接将方形电池集成于动力蓄电池系统，保留了上盖板及托盘，将横纵梁、换热板与隔热垫合三为一集成为多功能弹性夹层，采用增大换热面积的方式，将水冷功能件换热板置于动力蓄电池底部与动力蓄电池之间，换热面积扩大了 4 倍，对动力蓄电池的控温时间可缩短至原来的 50%，实现急速降 / 升温，满足极端的高 / 低温应用工况。巨湾凤凰动力蓄电池也通过最大限度地利用动力蓄电池的换热面积实现高效能热管理技术，多合一弹仓式结构集成了导热、加热、缓冲、隔热功能，电芯置于此"弹仓"内，换热面积相比传统方案增大 18 倍，对动力蓄电池的控温速率提升 3 倍，实现高低温工况下极速快充。比亚迪双冷板刀片电池（腾势 N7 搭载）如图 4-62 所示，在采用 CTB（Cell To Body）

图 4-62　比亚迪双冷板刀片电池

技术的基础上，通过动力蓄电池上下两面均铺换热板的设计实现双板直冷立体换热，加上定制化流道设计，换热面积提升 100%，换热性能提升 85%，为双枪大功率超充技术提供温控保障。

换热温差 $|T_{介质} - T_{换热板}|$ 中，$T_{换热板}$ 的极限值是动力蓄电池的温度，$T_{介质}$ 在不考虑外部系统能力前提下，其值的选取需要考虑动力蓄电池温度冲击耐受能力，$T_{介质}$ 太高或太低都会影响到动力蓄电池本身的循环寿命，一般在 10～50℃ 之间选取。

2. 增强均温性

随着动力蓄电池能量密度越来越高以及逐步大型化，其表面积与体积比相对变小，如若热管理系统设计不合理，只追求高换热性能，往往会使局部温度过高或过低，进而影响动力蓄电池系统性能和寿命下降。不同的设计布局、结构空间都会影响到整个动力蓄电池系统的温度一致性。行业内普遍要求整个动力蓄电池系统均温性在 5～8℃ 以内，均温性的增强，动力蓄电池系统内众多电芯的性能才能"齐头并进"，发挥最好的作用。

采用水冷／水热方案的换热板，随着换热介质在流动过程中不断与动力蓄电池进行换热，导致换热介质温度逐渐升高／降低，从而换热能力逐渐下降，在不考虑动力蓄电池本身的产热差异情况下，靠近流道进口段的动力蓄电池与靠近流道出口段的由于换热板换热能力的差异自然会形成温差。这个温差的大小决定了整个动力蓄电池系统的均温性能好坏。

流道布置多采用并联结构，如图 4-63 所示，换热介质通过汇流管道分流到各个流道，不同的流道口径设计可保证进入每个通道的换热能力相当，最后再汇流流出。

采用进、出流道交错排布的方式，如图 4-64 所示，将流道进口段与流道出口段的换热能力进行了"中和"。

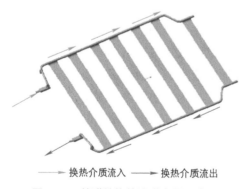

——→ 换热介质流入 ——→ 换热介质流出

图 4-63 并联结构的流道布置示意图

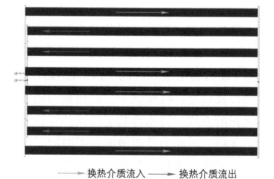

——→ 换热介质流入 ——→ 换热介质流出

图 4-64 进、出流道交错排布示意图

3. 定制化流道

动力蓄电池系统由众多电芯串并联组成，为追求高能量密度和高体积利用率，这些电芯常常紧挨着堆叠，位于中心区域的电芯散热效果不可避免地低于外围区域，动力蓄电池热管理系统的好坏需要衡量的是整个动力蓄电池系统的温升速率、温降速率及均温性，因此在进行换热板的流道设计时，需考虑不同类型动力蓄电池产热分布及整个温度场分布，以确保换热效果。不同动力蓄电池系统的换热板流道样式如图 4-65 所示。

图 4-65　不同动力蓄电池系统的换热板流道样式示意图

图 4-66 所示为比亚迪刀片电池直冷换热板，针对刀片电池的成组结构及应用工况产热特点，设计了分区流道（图中红色线框示意）。

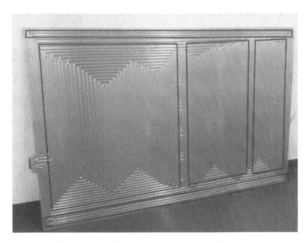

图 4-66　比亚迪刀片电池直冷换热板

在对换热板的流道进行设计的同时，换热板的制造工艺也不可忽略，表 4-12 为常见的换热板工艺特点。目前行业主流冷板工艺多采用口琴管式和冲压式，这两种制造工艺很成熟。由表 4-12 可知，口琴式换热板流道单一，对于结构布局不规则、产热分布严重不均的动力蓄电池系统换热效果不佳，需要选用流道可任意设计的换热板工艺，如冲压式。

表 4-12　常见的换热板工艺特点

换热板类型	原理	优点	缺点
型材 + 搅拌摩擦焊	利用铝挤压工艺将冷板流道直接成型，通过机加工方式打通循环，采用摩擦焊接等进行流道和接管密封	生产效率高，成本低，承重能力强	散热密度小，表面不适合设计太多螺钉孔
口琴管	采用铝挤压加工出流道，再与两端集流管焊接在一起	成本低，重量轻，结构相对简单，生产效率高	流道单一，接触面积小，管壁薄，换热效果一般，承重能力较差
机加 + 焊接	采用机加加工出流道，再与上盖板通过搅拌摩擦焊密封	内部流道尺寸、路径可自由设计；适合功率密度较大、热源布局不规则、空间受限的场合；易加工，成本较低	性能较低，容易发生泄漏
吹胀	通过网板印刷出由石墨构成的管路，通过热轧将两板结合，吹气将管路吹胀起来	热传导效率高、制冷速度快；液冷板最薄位置可以做到 0.6mm，重量轻	承重能力较差
冲压	依靠压力机和模具对铝材进行冲压，使之产生塑性变形，形成流道，上下壳体通过钎焊焊接在一起	流道可任意设计、接触面积大、换热效果好；生产效率高，耐压与强度好	成本较高，对平整度要求高，安装难度大
板翅	在上下导热面板中填充锯齿形换热翅片，再通过无钎剂的真空钎焊技术实现冷板密封	表面清洁度高，流动性好，抗腐蚀性能强；换热性能、流道均匀性好	—
焊接 + 埋管	适合铜板 + 铜管组合焊接方式	降低板材厚度，起到减重效果	—

　　动力蓄电池热管理系统使动力蓄电池在工作过程中始终保持在适宜的温度范围内，对提高其性能、寿命和安全可靠性具有重要的现实意义。本节通过介绍动力蓄电池热管理系统所需具备的功能，展示了现有的冷却、加热、保温技术方案，并从提升换热性能、增强均温性、定制化流道三方面阐述了系统创新的设计思路，为热管理系统设计人员提供参考。

　　动力蓄电池系统技术变革趋向于多元化，其中安全性、能量密度、快充、轻量化是贯穿始终的关键词。安全性作为纯电动汽车最大的豪华，是纯电动汽车大规模推广应用的基础，是电芯化学体系创新和物理结构变革的首要考虑因素。其次是快充性能，如何实现与燃油汽车等效的快速补能是重中之重。解决纯电动汽车续驶里程的另一条路径是从体积和重量两方面提升动力蓄电池能量密度。基于动力蓄电池结构设计创新，亟须减轻动力蓄电池系统的体积重量，减少不必要的零部件和辅助材料，促进纯电动汽车轻量化。动力蓄电池系统经过材料和结构的创新设计，将朝着高能量密度和智能化方向发展。

第5章

纯电动汽车电动力总成创新设计

5.1 概述

电动力总成是纯电动汽车将动力蓄电池电能转化为整车动力的核心，本章所述电动力总成不包含动力蓄电池系统，主要由电机、减速器、电控、OBC、DC/DC、PDU、VCU和BMC等零部件构成，如图5-1所示。为提升整车集成化水平，在传统各零部件分立的架构基础上，逐步形成了电机、电控、减速器集成的驱动三合一及OBC、DC/DC和PDU集成的充配电三合一两类架构。近年来，又进一步发展为将电动力总成相关零部件进行一体化集成的智能驱动总成。

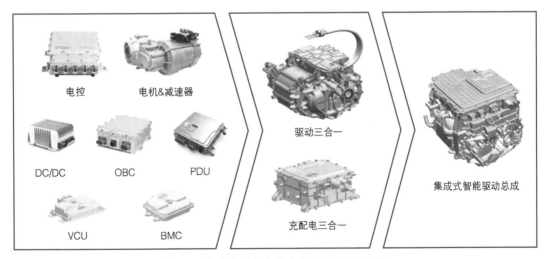

图5-1 电动力总成由分立向集成的发展历程

本章从集成式电动力总成驱动、充配电、热管理等功能的融合创新角度出发，分别介绍了电动力总成在拓展原有功能、增强动力性、提升系统效率、热管理、配电集成化、改善 NVH 和 EMC 性能等方面的创新设计。在功能拓展方面，以高低压集成充电、充电与驱动融合、电池脉冲加热三类新功能为例，论述了电动力总成功能融合创新思路。在高动力性设计方面，着重介绍了高转速电机转子冲片、碳纤维护套、轴承及与之配套的减速器传动比设计要点。针对效率提升问题，以影响总成效率最显著的电机、电控、电源为切入点，介绍了电机结构、电控算法和电源碳化硅器件等创新设计。在热管理方面，不仅介绍了水冷、油冷、润滑等散热方式在总成上的新应用，还提出了如何将产热"变废为宝"的新方案。在集成配电方面，以配电集成化、标准化为设计目标，阐述了母排、接插件等零件标准化设计及激光焊接等创新工艺。在 NVH 设计方面，在明确 NVH 噪声来源基础上，分别从结构设计、新材料应用和驱动软件算法优化等途径阐述了几类 NVH 改善方案。在 EMC 优化方面，详尽阐述了电磁骚扰（EMI）产生机理、EMI 来源及耦合路径，并在此基础上针对电控及 OBC 两类受 EMC 问题困扰严重的零部件，举例说明了 EMC 设计思路与具体方案。

5.2　多功能创新设计

在基本驱动功能基础上的多功能创新是当前电动力总成发展趋势之一。以充电及电能转换等功能为例，一方面将外部电网的能量变换为动力蓄电池所需电能，另一方面将动力蓄电池高压电转换为车载电器所需低压电。通常意义上，实现高低压转换需要相互独立的能量通路，导致整体拓扑结构复杂，而近年来出现的高低压融合 DC/DC 拓扑为该问题提供了解决思路。与此同时，拓展电动力总成原有拓扑应用，实现拓扑融合、功能创新，也是电动力总成领域的热点问题。

5.2.1　高低压充电功能设计

面向现阶段车辆对电网放电的新需求，并考虑到人员与设备安全，车载电源功率拓扑经历了由单向非隔离式拓扑到双向隔离式拓扑的转变，从早期只具备充电功能发展到如今支持离、并网充放电等多种功能。在此基础上，近年来提出的多向集成拓扑，以其能量传输模式灵活、电压等级兼容性好、功率密度高等优势，逐渐得到广泛应用。

1. 单向非隔离式拓扑

充电电路接入电网工作后，其对电网电能质量的影响被严格限制，故功率因数校正（PFC）是车载充电电路的必备环节，其中以 Boost 型有桥 PFC 电路的应用最广泛，如图 5-2 所示。电网电压经工频整流后流入 Boost 电路，并以电网电压信号为部分载波，使输入电流跟随电网变化，提升母线电压，实现单位功率因数。为进一步降低工频整流管损耗，传统 PFC 改进得到的图腾柱式 PFC 成为主流方案之一。如图 5-3 所示，二极管组成的工频桥臂完成整流功能，MOSFET 组成的高频桥臂与电感完成升压功能。

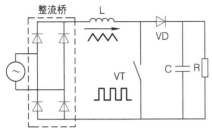

图 5-2　Boost 型有桥 PFC 电路

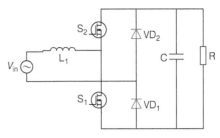

图 5-3　图腾柱式 PFC 电路

在 PFC 电路后级，通常加入 Buck-Boost 电路调节输出电压，以满足充电过程中动力蓄电池电压变化需求。图 5-4 所示为非隔离 Buck-Boost 电路，每个桥臂上下开关管驱动信号互补，通过调节驱动信号占空比，可实现 PFC 电路输出电压的升降，更好匹配动力蓄电池电压。

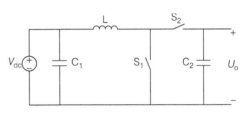

图 5-4　非隔离 Buck-Boost 电路

2. 单向隔离式拓扑

非隔离拓扑结构简单，但电网与电池存在物理连接，充电过程中可能存在漏电风险，对人员与设备安全造成安全隐患。因此，为避免车辆侧与电网侧直接相连，相较于非隔离电路，隔离式拓扑应运而生。

（1）移相全桥拓扑

图 5-5 所示的移相全桥电路是一类典型的隔离式拓扑，其与非隔离拓扑的最显著区别是隔离变压器的使用。除了通过一次、二次侧隔离增加安全性外，隔离变压器的另一重要作用是通过设计一次、二次侧绕组匝数变比，实现电压的大幅升降，例如 220V 转 12V 的低压车载电源通常设计较大的匝数比，以实现可靠降压。移相全桥拓扑桥臂之间驱动信号存在相位差，当负载变化时，通过调节该相位差，可保持输出稳定。移相全桥电路输出范围宽，控制精度高，但不易实现全范围软开关，导致效率相对较低。

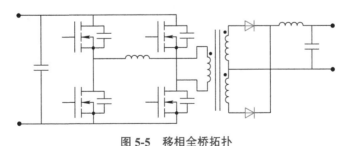

图 5-5　移相全桥拓扑

（2）LLC 拓扑

LLC 是一类谐振型隔离式拓扑电路，如图 5-6 所示。与上述占空比控制电路不同，LLC 电路依靠工作频率调节实现不同输出。与移相全桥相比，LLC 电路工作在谐振频率时，通过 MOSFET 实现 ZVS，二次侧二极管实现 ZCS，具有非常高的效率。然而，一旦动力蓄电池电压变化过大，LLC 电路需要大范围变频，系统会远离高效区域。另外，LLC 电路对隔离变压器励磁电感、漏感精确取值要求较严格，一定程度上增加了设计难度。

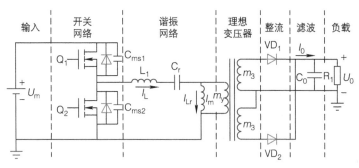

图 5-6　LLC 拓扑

3. 双向隔离式拓扑

单向拓扑的固有特性导致其无法应用于车辆对外放电的场合，随着 V2G 技术的普及，双向隔离式拓扑成为产品热点。以下介绍两种双向隔离式拓扑电路。

（1）双有源桥（DAB）

DAB 电路是移相全桥在双向拓扑领域的拓展应用，如图 5-7 所示，二次侧整流二极管替换为 MOSFET，一次、二次侧拓扑参数对称。正向充电时，一次侧 MOSFET 工作在移相逆变状态，二次侧 MOSFET 工作在同步整流状态；反向放电时，一次、二次侧 MOS-FET 交换工作状态。DAB 电路的优势在于只需要设定一次、二次侧驱动信号相位差，就可调控能量流动方向，算法实现难度低。

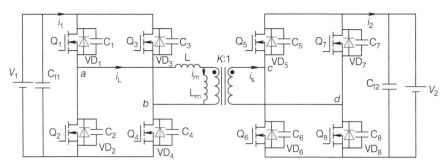

图 5-7　DAB 拓扑

（2）CLLC 拓扑

如图 5-8 所示，CLLC 电路在继承传统 LLC 电路相关优点的基础上，在二次侧谐振腔中增加了一个谐振电感及电容，这使其正向运行时在正向第二谐振频率点的直流增益小于 1，反向运行时在反向第二谐振频率点的直流增益大于 1。这种特点使得它更适合应用在正向降压、反向升压的场合。

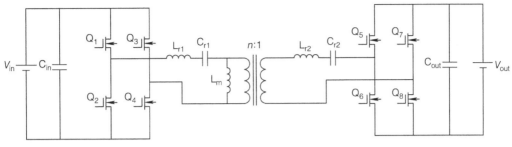

图 5-8　CLLC 拓扑

4. 多向集成拓扑

针对高压 DC/DC（即 OBC）场合介绍了拓扑创新历程，能量流在电网和动力蓄电池之间流动。与此同时，车载低压电器需要通过低压 DC/DC 稳定低压供电，其能量来源为动力蓄电池。目前较前沿的研究将高低压 DC/DC 集成设计，形成一类多向集成拓扑，如图 5-9 所示。多向集成拓扑的主要特点是仅用一个多端口变压器将高低压 DC/DC 电路能量通路耦合在一起。对于集成设计后的拓扑，存在电网 - 高压电池、电网 - 低压电池、高压电池 - 低压电池、低压电池 - 母线电容等几条能量通路，并共享同一变压器，在功率密度方面有明显优势。但由于高低压 DC/DC 控制环路相互耦合，需考虑输出端口高低压串扰问题。

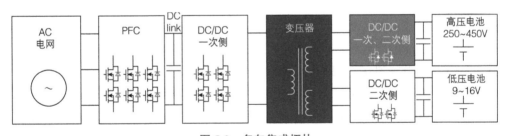

图 5-9　多向集成拓扑

5.2.2　充电与驱动功能融合

纯电汽车补能和续航是客户两大焦虑，随着新能源汽车往高电压发展，电池电压分布从 200 ～ 1000V 不等。目前充电站的充电桩分为高压桩（800V/1000V）与低压桩（500V），针对市场中低压桩存量较多，存在高压车无法充电或充满的问题，行业多采用升压斩波电路对充电桩电压进行提升。如图 5-10 所示，在下桥臂导通时，电源通过电感 L 进行储能，然后断开下桥，电感电压加上电源电压高于电池电压，电流通过上桥二极管进行充电。

在对总成集成设计时，深入分析充电与驱动架构，发现充电架构中的功率开关器件在电控中有，所需的电感可以用电机的电感来代替，保留之前的接触器与升压侧稳压电容，拓扑复用的方案基本可以确定；同时分析两种拓扑的使用场景，充电工况下整车处于静止状态，电机与电控处于非工作状态，驱动工况下，充电的升压 DC 也处于不工作状态，所以两个零部件在功能上不存在同时工作的场景，在零部件上又存在多个零部件相同，综合考虑与深入分析，最终将驱动与充电拓扑进行融合创新设计，充电模块复用当前电机控制器中已有的零部件进行设计，实现驱动与充电的深度融合。基于上述思路开发的汉车型于2020年量产发布。

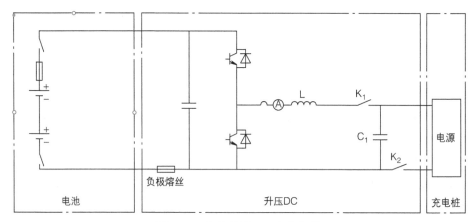

图 5-10　直流升压 DC 充电拓扑

5.2.3　电池脉冲加热功能

新能源汽车多采用锂电池，其在低温环境中，由于电池的物理特性，电池的充放电功率衰减严重，当电池温度低于 −30℃或 −35℃时，为了保证电池的使用寿命与安全，会将电池的充放电功率限制到 0，所以在低温下如何对电池高效加热是行业难题。目前行业主要采用专门的 PTC 加热冷却液，通过板式换热器进行热交换对电池加热，比亚迪在电池热管理 1.0 时主要采用水加热 PTC，后续 2.0 方案推出基于热泵空调的直冷直热方案，通过制冷剂与电驱系统的冷却液进行热交换，通过主动吸收电驱系统行驶中的废热，对电池和乘员舱进行加热。但是上述两种方案都存在加热速率慢、充电时间长的难题（基于成本和布置考虑），目前行业对电池加热的前沿技术研究为电池脉冲加热，利用电池在低温下内阻大的特性，使其发出大的脉冲电流，利用电池内阻发热，将电池温度快速升温。

电池脉冲加热常用自加热拓扑如图 5-11 所示。

针对电池低温加热的迫切需求，深入研究电池脉冲加热特性，利用集成设计优势，比亚迪先后推出电池热管理 3.0 方案，即脉冲自加热功能，经过多轮的冬季极限测试验证，推出基于电机电控拓扑的充电 - 加热 - 驱动的耦合拓扑，并在多款量产车型中推广使用，加快了电池升温速率，大幅缩短充电时间。

电动汽车技术发展对电动力总成的功能提出了更高要求，上述技术方案是比亚迪对行业技术发展做出的一些探索，除实现传统驱动和充电功能外，还在原有拓扑基础上实现功能融合振荡加热等功能，提升了整车集成度，所开发的产品具备技术优势，提高了产品在国际上的核心竞争力。

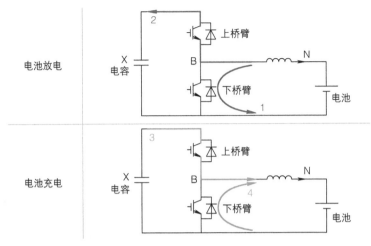

图 5-11　行业常用脉冲加热拓扑

5.3　高动力性设计

电动力总成正在向高功率密度和低成本方向发展，电机高速化是实现该目标的重要技术手段之一。通过提高驱动电机的最高转速，可以在功率不变时，减小电机尺寸和重量，提高电机的功率密度，材料用量更少，降低成本，使电机在给定空间内实现高性能，布置灵活，整车搭载性更好，利于平台模块化和四驱布置。提高驱动电机的最高转速，可以在保持电机体积重量不变的情况下提高输出功率，超车加速能力和高速持续行驶能力更强，提升整车动力性能，在有限的电耗水平下，给汽车驾驶员带来更快更猛的加速和极速体验。

高速电机具有高效率、高功率密度以及快速响应的优势。较高的效率可以将更多的电能转换为机械能，降低损耗，提高新能源汽车的续驶里程和能源利用效率。较高的功率密度可以在较小的体积内提供更大的输出功率，使得新能源汽车能够在性能和能效方面取得更好的平衡。同时，较低的惯性和较高的响应速度可以快速调整功率和转矩，提供更灵活的驱动性能和操作体验。在高速电机这些优势的驱动下，电机的转速一路攀升。

5.3.1　电机高转速设计

驱动电机高速化，可以提高车辆极速。然而电机转速越大，电机设计和制造的难度越大。电机在高速旋转时，转子冲片和磁钢都会受到离心力的作用，转速越高，离心力越大。在较大的离心力的作用下，转子冲片脆弱部分的强度可能超过其屈服强度，其变形会使气隙减小，从而影响电机性能甚至扫膛。所以，转子强度是高速电机设计的关键，其中，转子冲片的合理设计以及碳纤维材料的应用是保证转子强度的重要手段。

1. 转子冲片设计

永磁电机由于其效率和功率因数高以及转速范围大等优点，在高速应用领域备受青眯。相对于外转子永磁电机，内转子永磁电机具有转子半径小以及可靠性强的优点，成为高速电机的首选。对于永磁同步电机而言，定子组件对电机性能的影响主要体现在绕组分布和定子槽数上；转子组件对电机性能的影响则体现在整个磁路上，而电机磁路主要与转子的磁钢拓扑结构有关，不同的磁钢拓扑对电机性能的影响极大。常用的磁钢拓扑结构可以分为表贴式和内置式。由于近年来驱动电机逐渐朝着高速化、低成本、宽调速范围发展，采用表贴式转子结构已无法满足高速电机设计要求，因此目前大部分永磁驱动电机都采用内置式磁钢结构。对于内置式磁钢结构，目前主要有单 V 形、V—形和双 V 形三类，如图 5-12 所示。

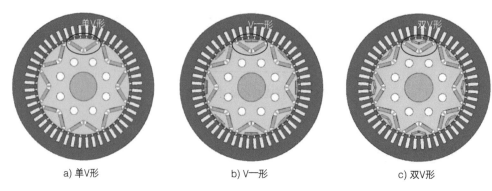

a) 单V形　　　　　　b) V一形　　　　　　c) 双V形

图 5-12　三种内置式磁钢拓扑结构

单 V 形磁钢结构相对简单，具有较好的弱磁调速能力，转子结构设计参数少，第三代丰田普锐斯驱动电机和特斯拉电机都是采用单 V 形磁钢结构的代表；V—形磁钢结构指的是在 V 形磁体上方增加一形磁体的磁钢拓扑结构，相比与单 V 形，V—形双层磁钢结构具有更高的磁阻转矩。随着电机性能需求的进一步提升，尤其是对电机 NVH 性能要求的提高，双 V 形逐渐成为当前电机设计的主流。双 V 形可以充分利用磁阻不对称带来的磁阻转矩，提高电机转矩，同时通过对图 5-12c 所示双 V 形磁体中小 V 磁体的设计还能调节气隙磁密，提升 NVH 性能。

永磁体内置式磁路结构普遍采用隔磁桥设计来减小漏磁，如图 5-13 所示。永磁体磁通通过隔磁桥时，隔磁桥饱和程度增加，磁阻增加，进而减小永磁体漏磁通，减小永磁体漏磁系数。一般来说，隔磁桥厚度越小，永磁体漏磁系数越小。然而当电机高速运行时，转子铁心的离心力主要由隔磁桥来承担，从而造成隔磁桥成为转子应力的集中点和薄弱点，是内置式高速永磁电机最容易损坏的部位。为了保证电机在高速下能安全稳定地运行，在

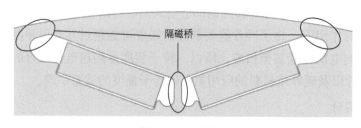

图 5-13　隔磁桥

进行电机设计时，可适当增加隔磁桥厚度来保证隔磁桥的机械强度，使得在超速转速下（指超过额定转速）转子冲片最薄弱处的应力低于最高运行温度下的屈服强度。

2. 碳纤维护套

转子中常用的钕铁硼材料能经受较大的压应力，但是不能承受较大的拉应力，其抗拉强度不及抗压强度的 1/10。而碳纤维复合材料的抗拉强度以及刚度是常规金属材料（如钢、铝、钛等）的 3～5 倍，密度是铁的 1/4；同时，碳纤维复合材料在其弹性范围内的允许应变量要远远高于大多数金属材料。基于上述优势，碳纤维护套应运而生，其覆盖在转子圆柱体表面外层，对转子起到固定和保护的作用。图 5-14 所示为某款带与不带碳纤维护套转子的强度仿真结果，从图中可以看出，带碳纤维护套转子强度薄弱处应力从 791MPa 下降至 540MPa，下降幅度明显。

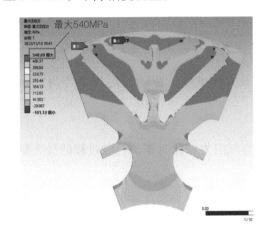
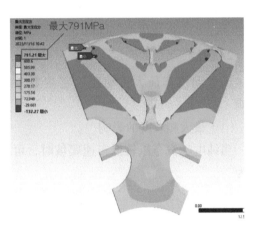

a) 带碳纤维护套转子强度仿真结果 b) 不带碳纤维护套转子强度仿真结果

图 5-14 转子碳纤维护套强度增强效果

碳纤维护套的设计优势非常明显，不仅可以防止高速旋转时，离心力导致的转子冲片变形，还能抑制转子的金属热膨胀，使转子和定子之间的设计间隙变小，进而增加磁通量的利用率，在同等输入电流下，能够提高电机转矩。

特斯拉首创了在电机转子上加碳纤维保护套，其核心作用便是加强电机转子的结构强度，提高电机转速。Model S/X 的 plaid 版本正是应用了这种科技，图 5-15 所示为采用碳纤维保护套的特斯拉电机。

图 5-15 采用碳纤维保护套的特斯拉电机

5.3.2 减速器传动比设计

对于纯电动汽车而言，减速器的传动比是影响电动力总成动力性的关键因素之一。合理匹配设计减速器传动比，不仅可以满足汽车行驶动力性能需求，还能使驱动电机经常运行在高效率区，从而减小电机的功率损失。

当电机的输出外特性确定后，减速器传动比设计需满足整车最高车速、加速时间、最大爬坡度的要求，另外驱动轮还需满足地面附着条件。

1. 最小传动比的确定

纯电动汽车最小传动比的确定主要考虑汽车以最高车速行驶时需满足的要求，此时

$$i_{min} \leqslant 0.377 \frac{rn_{max}}{u_{max}} \tag{5-1}$$

式中　i_{min}——最小传动比；

r——车轮滚动半径（m）；

n_{max}——电机峰值转速（r/min）；

u_{max}——最高车速（km/h）。

2. 最大传动比的确定

纯电动汽车最大传动比确定主要考虑整车最大爬坡度、驱动轮附着率等两方面的影响。

（1）最大爬坡度的影响

当纯电动汽车以较低车速爬坡时，可以忽略空气阻力，此时车辆行驶过程的最大驱动力为

$$F_{tmax} = F_f + F_{imax} \tag{5-2}$$

$$F_{tmax} = \frac{T_{tqmax} i_{max} \eta_t}{r} \tag{5-3}$$

$$F_f = mgf\cos\alpha_{max} \tag{5-4}$$

$$F_{imax} = mg\sin\alpha_{max} \tag{5-5}$$

式中　F_{tmax}——最大驱动力（N）；

F_f——滚动阻力（N）；

F_{imax}——坡道阻力（N）；

T_{tqmax}——电机峰值转矩（N·m）；

i_{max}——最大传动比；

η_t——传动效率；

r——车轮滚动半径（m）；

m——整车满载质量（kg）；

g——重力加速度（m/s²）；

f——滚动阻力系数；

α_{max}——最大坡度角（°）。

可以推出，为满足整车的最大爬坡能力，减速器的传动比需要满足

$$i_{\max} \geqslant \frac{mg(f\cos\alpha_{\max} + \sin\alpha_{\max})r}{T_{tqmax}\eta_t} \quad (5\text{-}6)$$

式中　m——整车满载质量（kg）；

　　　g——重力加速度（m/s^2）；

　　　f——滚动阻力系数；

　　　$\alpha_{\max}$——最大坡度角（°）；

　　　r——车轮滚动半径（m）；

　　　T_{tqmax}——电机峰值转矩（N·m）；

　　　η_t——传动效率。

（2）附着率的影响

最大传动比确定后，还要计算驱动轮的附着率，验证是否符合附着条件，车辆行驶时，最大驱动力必须小于或等于地面对轮胎的附着力，否则将会出现轮胎打滑。

$$F_{X\max} = \frac{T_{tqmax}i_{\max}\eta_t}{r} \leqslant \varphi F_z \quad (5\text{-}7)$$

即

$$i_{\max} \leqslant \frac{r\varphi F_z}{T_{tqmax}\eta_t} \quad (5\text{-}8)$$

式中　$F_{X\max}$——地面对轮胎切向反作用力的极限值，也即附着力（N）；

　　　F_z——驱动轮法向反作用力（N）；

　　　φ——附着系数。

在体积更小，功率更高的追求驱动下，电机高速化是强趋势。但由于电机转速过高，对转子强度提出了更高的要求。转子冲片隔磁桥适当加宽以及碳纤维保护套的应用是保证转子强度的重要手段。此外，为了充分发挥高速电机的性能，必须要合理匹配设计减速器传动比，保证电机在常用工况始终运行在高效区。

5.4　效率提升设计

电动力总成的效率是衡量产品竞争力的核心指标之一，如何降低电动力总成工作损耗，实现电能高效利用，始终是行业关注的重点技术。电动力总成各零部件中，电机、电控和电源是主要损耗来源，对三者的效率提升设计是电动力总成效率优化的重要环节。

5.4.1　电机效率提升设计

电机效率对整个总成效率影响较大，是衡量电机性能优劣的重要技术指标。电机效率

是电机输出功率与输入功率的比值，电机输入功率包括输出功率和损耗两部分，而电机损耗主要由铜耗、铁耗以及永磁体涡流损耗等组成。提高电机效率主要通过降低电机损耗的方法来实现。通过引入新工艺，降低电机铜耗、铁耗以及永磁体涡流损耗，是提高电机效率的一个重要方向。

1. 扁线绕组

电机铜耗占电机损耗近七成，降低电机铜耗能够大幅减少电机能量损耗，提升电机效率。铜耗大小又与绕组电阻成正比，而根据导线电阻公式 $R = \rho L/S$（ρ 为电阻率；L 为长度；S 为绕组横截面积），在电阻率、长度不变的情况下，只能通过提升绕组横截面积来降低电阻，即提升槽满率。铜线绕组可分为圆线绕组和扁线绕组。圆线是驱动电机最早发展应用的绕组技术，但圆线绕成线圈时会形成间隙，空间利用率较低，使得电机效率受限，无法满足整车续航需求。为进一步提高电机效率，扁线电机技术逐渐成为主要的技术发展方向。圆线电机与扁线电机的主要区别在于铜线的成形方式，如图 5-16 所示。

a) 圆线　　　　　　　　　　　　　　　b) 扁线

图 5-16　圆线和扁线对比

相比于传统圆线电机采用细圆铜线，扁线绕组采用矩形铜线的电磁线间隙更小，相同定子槽体积下能装更多的绕组铜线，因此具有更高的槽填充率，一般圆线电机纯铜槽满率在 40% ~ 50%，而扁线电机纯铜槽满率可高达 60% ~ 70%。扁线绕组和圆线绕组槽满率对比如图 5-17 所示。因此采用扁线绕组可大大提升槽满率，进而有效提高电机效率。比亚迪某款扁线电

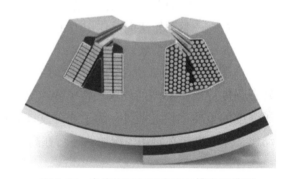

图 5-17　扁线绕组和圆线绕组槽满率模型

机与同性能圆线电机的效率对比如图 5-18 所示，可以看出，扁线电机的高效区域面积占比明显增大。

并且，相同电机功率下，扁线绕组除了铜线填充量更少外，还具有更小的端部尺寸，端部指的是铜线在定子槽外的部分，槽中的铜线对于电机做功有作用，而端部对于电机做功并无贡献，只是将槽与槽之间进行线连接。传统的圆线电机由于工艺问题，需要在端部留出较长的距离，这是为了防止在加工和其他工艺过程中损伤槽中导线，而扁线从根本上解决了这一问题，端部更短，可节约铜材，提高效率。

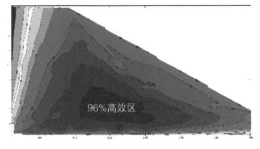
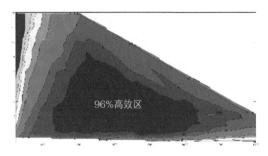

a) 圆线电机效率   b) 扁线电机效率

图 5-18 比亚迪扁线电机和圆线电机效率对比

扁线绕组目前主要有三种技术方案：I-pin、Hair-pin 和 S-winding。I-pin 直接插线，双边焊接，无需预成型且单槽装配，可进一步减小绕组装配预留空间，但缺点是焊接工艺烦琐，端部尺寸较大；Hair-pin 形似发卡，先成型再插线，然后单边焊接，相比 I-pin 具有更少焊点；S-winding 成型后两头端部无需焊接，端部空间尺寸小，但对扁线要求和加工成本更高。目前主流为采用 Hair-pin 扁线绕组方案。X-pin 方案是传统扁线方案的技术延伸，因其两根铜线搭接呈 "X" 形而得名，如图 5-19 所示。传统 Hair-pin 扁线受工艺影响，其焊接端有较长的直线段部分，增加了电机轴向长度，X-pin 工艺则去掉了直线段部分，使定子端部高度下降，轴向长度减小，这样更有利于电驱动系统和整车的空间布置。相比 Hair-pin 方案，X-pin 方案下电机的用铜量及电阻得到降低，铜耗得到减小，效率得到进一步提升。

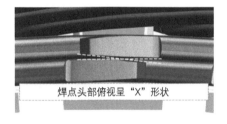

焊点头部正视呈 "X" 形状   焊点头部俯视呈 "X" 形状

图 5-19 X-pin 焊点头部 "X" 形示意图

2. 分段永磁体

永磁体涡流损耗与磁通变化率成正比，磁通量变化越快涡流损耗越大。近年来随着电机转速的提高，磁场频率增大，涡流损耗引起的效率损失也变得越来越突出。涡流损耗产生的基本原理是电阻发热，即材料内部环流电流的平方与路径上电阻的乘积，因此降低涡流损耗可以采取增大材料内部电阻的方法。

永磁体通常采用钕铁硼材料，其电阻比较小，电机中基波电流产生的旋转磁场与转子同步，频率相同，所以转子铁心中主磁场恒定，其引起的涡流可以忽略；而空间谐波和时间谐波磁场与转子存在相对运动，会在转子铁心中感应出较大的涡流电场，尤其是高电压平台中电机输入电流波形中的载波幅值大、频率高，在永磁体上产生较大涡流，使磁体发热，造成输出效率损失；永磁体温度过高也会导致磁性能下降，电机效率在部分转速区域内同步降低，严重时会发生永磁体热退磁现象。

分段永磁体材料如图 5-20 所示。永磁体分段实际是通过增大回路中的电阻值，从而减少永磁体产生的涡流密度以降低涡流损耗，如图 5-21 所示，由一整块永磁体改为数个小永磁体，彼此之间绝缘。然而当分段到一定数量后，涡流损耗降幅不再明显，如图 5-22 所示。

图 5-20　分段永磁体材料示例（钕铁硼材料）

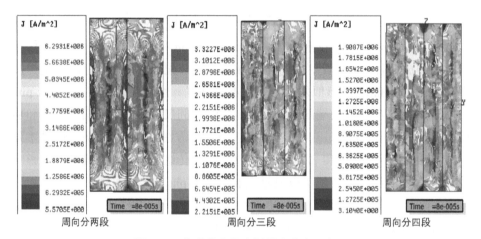

图 5-21　永磁体分段降低涡流密度示意图

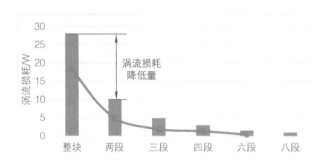

图 5-22　永磁体分段与涡流损耗的关系

分段永磁体可有效降低涡流损耗，但是因永磁体需要加工成小块然后再进行粘接，增加了加工工序，导致成本略高于未粘接工艺；此外永磁体分段会导致相同宽度内永磁体的有效截面积变小，从而降低电机转矩。分段永磁体方案能在特性基本不变的前提下通过工艺改善达到降低损耗的目的，各大汽车厂家已逐步在高速电机上进行应用，随着电机高速化的发展，其后期的应用将更为广泛。

3. 自粘接超薄硅钢片

铁心叠压工艺分为扣接、焊接、粘接，如图 5-23 所示。其中扣接方式通过在定转子冲片上冲压出扣点，通过一定压力进行叠片的叠压，通常叠压系数可达到 0.97；焊接方式可以与扣接方式一起使用，或者单独使用；由于冲压扣点或者焊接叠片都会破坏叠片绝缘层，这两种连接方式的铁心铁耗通常较大。粘接方法取消了扣点和焊接点，通过黏结剂粘合叠片，如图 5-23c 所示，粘接铁心的叠压系数可以达到 0.98 以上。粘接通常有两种方式，一种是在叠片上固定位置进行点胶，另一种是电工钢在生产时涂覆一层胶水，叠片时通过加热叠片实现叠片自粘接。由于自粘接方案胶水溢出会影响定子槽满率，现阶段点胶方案逐步获得推广应用，图 5-24 展示了定转子叠片点胶示意图。自粘接工艺可有效匹配超薄硅钢片，而硅钢片厚度是影响电机铁耗的重要因素。硅钢片厚度越薄，铁心涡流损耗越低。通过采用超薄硅钢片，可有效降低电机铁耗。此外，采用磁导率高、损耗低的优质硅钢片也是降低铁耗的重要措施。

a) 扣接   b) 焊接   c) 粘接

图 5-23 铁心叠压工艺

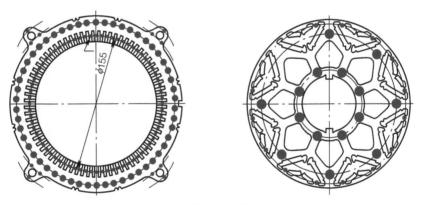

图 5-24 粘接铁心点胶示意图

5.4.2 电控效率提升设计

逆变是电机控制器的核心功能，通过脉宽调制技术使功率器件按照特定规则进行开关来实现直流电到交流电的转换，功率模块开关过程中的损耗占电机控制器损耗的 95%。功率器件的损耗主要分为开关损耗与导通损耗，提高电机控制器的效率，主要从功率器件技术革新、软件算法升级等方面入手。

1. IGBT 器件创新设计

IGBT 全称绝缘栅双极晶体管，是由双极型晶体管（BJT）和绝缘栅型场效应晶体管（MOS）组成的复合全控型电压驱动式功率半导体器件，具有输入阻抗高、驱动功率小、开关速度快、饱和压降低、电流密度高的优点；历经多年发展，IGBT 技术经历多代升级，衬底从 PT 穿通型到 NPT 非穿通型再到 FS 场截止型，栅极从平面到沟槽，再到微沟槽。通过不断的技术升级与迭代，IGBT 晶圆损耗不断降低，效率越来越高。

比亚迪从决心发力电动汽车开始，便意识到核心零部件自主可控的重要性。从 2005 年开始布局车规功率器件，历经多年技术攻关，推出多代产品，见表 5-1，构建了从晶圆设计到生产再到封装的能力，于 2014 年推出第一款量产产品 2.5 代 IGBT 晶圆，完成车规级认证并率先在 E6 车型上进行推广应用，基本完成 IGBT 晶圆的自主可控。

表 5-1　比亚迪历代晶圆

时间	名称	技术点	率先应用车型
2014 年	2.5 代晶圆	平面栅 +NPT 非穿透型	E6
2018 年	4.0 代晶圆	精细平面栅 +FS 场截止技术	唐、秦
2020 年	5.0 代晶圆	Trench 沟槽 +FS 场截止技术	元 EV
2022 年	6.0 代晶圆	微 Trench 沟槽 +FS 场截止技术	海豚

到 2022 年，比亚迪推出最新一代 6.0 代 IGBT 晶圆，如图 5-25 所示，采用微沟槽与 FS 场截止技术，性能优异。经过多年技术发展与攻关，比亚迪实现了 IGBT 晶圆自主可控，性能指标从追赶到领先。

2. 宽禁带半导体碳化硅器件创新应用

为了加快充电速率，高压化成为行业的主要选择。如图 5-26 所示，高电压平台对功率器件耐压性能提出了更高要求，硅基器件面对高电压需要牺牲能耗，这是整车无法接受的，SiC 器件由于其优异的物理特性，可以在保证耐压的前提下降低能耗，逐渐成为高压领域的主流功率器件。

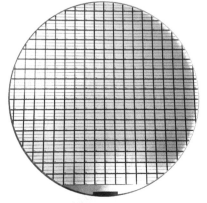

图 5-25　比亚迪第 6 代 IGBT 晶圆

碳化硅（SiC）是由硅元素和碳元素组合而成的一种化合物半导体材料。同半导体材料硅（Si）相比，其禁带宽度是硅的 3 倍，击穿电压是其 8 ～ 10 倍，导热率是其 3 ～ 5 倍，电子饱和漂移速率是其 2 ～ 3 倍，可显著提升功率器件各项性能。

目前 SiC 功率器件在新能源汽车主要应用于电机控制器、车载充电机（OBC）、DC/DC 变换器等产品。从材料来看，SiC 相对于硅材料拥有更高的击穿场强、更高的热导率以及更高的电子饱和漂移速度；从电路损耗来看，在同等条件下，SiC 功率器件能大幅降低电路开关的能量损耗，系统效率提高 5% ～ 8%；从功率密度来看，采用 SiC 功率器件的电机控制器目前普遍能够达到 45kW/L，IGBT 电机控制器功率普遍在 20 ～ 30kW/L。

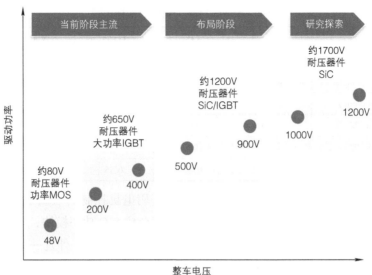

图 5-26　不同功率器件和整车电压对应趋势图

新能源汽车采用高电压平台是大势所趋，SiC 器件彰显优势，具体优势如下：

（1）能量损耗低

SiC 模块的开关损耗和导通损耗显著低于同等 IGBT 模块，且开关频率越高，损耗越低，同时可以实现高速开关，有助于降低电池用量，提高续驶里程。

（2）封装尺寸小

在功率相同条件下，SiC 功率模块的体积显著小于硅基模块，有助于提升系统的功率密度。

（3）开关频率高

SiC 材料的饱和电子漂移速率是 Si 的 2 倍，有助于提升器件的工作频率；高临界击穿电场的特性使其能够将 MOSFET 带入高压领域，克服 IGBT 在开关过程中的拖尾电流问题，降低开关损耗和整车能耗，减少无源器件如电容、电感等的使用，从而减少系统体积和重量。

（4）耐高温、散热能力强

SiC 的禁带宽度、热导率约是 Si 的 3 倍，可承受更高温度，高热导率也将带来功率密度的提升和热量的更易释放，冷却部件可小型化，有利于系统的小型化和轻量化。根据 ROHM 数据，相同规格的 SiC MOSFET 和 Si MOSFET 相比，导通电阻降低为 1/200，尺寸减小为 1/10；使用相同规格的 SiC MOSFET 的逆变器和 Si 基 IGBT 相比，总能量损失小于 1/4，从而成为半导体材料领域最具前景的材料之一。

表 5-2 对比了 Si 与 SiC 核心指标，包括击穿场强、电子迁移率、热导率等。击穿场强决定了耐压性，SiC 击穿场强最高，更适合高压场景。在相同电压情况下，SiC 器件厚度更薄，尺寸更小，重量更轻，导通电阻更低，能量损失更小。热导率决定了散热性的强弱，SiC 的热导率最高，因此散热片等冷却部件体积可以做到更小，就可以实现同等的冷却效果。

表 5-2　半导体材料各项性能指标比较

半导体	Si	Ge	GaAs	GaN	6H-SiC
禁带宽度 /eV	1.12	0.67	1.43	3.37	3
能带类型	间接	间接	直接	直接	间接
击穿场强 /（MV/cm）	0.3	0.1	0.06	5	5
电子迁移率 /（cm²/V·s）	1350	3900	8500	1250	< 400
空穴迁移率 /（cm²/V·s）	480	1900	400	< 200	90
热导率 /（W/cm·K）	1.3	0.58	0.55	2	4.9

随着碳化硅晶圆制造工艺逐渐被攻克，其在车用电机控制器领域中的占比越来越高。比亚迪在 2020 年量产的汉车型上推出全球首款六相全桥 SiC 功率模块，攻克碳化硅芯片产业链制造难题，成为全球唯一一家构建从原材料—碳化硅衬底—外延—晶圆制造—模块封装—整车应用的全流程、全体系的汽车厂商。

3. 软件优化设计

（1）动态载波技术

逆变是电机控制器的核心功能，通过功率器件和脉宽调制技术实现。脉宽调制即通过载波调制输出一系列占空比可变的脉冲波形，将直流电逆变为电机所需要的交流电。功率器件在开关过程，也是器件通过电压电流的变化过程，在其电压电流的重叠区域，造成了功率器件开关损耗。电机控制器主要的损耗来源是逆变器部分，逆变器损耗 70% 来自开关部分，从降低开关损耗的角度思考，研究了载频动态调整技术。通过仿真试验发现，调整开关频率后，控制器效率最大可以提升 2% 左右，如图 5-27 所示，尤其是在低转速，对载频要求不那么高的时候，调整载频可以有效降低控制器的损耗，提高控制器的效率。但载频不能无限制下调，载频太低不利于整车 NVH，同时载频太低，输出到电机的三相电路波形的正旋度会变差，谐波含量增加，电机效率降低且会带来发热问题。

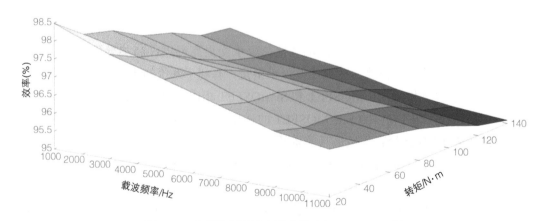

图 5-27　电机控制器效率图（转速为 800r/min 时）

（2）非连续 PWM 调制技术

除了通过降低开关频率来降低开关损耗，还可以采用非连续 PWM 调制技术（DPWM），如图 5-28 所示，采用 DPWM 技术比连续 PWM 调制技术（CPWM）减少 1/3 的开关次数，可以显著降低开关次数，达到减少开关损耗的目的。

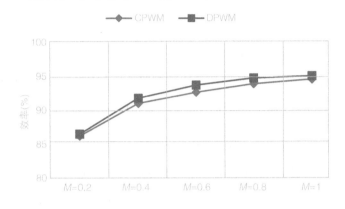

图 5-28　DPWM 与 CPWM 效率对比

（3）过调制技术应用

控制器损耗包括开关损耗和导通损耗。导通损耗与输出电流有很大关系，输出功率一定的情况下，输出电流降低，对应输出电压需要相应提高。如图 5-29 所示，通过加入过调制，能有效提高弱磁区输出功率和输出转矩，提高输出电压 4%，峰值功率对应提高 4% 左右，改善整车在高速的动力性能；通过加入过调制，输出相同功率，电流会明显降低，能减小系统发热，提高控制器的过载能力，改善整车动力性能；通过加入过调制，能有效提高基波电压，与没有过调制相比，可以有效提高电机效率，电机电流明显减小（0 ~ 8%），效率提高，有效延长续驶里程。

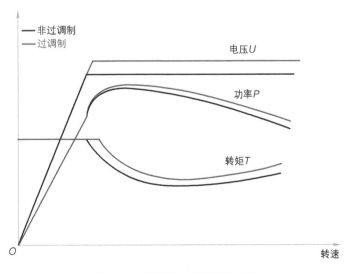

图 5-29　过调制与非过调制对比

5.4.3　电源效率提升设计

近年来，主流技术路线通过提升充电功率来缓解电动汽车续航焦虑，高电压平台因其高效率等优势成为车载电源首选架构。面对以上趋势，车载电源系统可通过器件升级和算法优化等方式提升效率。

1. SiC MOSFET 的应用

高电压平台对电源器件耐压性能提出了更高要求，而硅基器件难以承受电压等级大幅升高，SiC 器件逐渐成为高压电源领域的主流功率器件。相比 Si，SiC 体积小、功率密度高、耐高压和高温能力强，完美适应当前电动汽车高集成化发展趋势。

对于车载电源而言，单相 OBC 受交流电进线电流限制，功率最大只能做到 6.6kW，采用三相输入的模式可以将目前 6.6kW 的功率提升到 11kW，大幅提升充电速度；电池电压提升对于车载电源的发展具有重要意义。输入电压由 AC 220V 变成三相 AC 380V 后，PFC 输出级的电压会相应提高到 550V 左右，如果采用两电平拓扑结构，650V 的 CoolMOSTM 已无法满足要求，需要选用 900V/1200V 的开关管。900V 及以上规格 CoolMOSTM 产品成本较高，性能上与碳化硅 MOSFET 的差距比 650V 的器件更大，因此 900/1200V 碳化硅 MOSFET 在三相 11kW OBC 中有着广阔的应用前景。各车载电源厂家已经陆续开始开发三相 11kW OBC，首选方案均考虑使用碳化硅 MOSFET 作为 DC/DC 输入级开关管，可以预见，未来三相 11kW OBC 将会成为碳化硅 MOSFET 的主要应用场景之一。

截至目前，SiC 器件已被众多车企应用在其电动汽车及车载电源产品中。其中，特斯拉 Model 3 的主逆变器采用意法半导体生产的 SiC MOSFET 功率模块，是全球第一家将 SiC MOSFET 应用于电动汽车主逆变器的车企；保时捷将 SiC 器件应用到旗下 Taycan 车型，率先推出 800V 平台的车载充电机；比亚迪在推出首款采用 SiC 技术的车型汉的同时，已逐步实现 SiC 功率器件对 Si 基器件的全面替代；威迈斯于 2024 年宣布将开发下一代全 SiC 器件的 6.6kW OBC。此外，丰田汽车、蔚来等知名车企及 Lucid、马勒、科士达等充电机主机厂也在近年推出自研的 SiC 车载充电机。

2. 软开关设计

对电源系统效率有明显提升作用的另一措施是软开关技术的应用。受 MOSFET 器件特性决定，开关过程中电压、电流均不为零，以图 5-30 所示的开通过程为例，电压下降、电流上升的波形存在重叠，相应造成开通损耗，关断过程亦然。而电源系统工作频率很高，通常为几百 kHz，这导致上述开关损耗量成为整个工作过程中 MOSFET 最显著的一部分损耗。同时，MOSFET 开关时电压、电流波形存在明显"过冲"式振荡，这是开关噪声的来源之一，使整机 EMC 性能恶化。上述开关过程被称为硬开关，显而易见，不改善硬开关过程的不利影响，电源系统必然无法实现高效目标。

改善硬开关不足的核心手段是设计软开关，如图 5-31 所示。通过在回路中增加电感，与 MOSFET 自身具有的结电容产生串联谐振，使开关管开通前电压先降到零，关断前电流

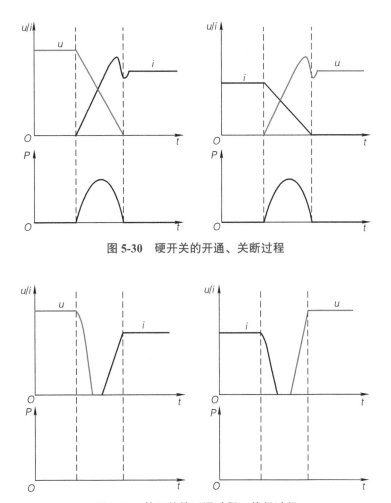

图 5-30 硬开关的开通、关断过程

图 5-31 软开关的开通过程、关断过程

先降到零。从波形看，消除了开关过程中电压、电流的波形重叠，从而大幅减少甚至消除开关损耗，使电源效率显著提升。同时，串联谐振限制了开关过程中电压和电流的变化率，使得开关噪声显著减小，对改善系统 EMC 性能有利。因其无损特性，相比硬开关，上述开关过程被称为软开关。

电源系统采用硬开关技术，不仅开关损耗极大，开通和关断瞬间产生的电压和电流尖峰还可能使器件状态运行轨迹超出安全工作区，影响 MOSFET 可靠运行。同时，过高的电压、电流变化率意味着严重的电磁干扰，对电源系统 EMC 性能及可靠性有害。当软开关技术应用后，开关损耗的消除或降低不仅表现为整机效率提升，进一步可提升器件耐受的电压、电流上限值，拓展器件安全工作区范围。由于开关损耗是限制器件开关频率提高的瓶颈问题，消除开关损耗意味着电源系统工作频率可成倍提高，对功率密度提升、热管理设计等方面有直接意义。此外，软开关模式下的开关管开通和关断都在没有电压或电流的情况下实现，几乎不存在波形畸变，也就不会引入高频噪声，对改善系统 EMC 性能有利。

效率始终是评价一款电动力总成技术水平的核心指标之一。面向高电压、大功率的发展趋势，结合结构优化、材料创新、器件升级、软件革新等一系列手段，将核心零部件损耗大幅降低，从而使系统整体效率显著提升，是未来电动力总成技术主要发展方向之一。

5.5 热管理性能设计

电动力总成系统中驱动电机、电机控制器及减速器工作时，会产生各种损耗，并转化为热能，使系统各部分产生温升，从而影响整车性能。要降低系统温升，提高总成运行效率，核心是采取合适的热管理方式，选择和设计合适的冷却方式和冷却回路，对系统发热部位进行有效冷却。

驱动电机运行过程中定、转子会产生内部损耗引起温升，主要散热方式为水冷和油冷等。目前整车对电机功率密度要求越来越高，相应地对电机散热能力要求也越高，否则会引起电机绕组绝缘性能衰退、永磁体退磁等问题。

减速器发热部位主要包括齿轮啮合齿面、轴承复合传送面等，以往散热方式中，对于齿轮往往采用飞溅润滑方式进行散热，对于轴承则采用脂润滑方式散热，但机械损耗较大，转速受限，因此后续开发出油润滑方式，通过对高负荷发热部位连续供给或排出低温润滑油，使热量发散，达到降温冷却效果。

电机控制器的功率模块在工作过程产生的热量，需要通过散热器带走，常用散热方式有风冷和水冷。风冷通过散热器将热量与空气进行热交换，成本低、结构简单，但散热效率较低；水冷将热量与冷却水进行热交换，散热效率较高。

车载电源模块内部有大量电路元件与电磁器件，传统电源采用平铺水道的散热方式，使得车载电源体积较大，散热效果有限。当前主流散热技术为采用立体水道的三面散热方式，可有效降低电源功率器件的散热热阻，减小体积，提高空间利用率。

5.5.1 电机与减速器热管理设计

电机内部定子损耗主要包括绕组铜耗和定子铁心交流损耗，转子损耗主要包括永磁体和转子铁心交流损耗。由于驱动电机采用全封闭结构，导致内部温度梯度较大，散热不均匀，因此需要借助外部冷却介质进行有效散热。

1. 水冷

水冷是一种广泛应用的冷却方式，即通过在电机机壳内开设水道（通常为螺旋形和 S 形），使定子铁心 - 机壳连接面与冷却水接触进行热交换，从而带走定子产生的热量，达到间接冷却定子的目的。图 5-32 所示为比亚迪海豚水冷电动力总成，电机冷却路径示意图如图 5-33 所示。电机控制器与驱动电机在冷却回路中串联，冷却水优先流经电机控制器，再流经驱动电机定子冷却水道，最后从出口流出。

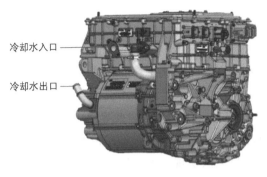

冷却水入口

冷却水出口

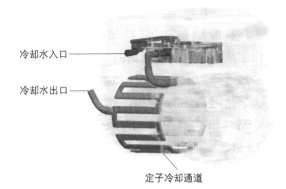

冷却水入口

冷却水出口

定子冷却通道

图 5-32　比亚迪海豚水冷电动力总成　　　图 5-33　比亚迪海豚电机冷却路径

这种冷却方式能够对与水道接触部分的铁心和绕组进行有效冷却，提升定子绕组的电流密度和电机功率密度，此外，转子产生的一部分热量会通过气隙传递由水道带走。尽管如此，大部分热量依然无法与水道进行热交换，无法定向冷却端部绕组、转子铁心及永磁体，使得转子温度上升，引起轴承局部过温或永磁体退磁，导致整个电机功率发挥受限。因此，要提高电机局部冷却散热能力，使电机性能更加稳定。

局部冷却措施主要采用局部热传导或热对流方式，对定子绕组、转子端部及轴承进行精准冷却，即采用机壳主要冷却和局部强化冷却的复合冷却方式，将热量导出到外部，确保电机零部件均在许可范围内运行。与一般水冷方式相比，复合冷却结构虽然多种多样较为灵活，但会增大电机冷却系统结构设计的复杂程度，并增加成本，使得电机功率密度的进一步提升面临阻碍。

2. 油冷

由于水冷方式的限制性，进而发展出以油为冷却介质的油冷方式。相较于水来说，油的绝缘属性使得其被应用于定、转子内部冷却，可以实现更为高效的电机散热，因此在高功率密度电机中，油冷结构的应用更加广泛。在油冷电机发展历程中，基于提升电机冷却效率、降低温度以及简化冷却结构等目的，相继衍生出多种油冷结构。按照油是否进入电机内部与发热部位直接接触，大致可分为直接冷却和间接冷却两种方式。以这两种方式为基准，油冷方式又派生出不同的实施路径，具体分类如图 5-34 所示。

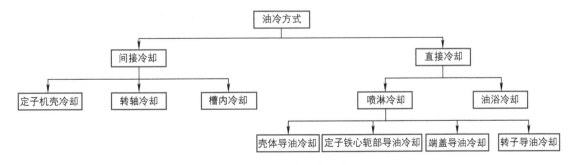

图 5-34　油冷方式分类

215

（1）间接冷却

间接冷却方式中，冷却油与电机发热部位不会直接接触，而是在流道内流动。当电机内部热量传递到流道内时，冷却油通过强迫对流将热量带走。根据冷却油流动路径，间接冷却可分为定子机壳冷却、转轴冷却及槽内冷却。在实际应用中，间接冷却方式应用较少，这是因为油的导热系数 0.2W/（m·K），是 50% 乙二醇水溶液（体积分数）导热系数 0.406W/（m·K）的一半，而动力黏度为 16.7mm²/s，是 50% 乙二醇水溶液（1.29mm²/s）的 13 倍，因而具有更大的流阻。图 5-35 所示的转轴冷却油路中，需要在转轴内部添加进出油道，使得电机工艺、冷却结构变得复杂，动密封无法实现。另外槽内冷却结构同样会占用槽内尺寸，导致槽满率降低，电机效率受到影响。

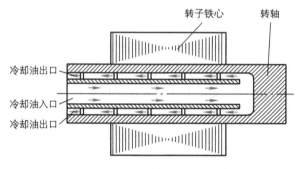

图 5-35　转轴冷却油路示意图

（2）直接冷却

直接冷却方式中，油液进入电机内部与发热部件直接接触，带走热量。按照油在电机内部的流动情况，将直接冷却分为油浴冷却、喷淋冷却。油浴冷却方式需要将所有发热部件浸泡在油液中，虽然散热效果较好，但电机旋转时会搅动油液，带来较大的搅油损失，使阻力增大，引起油温升高，因此这种方式不适合在驱动电机转子冷却中使用。基于这种冷却方式，可以只在定子侧进行油浴冷却，如图 5-36 所示。

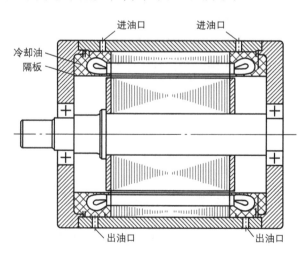

图 5-36　油浴冷却结构

　　喷淋冷却是目前油冷电机主流的冷却方式，通过在电机不同部位设置喷嘴，将冷却油喷射到发热部件，将热量带走，从而达到冷却目的。喷射的油液在电机下方聚集，通过回油孔流回到油泵中。按照喷嘴位置和油液流经路线，喷淋冷却可以分为转子导油冷却、端盖导油冷却、壳体导油冷却及定子铁心轭部导油冷却。图 5-37 ～图 5-42 所示为几种常见的电机油冷结构。

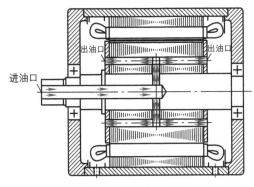

图 5-37　转子导油冷却（转子铁心）

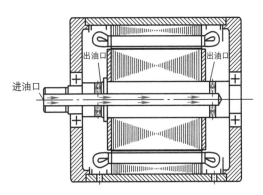

图 5-38　转子导油冷却（定子绕组端部）

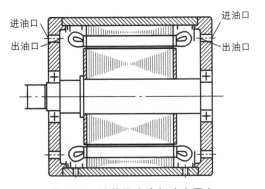

图 5-39　端盖导油冷却（定子）

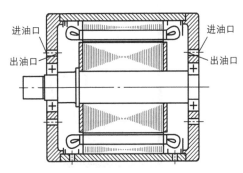

图 5-40　端盖导油冷却（转子）

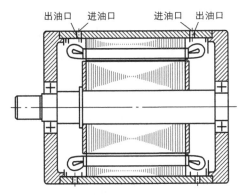

图 5-41　壳体导油冷却（定子绕组）

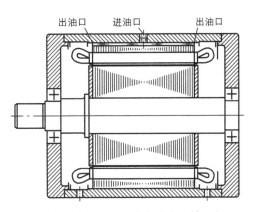

图 5-42　壳体导油冷却（定子铁心）

3. 减速器冷却

减速器冷却基本通过油的润滑方式来实现。减速器的良好润滑可以避免变速器的早期失效，延长使用寿命，并改善减速器传动过程的平稳性，从而有效减轻减速器啮合以及高速运动部位的磨损程度。目前主要的润滑方式包括飞溅润滑、强制润滑以及混合润滑等。

（1）飞溅润滑

飞溅润滑是当前主流减速器常用的润滑方式，原理如图 5-43 所示，即通过减速器的齿轮旋转，在齿轮浸入润滑油后将油液飞溅带入轴承或齿轮啮合点。这种方式结构简单，无需增加油泵及油管等零部件，开发成本较低，适用于负荷较小、工况较好、转速不高的减速器。但在处于低转速、大转矩工况（如长爬坡、盘山公路等）以及道路条件较差的严苛工况（如山地、越野等）时，飞溅润滑效果较差，可能会造成齿轮烧蚀、磨损等情况。另外，由于部分齿轮需要浸入润滑油中将油带出，因此飞溅润滑搅油损失较大，影响减速器输出效率。飞溅润滑油液分布如图 5-44 所示。

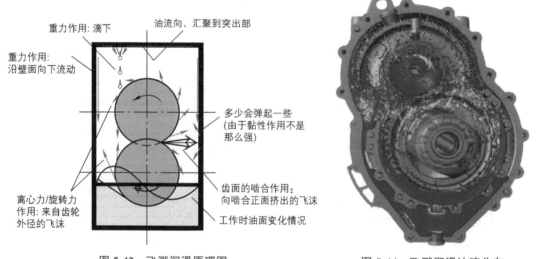

图 5-43　飞溅润滑原理图　　　　　图 5-44　飞溅润滑油液分布

（2）强制润滑

强制润滑又称主动润滑，一般使用在一些传递负荷大或转速高的减速器上。这种润滑方式需要通过油泵加压，将润滑油通过特定油道或油管引入指定位置，定向为齿轮或轴承喷油进行冷却，使部件的摩擦表面形成足够厚的油膜来达到润滑目的。强制润滑可以满足全工况润滑需求，实现齿轴定点喷油，获得更好的冷却润滑效果。此外，强制润滑可以降低润滑油液面，降低搅油损失，提升减速器效率。但这种润滑方式需要增加油泵和油管，或在壳体上增加油道，增大了设计难度，增加了油泵等辅件的开发成本。

（3）混合润滑

混合润滑方式兼顾飞溅润滑与强制润滑的优点，对距离减速器底部油液较近的齿轴，采用飞溅润滑方式；对飞溅润滑中油液无法到达的区域增加油道或喷油管，采用强制润滑方式。这种混合润滑方式仅需对局部齿轴进行油道或管路设计，既能满足齿轴全工况下均匀润滑的需求，又无需较多的管路或油道，可节省减速器内部空间，压缩轴向尺寸，降低成本，有望成为减速器润滑发展的主流技术。

4. 定转子分区冷却

基于高功率密度永磁体同步驱动电机在驱动、升压、加热等多个场景应用中对定子绕组和永磁体不同的冷却需求，比亚迪开发了定转子分区冷却技术。图 5-45 所示为比亚迪海豹后驱电动力总成流道结构及油路分布。冷却油液由减速器端的油泵泵入油管，经过油冷器进入电机后分为两路，一路通过壳体油道再分为三路分别进入喷油管，通过喷油孔喷淋在定子表面对定子进行散热，同时部分油液进入轴承对其进行冷却润滑；另一路油液则通过转轴内部流道，经过隔磁板上的导油槽流入转子内部，对转子铁心及永磁体进行散热。

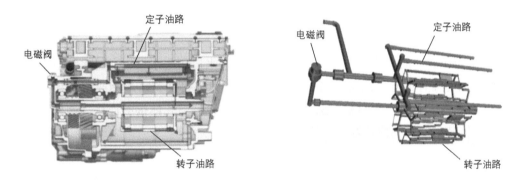

图 5-45　比亚迪海豹后驱电动力总成流道结构及油路分布

在整车不同运行工况时，由于电机各部件具有不同的产热量，因此可以通过控制电磁阀的开关状态来控制油流量，针对性解决电机散热问题。电机在驱动工况下，转子产热量较低，电磁阀关闭，转子油路处于断开状态，转子油路不通冷却油；而在升压充电及自加热等转子产热量较高的工况下，电磁阀开启，转子油路通油对转子铁心及永磁体进行冷却。

这种油路结构可以根据不同工况需求，更灵活地对定子及转子进行散热。转子油路上增加的电磁阀可以对转子油路进行智能开启和关闭控制，结合整车运行工况，通过电控来控制电磁阀的开关状态，就可以实现定、转子分区高效冷却，最大限度地带走定转子热量。热量通过外置板式换热器回收，被热泵系统使用，实现总成余热利用。转子中的冷却油路可以应对停车充电、加热以及部分驱动工况下转子温升问题，既满足整车工况动力需求，又可以保证整车驱动时总成低能耗状态。

5. 冷却润滑一体化设计

由于电机油冷系统与减速器和轴承润滑系统相似的介质属性，使得两者的一体化设计成为可能。润滑油从入口进入减速器端，一部分油液通过减速器内部设计的喷油管喷油为齿轴润滑，另一部分油液则进入电机，为定、转子及轴承等发热部件冷却降温。这种冷却润滑方式，既可满足油冷电机散热需求，又可以同时为减速器齿轴润滑，并且共用同一型号润滑油和油道，可节省总成布置空间，能够提升总成集成度、降低总成质量和体积，但该油道设计方案较复杂，对壳体的加工及铁心组装能力有较高的要求。

冷却系统与润滑系统的一体化设计，成为行业内油冷电驱动开发的一个重要方向，其核心部分主要包括油冷结构设计以及润滑油的选择。

油冷器是油冷电机冷却系统热交换的核心，主要作用是抽入润滑油，通过油液 - 水热传导的方式带走油的热量，从而为电驱动系统油路冷却降温，进入油冷器内的冷却液由整车冷却系统的冷却液支路提供。油冷器循环原理如图 5-46 所示。

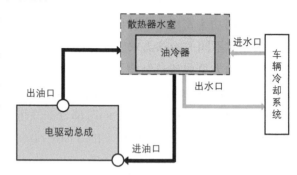

图 5-46　油冷器循环原理图

当前主流油冷器布置方式为分立式油冷器，即将油冷器单独布置在电动力总成壳体上，通过连接螺栓固定。图 5-47 和图 5-48 所示为比亚迪的油冷器构型，油冷器正面有进水口和出水口，通过水管与整车冷却系统连接，油冷器背面有进油口、出油口的油道，油口连接处有密封圈或密封垫。图 5-49 和图 5-50 所示为比亚迪海豹四驱车型电动力总成，油冷器与壳体接触连接，这种油冷方式结构简单、拆装维修便利性较好、冷却效率明显。

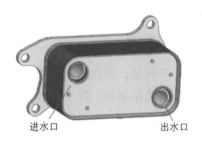

图 5-47　分立式油冷器正面

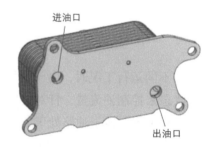

图 5-48　分立式油冷器背面

图 5-49　比亚迪海豹前驱电动力总成

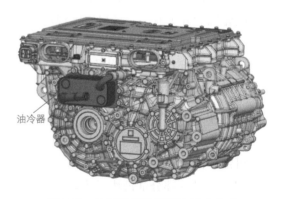

图 5-50　比亚迪海豹后驱电动力总成

5.5.2 功率模块散热设计

1. 优化散热结构

根据 IGBT 与散热器的接触方式，IGBT 散热方式可分为间接液冷散热、直接液冷散热。间接液冷散热方式主要为铜基板散热，直接液冷散热方式又分为单面液冷散热、双面液冷散热。目前主流的 IGBT 散热技术为单面液冷散热。

图 5-51 及图 5-52 所示为比亚迪基于 Pin-Fin 单面液冷散热结构 IGBT 模块的电机控制器内部构造，它采用自下而上的分层布置方案，依次为散热器水槽、单面散热结构 IGBT 模块、控制电路与驱动电路电路板、控制器箱体上盖板等。单面水冷散热结构直接浸入散热器水槽中，通过防水密封圈与散热器紧密压接在一起，而散热器另一面可用于支撑电容冷却，其散热面积利用率增加了一倍，冷却液通过散热器水槽可直接带走 IGBT 模块产生的热量。

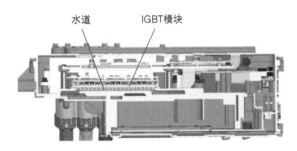

图 5-51　比亚迪单面液冷散热电机控制器内部构造

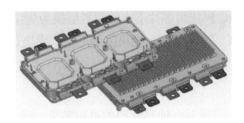

图 5-52　比亚迪 V-305 单面水冷封装

2. 优化传热路径

电机控制器 95% 的损耗都产生于功率模块中的功率芯片，功率芯片面积小，热流密度大，如何优化芯片的传热路径是行业向大功率发展所要面对的难题，同时电子器件工作温度超过最高允许工作温度会导致芯片失控损坏；芯片工作温度每上升 10℃，其工作可靠性降低一半。

在大功率高功率密度模块封装设计中，影响功率芯片结温的因素有芯片功耗和传热路径（热阻）。其中，传热路径（热阻）主要取决于封装结构和封装材料，从应用角度讲传热路径的可塑性最强。所以，功率模块热设计主要是通过对散热结构以及散热材料进行创新优化，使功率模块芯片工作结温不超过芯片所允许的最高结温并尽可能降低结温。

随着封装技术迭代，功率模块从间接水冷散热升级为直接水冷散热，两者主要区别是 pin 针结构设计位置不同。如图 5-53 所示，间接水冷散热路径为芯片—焊料—铜—陶瓷—铜—焊料—铜底板—导热硅脂—水道上板。如图 5-54 所示，直接水冷散热路径为芯片—焊料—金属铜—陶瓷—金属铜—焊料—Pin-Fin 铜底板。直接水冷在散热路径上比间接水冷少了一层铜底板和一层硅脂层。虽然硅脂层很薄，但其导热系数很低，热阻较大，所以相比间接水冷方案直接水冷散热能力大幅提升。

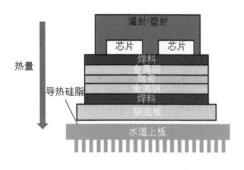

图 5-53　间接水冷散热路径

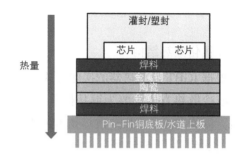

图 5-54　直接水冷散热路径

随着第三代半导体技术的发展，体积更小、功耗更小以及耐压更高的 SiC 正在替代 IGBT。由于 SiC 属于宽禁带半导体，相对于 Si 材料其耐温能力更强，持续工作结温可达到 175℃，短时工作温度能到 200℃，远超 IGBT 工作结温（150℃）。但是当前焊料在 175℃的温度下长时间工作可靠性急剧下降，芯片下方使用焊料已经不能满足 SiC 可靠性需求，针对碳化硅模块，行业均采用纳米银烧结来代替焊料，如：比亚迪汉搭载的全球首款 SiC 模块将芯片下方的焊料层换为烧结银，持续工作结温达到 175℃，同时烧结银热导率更高、厚度更薄，模块散热更好，模块过电流能力更强。

5.5.3　主动加热功能融合

针对电池热管理的迫切需求，除开发电池膜加热、PTC 水加热、电池脉冲加热技术之外，行业不少厂商也在开发其他加热方案，如比亚迪在集成智能总成中增加的主动加热功能，如图 5-55 所示，该功能可以完全基于当前驱动架构，针对不同行驶工况灵活使用不同加热功能。

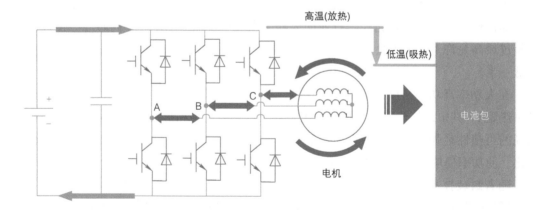

图 5-55　电机主动加热示意图

在整车停车处于非行驶状态，且电池或者乘员舱有采暖需求时，可以主动进入无功加热模式，将电能完全转换为热能，让热管理系统吸收此时电机电控产生的热量，并通过板式换热器带到电池或者乘员舱中。

在行驶工况中，为了延长整车续驶里程，电机电控要求工作在效率最高点，此时损耗最小，节能效果最好，行驶里程最远；但是在低温下，电池活性变低，输出的电量由于物理特性变低，此时可以通过降低电机电控行驶时的效率，产生更多的热量，用来加热电池，将电池温度升高，提高电池输出电量，综合提升整车续驶里程，该模式被称为低效加热。

对电动力总成产热较多的零部件（电机、减速器、功率模块等）进行热管理设计，避免热量积累，对改善总成运行性能、提升整机寿命有显著意义。同时，除水冷、油冷、润滑等散热设计外，通过主动加热融合设计，对电机、电控运行产生的热量加以利用，是一种更加先进高效的热管理技术路线。

5.6　电连接设计

电连接最初的需求仅仅是在两个不同导体或零部件之间起通电的作用，然而，随着技术的发展，电动力总成集成度越来越高，零部件也越来越多，其内部的走线也越来越复杂。因此，对电连接技术提出了新的需要。

传统的电驱动系统最初由分立布置的电机、电控等组成，因此在不同的零部件之间必须采用很长的导线进行相互电连接，为了提高整车集成化水平，电驱动系统后来发展成多合一的集成式电动力总成架构，与此同时，零部件之间连接导线的长度也随之大幅缩短，然而，由于传统的连接方式是采用电缆连接，此连接方式虽然技术简单，应用也很成熟，但由于电缆通常为圆形而且难以弯折，因此其占用空间较大，严重阻碍了电动力总成的集成度。为使集成化水平进一步提升，电动力总成零部件之间的电连接也逐渐从传统的圆形线缆发展成形状更为规则的矩形母排。

在电机控制器的功率系统中，电容由于其快速充放电特性，被用于直流母线的平滑滤波，以降低功率器件被尖峰电压击穿的风险，而杂散电感是引起尖峰电压的根源，由 $\Delta U = Ls\mathrm{d}i/\mathrm{d}t$ 可知，即使是微小的电感值，在高频情况下，尖峰电压也很大，因此高杂散电感使得功率器件损坏的风险大幅增加。随着电机控制器的集成度提高，零部件之间的连接导线长度有所减小，这使得杂散电感也在一定程度上得以降低。图 5-56 所示为比亚迪某车型搭载的集成式多合一电控。

随着集成度的提高，电机控制器内部的零部件越来越多，母排的走线也更加复

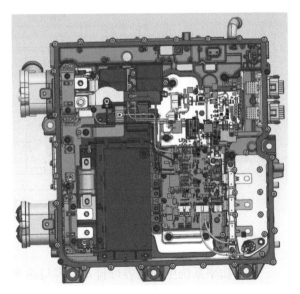

图 5-56　比亚迪某车型搭载的集成式电控

杂，这使得整个系统的杂散电感仍然处于很高的水平，因此，为了有效降低杂散电感，近年来，电容及功率模块之间的电连接从传统的普通母排逐渐发展为叠层母排。

5.6.1 电容母排与叠层母排设计

1. 电容母排

电容母排主要用于直流支撑（DC-Link）电容器内部芯体连接，以引出电容芯体正负极，如图 5-57 及图 5-58 所示。

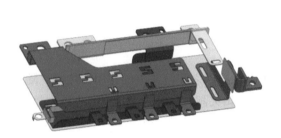

图 5-57　电容母排

图 5-58　电容母排与电容芯体相连

在引出电容芯体电极后，电容母排并联在电机控制器的直流母线上。为了有效地吸收功率器件在关断时产生的尖峰电压，以及防止功率器件导通时因瞬时大电流而引起母线电压的骤降，电容在直流母线上的并联点位通常被设置在电池包与功率器件之间，这样布置相当于在功率器件与电池包之间提供了一个能量缓冲池，使直流支撑电容削峰填谷的作用得到充分发挥。其在电机控制器功率系统中的位置如图 5-59 所示。

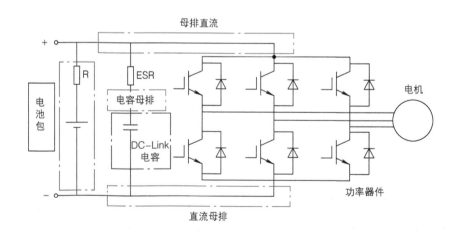

图 5-59　电机控制器中的电容

对于功率系统中的电容母排及电容与功率器件之间的直流母排来说，杂散电感是一个非常重要的指标，它是引起尖峰电压的根源，而尖峰电压使得功率器件发生故障或损坏的风险大幅增加，如图 5-60 所示。

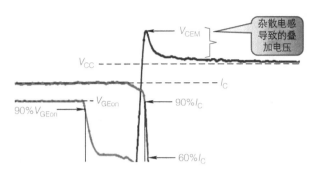

图 5-60　半导体器件关断时产生尖峰电压

因此，为了降低功率器件损坏的风险，必须降低杂散电感。

2. 叠层母排

（1）当前现状

传统直流支撑电容的母排连接端为端子水平排列，与功率模块的端子分别对应相连。这样的母排结构简单、装配便捷，如图 5-61、图 5-62 所示。

图 5-61　传统直流支撑电容

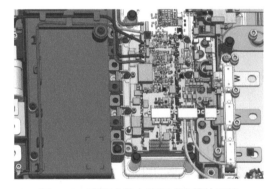

图 5-62　直流支撑电容与功率模块连接

由于应用成熟，技术简单，行业内大多厂家均采用这种结构来进行电机控制器的装配或生产，如图 5-63 ~ 图 5-66 所示。

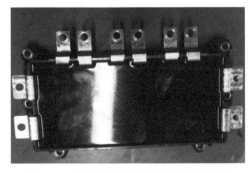

图 5-63　红旗某车型电控直流支撑电容

图 5-64　小鹏某车型直流支撑电容

图 5-65　大众某车型电控内部结构

图 5-66　智己某车型电控内部结构

然而，由于传统的直流支撑电容器与功率模块连接端子都采用水平排列结构，因此杂散电感很高，整个功率模组的杂散电感大多高达几十纳亨（nH）。

（2）杂散电感的降低

1）杂散电感的产生。当导体中有电流通过时，其周围会产生磁场。由楞次定律，在导体所构成的回路中，当穿过这个回路的磁通量发生变化时，这个回路会产生感应磁场来阻碍这个变化（感应电流的磁场总要阻碍原磁通的变化），或当线圈中的电流发生变化时，这个线圈会产生一个感应电流来阻碍这个变化。电感定义为通过线圈的磁通量与线圈中的电流之比：

$$L = \frac{\psi}{I} \tag{5-9}$$

式中　ψ——磁通量（T）；

　　　I——线圈的电流（A）。

由上可知，由于电流通过导体时产生磁场，而两个磁场相互耦合，因此产生杂散电感，如图 5-67 所示。

2）杂散电感的降低。根据电磁场理论及磁场叠加原理，当两层导体通入大小相等、方向相反的电流时，空间某点处的磁感应强度是这两个载流导体单独存在时

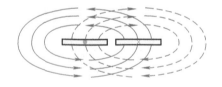

图 5-67　电流通过母排时产生电感

产生的磁感应强度的矢量和。因此，利用异性磁场相互抵消的原理，正负极铜排采用叠层的布局设计，可实现母排杂散电感的有效降低。图 5-68 所示为叠层母排示意图。

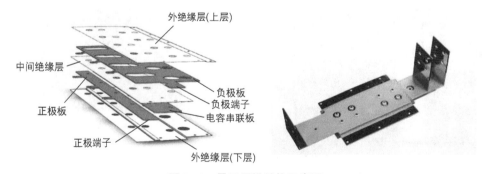

图 5-68　叠层母排结构示意图

　　为了减少功率器件发生故障或损坏风险，处于行业前列的厂家开始采用叠层母排来降低杂散电感，其电控总杂散电感水平在 10 ~ 15nH 范围，图 5-69 及图 5-70 所示为特斯拉叠层电控。

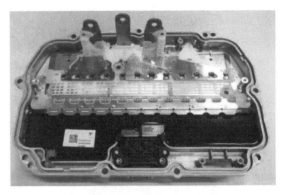

图 5-69　特斯拉叠层电控（Model 3） 　　　　图 5-70　特斯拉叠层电控（Model Y）

　　比亚迪推出全球首创超低杂散电感功率模组的电机控制器，如图 5-71 及图 5-72 所示。整个功率模组的总杂散电感（功率模块 + 电容 + 叠层母排）在 10nH 水平，为行业最低，同时也是全球率先实现叠层模组及驱动电机控制器大批自动化量产的厂家。

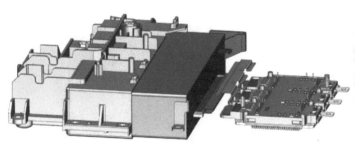

图 5-71　比亚迪叠层功率模组 　　　　　　　图 5-72　比亚迪叠层电机控制器

　　不同的母排结构设计，其表现出的杂散电感值也不同，一般情况下，为尽可能降低杂散电感，母排间必须贴近，增大了电气连接难度。因此，在开发叠层母排的同时，先进连接技术的开发应用也必不可少。

5.6.2　连接工艺设计

1. 螺栓连接

　　螺栓连接为最常用、最成熟的连接方式，通过螺栓和螺母将两个导体锁紧接触，即形成两个导体的电连接。由于技术简单、应用成熟，行业上大多采用螺栓连接来实现母排、端子或导线的电气连接，如图 5-73 ~ 图 5-79 所示。

图 5-73　采用螺栓连接的电机控制器

图 5-74　红旗某车型电控内部局部结构

图 5-75　现代某车型电控内部局部结构

图 5-76　小鹏某车型电控内部局部结构

图 5-77　凯迪拉克某车型电控内部局部结构

图 5-78　日产某车型电控内部局部结构

图 5-79　蔚来某车型电控内部局部结构

螺栓连接技术虽然应用成熟，但应用缺点也很明显，主要表现在以下几方面。

1）传统的 DC-Link 电容器与功率模块之间采用螺母进行相互电连接，需紧固螺母来确保连接效果，为接触式连接，接触电阻大，由 $P=I^2R$ 可知，在大电流情况下，能量损失尤为严重。

2）通过螺栓锁紧连接，使用过程中螺母松动、断裂会导致电弧、断路，使得车辆发生故障或无法驱动。

3）螺栓连接需要螺母，并对端子进行打孔处理，会引入较大杂散电感。

因此，传统的螺栓连接技术无法满足高可靠、大过电流及低杂散电感的要求。

2. 超声波焊接

超声波焊接主要是通过将高频率的机械振动波传递到两个待焊接的物件表面，在施加压力情况下，使两个物体的接触表面相互摩擦生热而使两者融合为一体，如图 5-80 所示。

3. 激光焊接

激光焊接技术是一种高能束焊接方法，其利用高功率密度的激光束照射在被焊工件表面，被材料吸收并转化为热能，使得材料表面温度升高，当材料表面温度达到熔点时，材料开始熔化，从而形成熔池，当激光束停止照射后，熔化的材料开始冷却和凝固，形成牢固的焊接接头，如图 5-81 所示。激光作为一种高能量密度的电磁波，具有高聚焦度、方向性好和高可控性等特点。

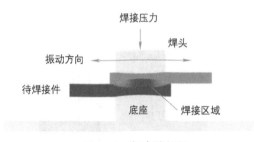

图 5-80　超声波焊接

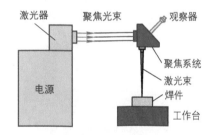

图 5-81　激光焊接 1

即激光焊接是通过高能激光聚合扫描两个物件的连接部位，将激光辐射能量传送到物体的接触区域，从而产生高温熔融，使两个物体连为一体，如图 5-82 所示。

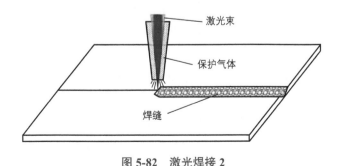

图 5-82　激光焊接 2

超声波焊接与激光焊接的区别在于超声波焊接为通过高频机械振动传输能量到待焊部件，为接触式焊接，而激光焊接通过激光束扫描传递能量到待焊接部件，为非接触式焊接。由于电机、电控中的端子待焊区域狭窄，使得待连接部位所处位置的可操作空间有限，因此母排或端子的连接对连接技术的空间要求及精度要求较高，显然，在上述连接技术中，扫描式的激光焊接为最优选择。

（1）电机控制器功率母排激光焊接

为了解决螺栓连接工艺存在的不足，特斯拉在电机控制器上采用激光焊接技术，如图 5-83 及图 5-84 所示。

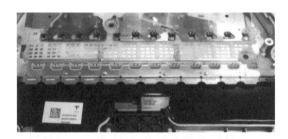

图 5-83　特斯拉激光焊接电控（Model 3）　　　图 5-84　特斯拉激光焊接电控（Model Y）

随着电动力总成的高集成与高性能化，国内部分厂家也开始将激光焊接技术应用于电机控制器，如图 5-85 和图 5-86 所示。

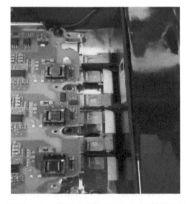

图 5-85　长城、小米某车型激光焊接电控　　　图 5-86　蔚来某车型激光焊接电控

采用激光焊接等先进的连接工艺取代传统的螺栓连接，解决了接触损耗及连接可靠性等问题，但无法有效降低功率系统中分布的杂散电感。因此，为充分发挥激光焊接的价值，必须与叠层母排同步联合开发。

比亚迪推出全球首创叠层激光焊接模组及电机控制器，并在行业内率先实现大批量自动化生产，如图 5-87 所示。

叠层技术与激光焊接联合应用时，由于叠层母排的空间紧凑性，焊接过程中易出现虚焊、炸火、烧伤绝缘件等问题。此时需对绝缘技术、材料成型及工装设备等技术进行联合开发，为提升激光焊接成品良率、保证大规模装车应用奠定基础。

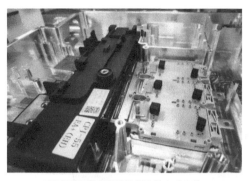

a) 激光识别、聚焦、扫描焊接　　　　　　　　　b) 叠层+激光焊接的低杂散电感电控

图 5-87　比亚迪叠层激光焊接电机控制器

（2）电机绕组激光焊接

为了在有限的体积内，提升电机的综合性能，驱动电机不断朝着高功率密度、高电机效率的方向发展。传统的圆形漆包线绕组，往往存在有效铜面积低、绕组铜耗大等问题，采用 Hair-pin 发卡绕组设计的扁线电机，通过改进绕组形状和编排方式，将原本凌乱的漆包线绕组，变更为规整的铜线排列，提高了槽满率，提升了电机的功率和密度。采用激光焊接技术，可以保证 Hair-pin 绕组的焊缝导电率好、横截面均匀、焊接飞溅小、轮廓边缘清晰、热输入量低等技术要求，如图 5-88 所示。

激光焊接连接
效果更好

图 5-88　扁线电机激光焊接

新能源汽车的电机通常需要使用激光焊接进行制造，以实现高精度、高质量的连接。激光焊接可以在电机部件的连接处产生极小的变形和残留应力，从而提高电机的效率和性能。

汽车轻量化是未来新能源汽车持续发展的必然选择，与传统连接工艺相比，激光焊接以精度高、焊接速度快、连接强度高等特点，使得在电动力总成零部件焊接方面有着高效、经济、可靠的技术优势，能够有效降低重量和生产成本。

5.6.3　接插件电连接设计

接插件电连接设计的基本准则是要保证连接部位不会出现过热导致材料退化、绝缘失效等，通常从减少发热、提高散热、提高材料耐温三个方向入手。

1. 接插件电连接减少发热

发热由流通连接部位的电流 I、连接部位的内阻 R、电流持续时间 t 决定，即 $Q=I^2Rt$。如图 5-89 所示，连接部位内阻 R 包含电缆导体电阻 R_1、导体与端子连接电阻 R_2、端子导体内阻 R_3、端子之间接触电阻 R_4 这四种类型。电流由整车性能决定，因此可通过降低连接部位的内阻 R 实现减少发热。

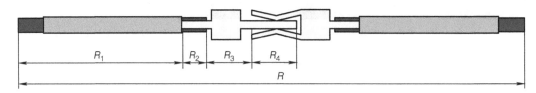

图 5-89　连接部位内阻示意图

（1）电缆导体电阻 R_1

电缆导体是形状规则的导体，电阻 R_1 由导体电阻率 ρ、导体长度 L、导体截面积 S 决定，如图 5-90 所示，即电缆导体电阻 $R_1=\rho L/S$。

（2）端子导体内阻 R_3

端子导体通常为不规则形状，即 L/S 非定值，可将其细分为多段区间进行积分计算，即端子导体内阻 $R_3=\rho\int dL/dS$。

（3）端子之间接触电阻 R_4

端子之间接触电阻 R_4 由收缩电阻 R_s 和膜层电阻 R_f 决定，即 $R_4=R_s+R_f$。

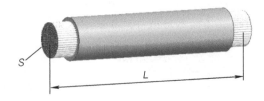

图 5-90　电缆导体示意图

如图 5-91 所示，收缩电阻 R_s 是由于两个端子彼此接触时，其表面不可能完整地接触，微观上是点与点的接触，当电流由一个接触件流向另一个接触件时，电流线因发生收缩而产生电阻，因而产生的电阻就叫作收缩电阻。影响收缩电阻的因素非常多，比如这些接触点的形状、数量、分布，以及电镀工艺、正压力的大小等。

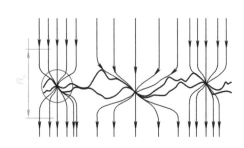

图 5-91　电流收缩及实际接触面示意图

膜层电阻 R_f 如图 5-92 所示，由于接触面表面并不是理想清洁的，电流路径受到金属表面上存在的薄氧化膜、硫化膜和其他无机膜的影响。接触表面膜层及其他污染物所构成的电阻称为膜层电阻；影响因素有材料本身的特性、接触压力、生产工艺能力、表面镀层等。

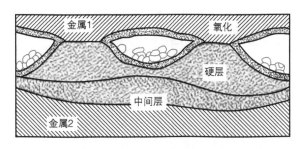

图 5-92 金属接触面膜层示意图

为了减小端子间接触电阻，我们重点关注金属接触面的正压力、金属的表面镀层等。正压力与接触电阻关系如图 5-93 所示，随着正压力增加，接触微点数量及面积也逐渐增加，同时接触微点从弹性变形过渡到塑性变形。由于收缩电阻逐渐减小，从而使接触电阻降低。因此可采用高弹性铜合金进行弹性连接。至于表面镀层，由于银具有金属中最高的电导率、抗氧化性、材质软等特性，有利于减少收缩电阻和膜层电阻，因此广泛应用于端子表面电镀。

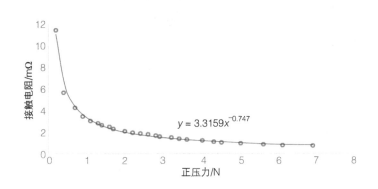

图 5-93 正压力与接触电阻关系示意图

（4）导体与端子连接电阻 R_2

导体与端子连接电阻 R_2 影响因素主要有连接形式、连接部位表面处理等，常见导体与端子连接形式包括螺栓连接、压接、焊接。

螺栓连接是将电缆通过螺栓拧紧直接将导体与端子固定，存在电缆断丝、不抗振动等缺陷，因此该形式多用于家用电力连接，整车不适用。

压接工艺及其剖面如图 5-94 所示，是通过将包裹住电缆导体的端子及导体局部压溃变形，使得连接部位紧密接触。该形式发展较早，在低压、高压均有广泛应用。压接电阻

$R=\rho L/S+R'$；其中截面积 S 在压接工艺中常见形式有 B 形压接、C 形压接、六边形压接。最主要的工艺参数是压缩比和拉脱力，压缩比是压缩后导体截面积与压缩前导体截面积比值，拉脱力是将电缆导体与端子分离的最小力。R' 是电缆导体与端子之间接触电阻，同样遵循 $R'=R_s+R_f$。

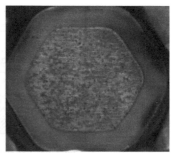

图 5-94 压接工艺及其剖面

焊接是将电缆导体与端子接触部位导体熔化成一体，形成了金属原子之间的融合。目前常用的是超声波焊接，超声波焊接工艺及其剖面如图 5-95 所示。该工艺原理是将电缆导体与端子导体之间通过高频振动，使得接触部位发热熔化结合成一体。焊接电阻同样遵循压接电阻 $R=\rho L/S+R'$，由于电缆导体与端子之间熔化结合成一体，截面积 S 的压缩比可以更大，且无膜层电阻 R_f，因此焊接方式导体与端子连接电阻 R_2 比压接方式更低。

图 5-95 超声波焊接工艺及其剖面

2. 接插件电连接提高散热

热能传递有热传导、热对流和热辐射三种基本方式，这里我们重点关注热对流。对流传热由物体表面散热面积 A、传热系数 h、导体与环境温差 ΔT、散热持续时间 t 决定。因此可以通过增加导体散热面积、提供传热系数、增加温差实现提高散热。

（1）散热面积 A

散热面积 A 是指散热物体与外界接触的外表面面积的总和。以电缆导体为例，散热面积 A 等于导体截面周长 C 与导体长度 L 的乘积再加上两端头的截面积 S，即 $A=CL+2S$。如图 5-96 所示，对于圆形，截面周长 $C=2\pi r$，截面积 $S=\pi r^2$；对于矩形截面，周长 $C=2a+2b$，截面积 $S=ab$。由此可知，同等截面积的矩形散热面积大于圆形散热面积。且宽

度 a 与厚度 b 比值越大，即电缆导体越扁，矩形散热面积越大。综上，可以通过扁形母排代替圆形电缆提高散热面积。

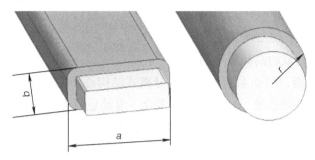

图 5-96　扁形母排与圆形电缆示意图

（2）对流传热系数 h

对流传热存在自然对流传热和强制对流传热两种形式。在插件内部或箱体内部无风环境下，导体与空气之间的热交换属于自然对流传热，箱体内的液冷及外部风冷属于强制对流传热。就介质而言，水对流传热比空气强烈，就传热方式而言，强制对流高于自然对流。因此可以通过在系统中增加液冷、设计风道提高传热系数。

（3）导体与环境温差 ΔT

导体通过恒定电流，由于通电前期导体与环境温度接近，因此散热小，导致导体温度上升。随着导体温度上升，散热逐步增大，最终发热与散热会达到平衡。以充电工况为例，可以将恒定的电流改为变化的电流，充电前期使用大电流快速将导体温度提升，随后降低电流，使得发热与散热达到平衡。

3. 接插件电连接提高耐温

提高接插件电连接耐温由导体耐温和绝缘材料耐温两方面决定。导体耐温主要指簧片由于高温退火导致弹性下降、端子连接部位导体由于热胀冷缩导致蠕变、导体由于高温产生氧化等。绝缘材料耐温主要指高温下塑胶材料变形、绝缘电阻下降导致击穿等。为提高接插件电连接耐温，簧片可以选择高耐温且高弹性的铜合金；连接部位可以选择使用同种材料或者热膨胀系数接近的导体材料或弹性紧固件；导体可以通过表面电镀或减少裸露来避免氧化；也可以使用耐温更高的绝缘塑料甚至陶瓷材料等，如图 5-97 所示。

随着技术的发展及新能源汽车竞争形势的加剧，人们对汽车的质量及性能要求越来越高，新型电动力总成的发展趋势必将是高可靠、高性能、轻量化、小型化，因此，电连接技术的创新必将有力地推动新能源汽车的快速发展。

图 5-97　陶瓷材料绝缘接线柱

5.7 NVH 性能设计

电动汽车相比传统燃油汽车，由于没有发动机噪声与进排气等噪声，因此向外噪声辐射的总声压级会小于传统燃油汽车，但这也同时导致了驱动电机的频域掩蔽效应较燃油汽车发动机弱，电动力总成的高频噪声凸显，严重影响了乘客舒适性。

经历了多年的发展，驱动系统由最初的分离式结构逐渐向集成式发展，最终发展成如今主流的驱动电机、传动系统、控制系统等多合一电动总成形式，如图 5-98 所示，集成设计与制造大幅提高了驱动系统效率、功率密度，降低了体积、质量。这种集成电动力总成将驱动电机与传动系统直接耦合，取消了传统的联轴器，由电机转轴直接作为传动系统的输入轴，并将驱动电机和传动系统的箱体设计为一体。多合一电动总成使得结构更为复杂，电机转速与转矩通过花键传递到减速器中，导致电动总成系统中存在的噪声激励繁杂。

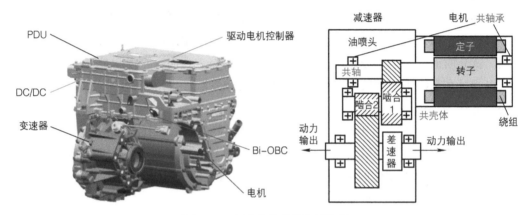

图 5-98　电动力总成结构示意图

此外，驱动电机工作转速也变得越来越高，普遍达到 10000r/min 以上，且在调速范围内驱动电机需要满足快速的转矩响应特性。在诸多特性影响下，电动力总成的 NVH 性能问题成为当代汽车行业的机遇与挑战。

电动力总成结构中存在大量的旋转部件，其 NVH 问题大都由旋转部件引起，而阶次分析是研究旋转机械振动噪声问题的基本方法，因此阶次分析方法对于电动力总成 NVH 分析至关重要。对于分析旋转机械的振动噪声，要进行阶次分析，这是因为系统产生的响应大多数情况下都与特定的阶次相关，在特定的阶次上会出现相应的响应，系统的每一个旋转部件（齿轮、轴等）对系统的振动噪声总量级都有贡献。

当结构的旋转部件处于运转状态时，旋转本身就是一种激励，结构对这类激励会产生响应（振动或 / 和噪声），这些响应与转速直接相关。当结构受到激励时，产生的强迫响应频率与外界激励频率是同频率或者激励频率的倍频。因此对于旋转部件，在受到旋转激励时，结构会产生与旋转频率同频率的响应或者旋转频率倍频的响应，而这些响应的大小是随频率变化的。将这些响应与频率和转速结合起来，就形成了所谓的阶次，如 1 阶次为 1 倍转速，k 阶次为 k 倍转速。

通过阶次分析可确定每一个独立部件对总量级有多大的贡献。确定信号中各阶次大小，可以帮助工程技术人员确定各阶次对总响应的贡献有多大，以及哪些阶次是主要的贡献者。阶次分析帮助工程师确定问题来源，测试之前需要确定各旋转部件与轴转速之间的阶次关系，当实际测试时如果发现某阶次的响应特别大，就可以通过阶次关系确定是哪个部件产生的响应，也就找到了问题产生的根源，然后针对这个部件进行减振降噪工作。

从图 5-99 中可以看到较为明显的阶次线，通过事先分析确定的各旋转部件与轴转速之间的阶次关系，就可以分析出来是其中哪些部件的振动噪声超标，进而针对性解决 NVH 问题。

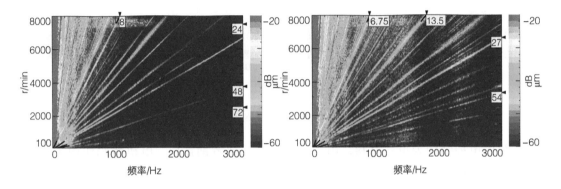

图 5-99　某电动力总成电机减速器阶次

从电动力总成结构上可以看出，主体由电机、减速器和电控三部分结构构成，因此分析电动力总成的 NVH 问题一般在进行总体梳理之后分到三个部分进行单独解决。下面分别从电动力总成整体结构、电机、减速器和电控 NVH 设计四方面进行论述。

5.7.1　整体结构 NVH 设计

电动力总成 NVH 问题首先从噪声源出发，分析及优化电机电磁噪声和变速器齿轮啮合噪声；在传递路径方面需考虑总成模态共振和传递路径隔振，以减小噪声传至车内。电动力总成的电磁激励与齿轮激励作用于总成壳体，引起壳体振动，产生噪声。当电动力总成系统在约束状态下的固有频率与电磁力的频率接近时，会产生共振，使噪声加剧，严重影响乘车舒适性，这是我们急需避免的。

因此，电动力总成整体结构上的 NVH 设计主要围绕避免共振这个点，通常通过改变材料和优化壳体结构两方面进行。

1. 高阻尼材料抑制结构振动

随着电动力总成系统集成度越来越高，新能源汽车多采用三合一、五合一、八合一集成化总成系统。高度集成化导致电控结构越来越大，为了满足轻量化需求，电机控制器上盖板结构通常为薄壁件，结构刚度较弱，在电机正常工作过程中，电机控制器盖板会向外辐射噪声。图 5-100a 为电控上盖板辐射噪声，图 5-100b 为电机近场辐射噪声，图中 X 轴为频率，Y轴为电机转速，颜色代表噪声幅值，其中颜色越红代表幅值越大，颜色越蓝代表噪声越小。由图5-100可得，电控上盖板辐射噪声明显大于电机近场辐射噪声，因此可通过优化电控结构降低电控近场噪声。

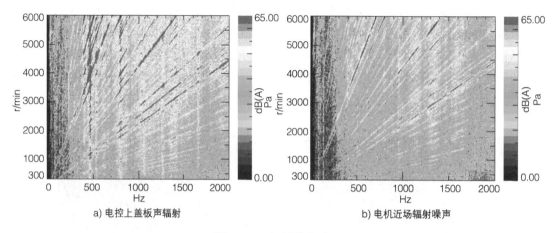

a) 电控上盖板声辐射   b) 电机近场辐射噪声

图5-100 辐射噪声对比

传统的电控结构为单一材料，由于采用铝盖板或者钢盖板，电机激励作用于电控盖板，导致盖板向外辐射噪声较大，多采用提升结构刚度来降低辐射噪声，但基于轻量化考虑，提升电控盖板刚度需要增加质量，因此不能无限制地提升结构刚度。

汽车行驶过程中传递噪声的方式有两种：一是通过结构（固体）传递；二是通过空气传递。研究表明，一般结构振动传递的主要是车内中、低频（30～400Hz）噪声，而其他高频噪声则通过车身的缝隙、孔洞等由空气传递至车内。图5-101所示为阻尼对振动的影响，结构降噪减振的处理方法主要是对结构进行涂覆、贴阻尼材料等方法提高结构零件的阻尼，以降低结构的振动和噪声。

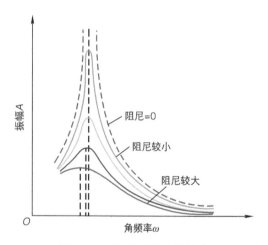

图5-101 阻尼对振动的影响

增大结构阻尼的方法通常是在基材的表面涂覆或贴阻尼材料，图5-102a所示为自由型阻尼材料，图5-102b所示为约束型阻尼材料，通过该方法可以保证质量无明显增加的情况下，提高零件整体的阻尼系数。图5-103所示为电控上盖板复合材料，其新型高性能阻尼降噪铝板为"三明治"结构，上下为铝盖板，中间填充黏弹性阻尼材料，该结构具有良好的力学性能，同时可达到静音效果。

图5-104所示为电控近场噪声，红色代表无阻尼材料，绿色为"三明治"复合盖板，近场噪声为500～2500Hz，可以降低10～20dB，优化效果较为明显。

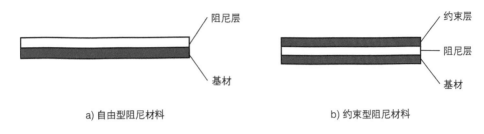

a) 自由型阻尼材料　　　　　　　　　　b) 约束型阻尼材料

图 5-102　两类阻尼材料

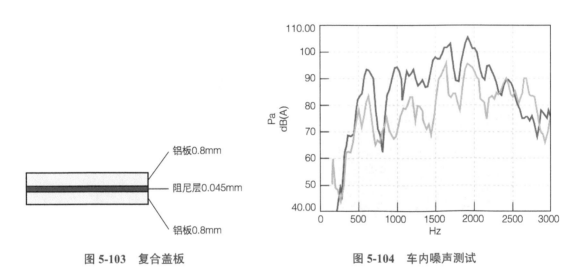

图 5-103　复合盖板　　　　　　　　　　图 5-104　车内噪声测试

2. 结构优化

　　定子铁心和壳体之间的连接方式为过盈配合，时变径向电磁力在气隙处产生并映射到定子齿部，导致电机壳体振动产生电磁噪声，当电磁力波的频率接近于电动力总成系统中的一个固有频率时，或力的阶次与定子系统的某阶周向振动模态相等时，会使振动噪声加剧。

　　声学研究者通过检验后的有限元模型探讨结构的模态特性，并针对模态应变能理论找到局部较弱的地方，提升壳体刚度完成优化，以提高电动力总成的固有频率来避免共振，此办法降低了振动灵敏度，提升其固有频率，降低共振风险。需要对电动力总成进行模态分析，同时探讨电动力总成模态应变能的分布情况，即找到电动力总成振动灵敏度较强的位置。

　　从图 5-105 可以看出，在 600Hz 附近存在比较明显的共振带，通过分析确认是电机控制器上盖结构引起的共振，因此通过优化电控上盖的结构来改变其模态频率，从而避开该频率段的共振问题，如图 5-106 所示。通过优化电控上盖结构，相对于原状态提高 60Hz，从而避开了共振带。

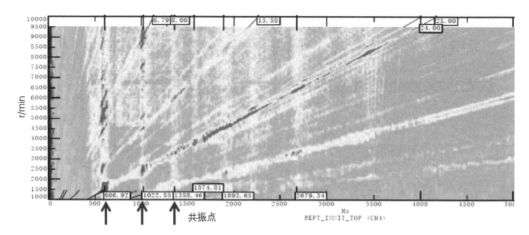

图 5-105　某电动力总成壳体 colormap 图

图 5-106　电控上盖模态

5.7.2　电机 NVH 设计

驱动电机 + 减速器系统噪声是电动汽车的主要噪声源之一，其中驱动电机引发的电磁噪声是电动汽车 NVH 关注的重难点问题之一，往往表现为高频的阶次啸叫，在背景噪声不大的电动汽车内，电磁啸叫噪声往往会给车内人员带来极差的驾乘体验；电机所辐射的噪声受汽车转速变化影响较大，噪声在频谱图上所显示的阶次特征也会较传统燃油发动机更为明显，在高转速时中高频段内单频噪声辐射更加突出。

电机噪声主要分为三大类，即电磁噪声、机械噪声、空气动力噪声，由于交流永磁同步电机无电刷、效率高，且在中小功率电机中无风扇，因此机械振动和空气流动造成的噪声相对电磁振动造成的噪声较低。

电磁噪声是指定、转子谐波磁场相互作用而产生随时间和空间变化的电磁力谐波，该电磁力谐波作用到定子壳体上，当电磁力谐波频率与定子总成的固有频率相同或接近时，就会产生共振并辐射噪声。此外，由于高转矩、宽调速的牵引特性需求，低速爬坡或高速巡航时，驱动电机很可能处于磁路饱和状态或气隙磁场发生畸变，导致作用于电机定子结构的电磁力波含量增大、幅值增大；同时由于小尺寸、轻量化的结构设计要求，往往导致电机结构刚度较差，从而容易产生较大的电磁振动，如图 5-107 和图 5-108 所示。

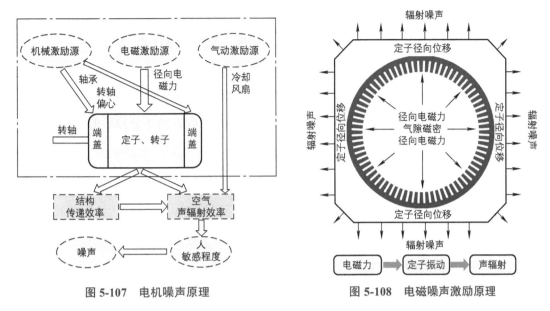

图 5-107 电机噪声原理   图 5-108 电磁噪声激励原理

线圈绕组和转子永磁铁之间的电磁力可以分解为切向力和径向力，其中切向力产生令转子旋转的转矩，径向力则引起电机定子和转子产生变形振动。电机电磁噪声主要来源于铁心和机壳的振动，所以电磁噪声来源于电磁振动，而电磁振动主要因定、转子产生的磁场相互作用在气隙中形成气隙磁场，气隙磁场作用于电机铁心产生激振力波导致铁心振动，而机壳与铁心紧密接触，由机壳向外辐射噪声。因此电磁振动来源于气隙磁场，而气隙磁场受定、转子磁动势和气隙磁导所决定。通过电机振动产生的机理出发，分析振动影响因素，即可得到降低电机振动的方法。

1. 转子斜极

转矩波动通过转子、定子转递到减速器等其他结构，使其产生振动辐射噪声。切向电磁力产生电机转矩，电机转矩由恒定转矩分量和周期变化分量组成，周期分量导致转矩波动。转矩波动包含齿槽转矩、纹波转矩、电流时间谐波产生的转矩：齿槽转矩是永磁电机固有的特性，由转子磁通与定、转子开槽引起变化的气隙磁导间交互作用在圆周方向产生。齿槽转矩的影响因素有齿槽形状、磁极极弧系数、永磁体形状、极槽配合、气隙磁通密度高次谐波等。

通过斜极可以降低电机齿槽转矩，从而降低电机转矩波动。

齿槽转矩可表示为

$$T_{co} = \sum_{n=1}^{\infty} T_n \sin(nN_{co}\theta + \phi_n) \tag{5-10}$$

使用定子斜槽，当定子斜过齿槽转矩一个周期的机械角度时，齿槽转矩降为零：

$$T_{sk} = \frac{1}{\theta_{sk}} \int_0^{\theta_{sk}} T_{co}(\theta) \mathrm{d}\theta = \frac{1}{\theta_{sk}} \sum_{n=1}^{\infty} \left[\frac{-T_n \cos(nN_{co}\theta + \phi_n)}{nN_{co}} \right]_0^{\frac{2\pi}{N_{co}}} = 0 \qquad （5\text{-}11）$$

其中，$\theta_{sk} = \dfrac{2\pi}{N_{co}}$ 为齿槽转矩一个周期的机械角度，$N_{co} = \mathrm{LCM}(Z, 2p)$。

即定子槽斜过一个槽距角度 θ_{sk}，可将齿槽转矩降为零。

实际生产中由于定子斜槽工艺比较复杂，嵌线难度增加，实际工艺中通过永磁体分段错极方法来等效斜槽效果：将永磁体沿轴向设置为 N 个分段，转子分段后的 μ 次谐波的斜极系数为

$$K_{skew\_\mu} = \frac{\sin\left[\dfrac{N}{(N-1)} \dfrac{\mu\alpha}{2} \right]}{N \sin\left[\dfrac{1}{(N-1)} \dfrac{\mu\alpha}{2} \right]} \qquad （5\text{-}12）$$

式中　μ——转子谐波的次数；

　　　N——永磁体分段个数；

　　　α——转子分段斜极的总电角度。

1）当 N 趋向无穷时，转子斜极角度等于斜槽角度 θ_{sk}，齿槽转矩降低效果与斜槽效果一致，所以理论上分段数越多，齿槽转矩优化效果越好，实际上由于转子长度约束和工艺控制，分段数不可能太大，可通过仿真和试验选择较优方案。

2）由式（5-12）可知，对于齿槽转矩，不同转子分段数对应不同的斜极角度，另由斜极系数 K_{skew_μ} 可以求得削弱转子其他谐波次数（如齿谐波）所需的分段角度。

图 5-109 ~ 图 5-111 所示为转子斜极方式对转矩波动影响。

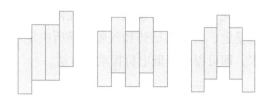

图 5-109　转子斜极方式

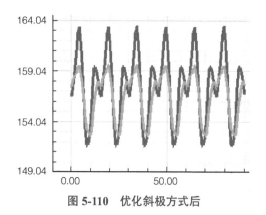

图 5-110　优化斜极方式后

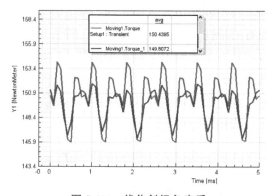

图 5-111　优化斜极角度后

由图 5-110 可以看出，优化斜极方式后 48 阶齿槽转矩明显降低；由图 5-111 可以看出，优化斜极角度后 48 阶转矩脉动明显减低。

2. 定转子开槽

气隙中产生的径向电磁力波会作用于定、转子表面，使其产生电磁振动，从而向外辐射噪声，是电磁噪声的主要激励源。

根据 Maxwell 应力张量法，电机的径向力波由气隙磁场产生，可表示为

$$P_r(\theta,t) = \frac{1}{2\mu_0}[B_r^2(\theta,t) - B_t^2(\theta,t)] \tag{5-13}$$

式中　$P_r(\theta,t)$——径向力波；

　　　μ_0——真空磁导率；

　　$B_r(\theta,t)$——合成径向磁通密度；

　　$B_t(\theta,t)$——合成切向磁通密度。

降低径向力引起的定子振动，结构方面可以提高定子刚度，不过会增加材料用量，电磁激励方面可通过增大气隙降低电磁力大小，但同时也会降低输出转矩，因此可以改变定转子结构，优化气隙磁密，降低径向力波大小，从而降低振动噪声。

（1）在定、转子开辅助槽

在转子的 dq 轴之间合适的位置开辅助槽或者在定子齿部开槽可以调节气隙磁阻，如图 5-112 和图 5-113 所示，不仅可以优化齿槽转矩，还可以优化气隙磁密波形，降低高次谐波，从而降低径向电磁力。从图 5-114 可以看出，优化定转子辅助槽后，48 阶径向力明显降低，进而降低了电机本体振动。

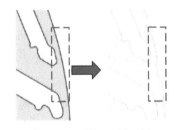

图 5-112　转子开辅助槽

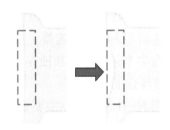

图 5-113　定子开辅助槽

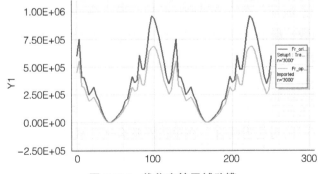

图 5-114　优化定转子辅助槽

（2）转子采用双 V 结构优化气隙磁密波形

相比 V 形结构和 V—结构，转子双 V 结构对气隙波形的调节具有明显的优势，如图 5-115 和图 5-116 所示，其中通过调整大 V 结构可以控制基波磁密波形，调整小 V 结构的永磁体夹角和永磁体用量可以优化磁密波峰的正弦性，让气隙磁密波形更正弦，减少高次谐波，降低零阶径向力，从而提升 NVH 性能。如图 5-117 所示，对比仿真双 V 结构和 V—结构，双 V 结构反电动势波形整体上更为平滑，5、7 次谐波幅值更低。

图 5-115　双 V 结构

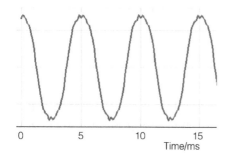

图 5-116　双 V 结构反电动势波形

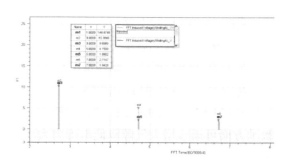

图 5-117　双 V 结构优化 5、7 次谐波

5.7.3　减速器 NVH 设计

传统变速器因发动机输出转矩以及转速变化范围小，为了适应整车复杂的使用工况，通过不同齿轮啮合以达到变速、倒车等功能。相对于传统燃油汽车，纯电动汽车采用电机驱动，电机启动转矩大且转速范围广，并具有高效区区间广的特点，应用到目前新能源汽车上的变速器多为单档变速器。作为对电机输出进行减速增矩作用的复杂旋转部件，减速器内部存在多个包括齿轮和轴在内的旋转部件，因此减速器的 NVH 性能直接影响到电动力总成的整体性能。

减速器 NVH 设计要点主要是提高齿轮啮合质量，通过壳体加强筋保证载荷下轴承座变形在公差范围内、齿轮修形确保齿轮啮合斑点对中和增加啮合面积，并通过齿轮斑点试验和传递误差试验保证校核设计的齿轮啮合质量。为减小减速器系统的动态响应，需从产生根源着手，减小动态激励。在减速器设计阶段，通过分析刚度激励、误差激励、啮合冲击激励与齿轮宏观参数、齿轮微观修形、加工安装精度等之间的关系，调整优化设计方案，从而优化减速器 NVH。

1. 刚度激励与齿轮参数设计

以直齿圆柱齿轮为例，设重合度 $\varepsilon = 1 \sim 2$，传递的转矩不变。在齿轮啮合过程中，有时一对轮齿啮合，有时两对轮齿啮合。在单齿对啮合区，载荷由一对轮齿承担，齿轮的啮合综合刚度较小，啮合弹性变形较大；在双齿对啮合区，载荷由两对轮齿承担，齿轮的啮合综合刚度较大，啮合弹性变形较小。所以，单齿对和双齿对啮合区交替时，啮合综合刚度和载荷都会产生突变，从而对齿轮系统产生较大的刚度激励。

对于斜齿轮传动，虽然啮合过程的齿对交替不是突变的，但啮合过程中轮齿的啮合综合刚度及轮齿载荷却是周期性变化的，同样会引起啮合过程的动态刚度激励。啮合综合刚度的突变是产生较大刚度激励的主要原因，所以可以将啮合综合刚度的平均值和峰峰值作为评价指标，作为方案设计及优化的方向。

采用斜齿轮传动设计，设计较高的端面重合度，将轴向重合度设计为整数，可以消除或降低啮合综合刚度突变的程度，从而有效地减少轮齿啮合的刚度激励。

以某齿轮副为例，对其齿轮参数进行优化，然后对比啮合综合刚度的变化，数据见表 5-3。优化前啮合齿数为 5 齿时，啮合刚度曲线形状是急剧上升下降的"三角形"。优化后啮合齿数无论 5 齿还是 4 齿，啮合刚度曲线的形状整体保持水平线，即保持不变，如图 5-118 所示。

表 5-3　优化先后齿轮参数变化

齿轮参数	模数	压力角	螺旋角	齿数	齿宽	中心距	端面重合度	轴向重合度	总重合度	啮合综合刚度平均值	啮合综合刚度峰峰值
优化前 - 主动轮	2	20	31.5	29	42	127	1.324	3.326	4.651	7.4×10^8	5.25×10^7
优化后 - 主动轮	2.05	18	30	28	41	127	1.641	3	4.641	8.0×10^8	5.5×10^7

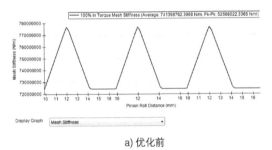

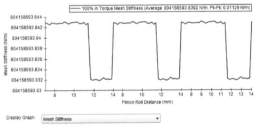

a) 优化前　　　　　　　　　　　　b) 优化后

图 5-118　啮合刚度曲线

2. 刚度激励与齿廓修形的关系

为了解决减速器齿轮啸叫及敲击噪声严重的问题，改善齿轮啮合过程中因动态激励造成的振动噪声过大现状，减少汽车齿轮因长期处于高强度工况啮合区域磨损严重的现象，并避免齿轮加工制造成本的过度增加，齿廓修形技术已大量运用到工程实践。

如图 5-119 所示，齿廓修形是将非理想啮合状态下齿轮副发生"干涉"的部位去除，来降低齿轮副实际啮合时产生的啮入、啮出冲击，并有效改善轮齿所受载荷在啮合齿数交替变化瞬间突变的程度，

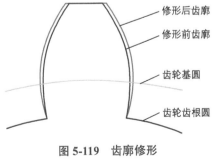

图 5-119　齿廓修形

从而避免齿轮剧烈振动的手段。若以齿轮去除材料部位加以区分，齿廓修形可以分为齿顶修形、齿顶齿根修形、齿根修形。若以大小修形齿轮选择加以区分，齿廓修形可以分为大齿轮修形、大小齿轮同时修形、小齿轮修形。若以修形齿形形状加以区分，齿廓修形可以分为线性修形、圆弧修形、渐开线修形等。

减速器齿轮的具体修形方案可以通过齿轮接触斑实验来确定，如图 5-120 所示。

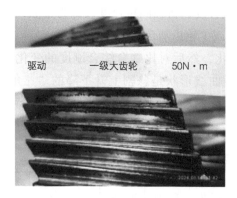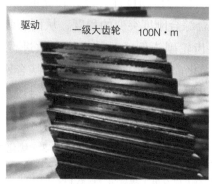

图 5-120　齿轮接触斑实验结果

5.7.4　电控 NVH 设计

永磁同步电机在逆变器供电时，定子电流中含有大量谐波，这些谐波和转子磁场经过电枢反应后，气隙磁场会产生大量的谐波，导致电磁力波中增加许多谐波。电机电磁振动噪声产生的主要原因为电磁力波，当电磁力波接近固有频率时，会引起振动进而产生较大的振动噪声甚至导致电机无法正常工作，如图 5-121 所示。所以降低定子电流中的谐波含量可以有效降低电磁力波，从而有效削弱电机电磁振动噪声。

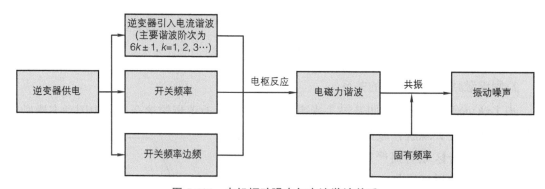

图 5-121　电机振动噪声与电流谐波关系

采用逆变器供电，在开关频率附近会产生大量谐波，这些电流高次时间谐波在气隙磁场中会产生高速旋转的空间谐波磁场，产生较大的径向电磁力，其主要电磁力波表达式为

$$f_r = k_1 f_{sw} \pm k_2 f_e \tag{5-14}$$

式中 f_{sw}——变频器的开关频率；

f_e——电机某一转速下的电频率；

k_1 和 k_2——奇偶性相同的正整数，即如果 k_1 为奇数，则 k_2 也为奇数，反之均为偶数。

图 5-122 所示为当逆变器的开关频率为 10kHz 时，逆变器开关频率相关的定子磁场谐波分量和转子磁场主要谐波分量相互作用产生的电磁力波频谱图。可以得到，电磁力波主要频谱分布在逆变器开关频率及整倍数附近，导致逆变器开关频率及倍数产生较大振动噪声。由脉宽调制技术供电的永磁同步电机，当逆变器开关频率低于 7kHz，噪声会增大 7～15dB；当开关频率为 7～16kHz 时，噪声增大 2～7dB，所以当开关频率较低时，气隙内会产生更多的径向力谐波，增大共振风险，因此可以通过提升开关频率，降低载波噪声，但开关频率越高，开关损耗会越大，寿命越低。

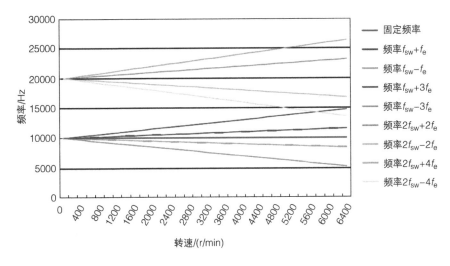

图 5-122　变频器供电时的载波频率

针对电控 NVH 问题，一般采用以下方法来解决。

1. 电控随机载波

随机载波可以有效抑制载波单一、能力集中的问题，其原理是通过直接改变载波频率，达到分散载波频率的范围以及降低电流峰值的效果。

图 5-123 所示为随机载波频率 SVPWM 与载波固定的 SVPWM 的对比，其中下半部分为载波频率固定的 SVPWM 波形，上半部分为改变了载波频率后的随机 SVPWM 波形。由图 5-123 可知，随机载波频率策略输出脉冲的 PWM 周期各有不同，其值随机变化，但各矢量作用时间比保持不变，即随机策略不干扰矢量控制的正常运行。

电机控制器的噪声，主要来自于里面的 IGBT 开关频率，其频谱特征在 Colormap 图中以伞状阶次出现，伞状阶次的起始点频率是电控的载波频率，这些开关频率及其谐频随着转速的增加而逐渐远离载波频率，从而形成了伞状阶次线。有两种方法可以改变这些开关频率，从而降低其噪声水平。

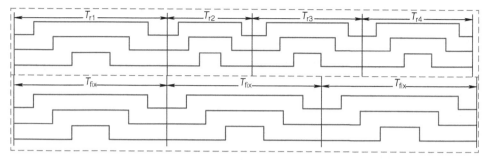

图 5-123　随机载波频率 SVPWM 和载波固定的 SVPWM 对比

1）提高开关的基频，使振动速度降低，辐射噪声减少，但载波频率不能无限制提高，其有物理特性限制。某电控载波频率从 7300Hz 提高到 8000Hz 时噪声明显降低，主观感受较好。

2）也有行业内专家提出用随机化的 PWM 开关策略来替代离散的方式，使离散的阶次噪声变成宽带噪声，降低幅值。

2. 谐波注入

电机运行采用变频器控制，开关管压降和死区效应等逆变器的非线性因素使电压波形畸变，输出电流中含有大量的谐波。在星形联结的三相绕组电流中，三相电流中存在基波、5 次、7 次、11 次、13 次等谐波成分。其中 5 次、7 次谐波会产生 6 倍电流基频的转矩脉动，11 次、13 次谐波会产生 12 倍电流基频的转矩脉动，可通过控制三相电流中的谐波成分来降低电机的转矩脉动。

1）抑制电流中的 5 次、7 次等谐波分量，在 SVPWM 调制的电压波形中加入相应的谐波分量来抵消电机电流中的谐波。如图 5-124 和图 5-125 所示，首先通过多同步旋转坐标变换把三相实际电流中的谐波电流变换成直流分量，然后通过低通滤波来提取直流分量，得到 5 次、7 次谐波电流在对应的同步旋转坐标轴系下 d 轴和 q 轴的分量 i_{d5}、i_{q5}、i_{d7}、i_{q7}，再通过 PI 控制，使得谐波电流的 d、q 轴分量为零。

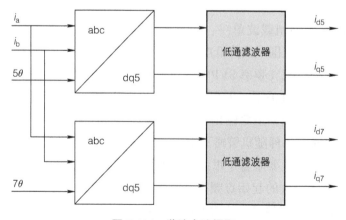

图 5-124　谐波电流提取

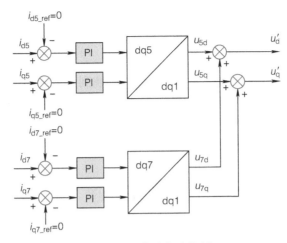

图 5-125　谐波电流抑制

2）由于电机转子结构磁路不均匀、齿槽引起的磁导变化、磁路饱和等因素也会使气隙磁场产生畸变，产生 5 次、7 次、11 次、13 次等高次谐波，引起转矩脉动。故在谐波电流抑制的基础上，以降低电机阶次振动为目标，进一步注入电流谐波，具体是在电机 d、q 轴电流回路中增加谐波电流注入回路，注入各转矩脉动阶次对应的谐波电流频率，再通过调节 d、q 轴幅值和相位参数使振动值达到设计目标值。

需要注入的谐波电流为

$$i_{d\_in} = I_{dn}\sin(n\omega t + \varphi_{dn}) \tag{5-15}$$

$$i_{q\_in} = I_{qn}\sin(n\omega t + \varphi_{qn}) \tag{5-16}$$

式中　　　　　　n——相对于基波的谐波次数；

I_{dn}、φ_{dn}、I_{qn}、φ_{qn}——需注入的 d、q 轴的谐波电流幅值（A）和相位。

制定不同的转速和转矩工况，分别调试 d、q 轴电流谐波幅值和相位 4 个参数，实时监控振动幅值的大小，控制参数使优化后的阶次振动达到设计目标值，最终得到不同转矩和转速工况下抑制转矩波动所需注入的电流幅值和相位参数最优值。从图 5-126 可以看出，谐波注入后的电机振动要明显低于原状态，取得了较好的优化效果。

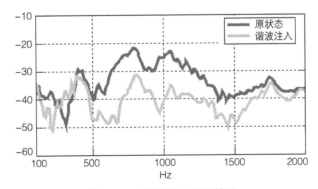

图 5-126　谐波注入优化效果

随着经济的发展，消费者对于车辆的要求不再仅仅是代步工具，而是提高生活品质的工具，因此消费者对于车辆的性能要求越来越高，NVH 性能作为消费者可以直观感受到的汽车参数，在消费者购车时起到至关重要的作用。

电动力总成的 NVH 性能优劣很大程度上直接影响到整车的 NVH 性能表现，因此电动力总成的 NVH 设计尤为重要。针对电动力总成的振动噪声问题，仍然存在不少行业难题需要解决，但是随着科技进步和新技术的发展，以及诸多学者和相关从业人员不断进行研究，相信未来的电动力总成 NVH 性能会越来越好。

5.8 EMC 设计

电动力总成将电能转化成机械能，是纯电动汽车的重要组成部分，是整车功率最大、电磁特性最复杂的系统。电动力总成的 EMC 性能直接决定了整车的 EMC 性能。

5.8.1 电动力总成的 EMC 需求

EMC 法规符合性是强制要求，相关法规标准详细规定了检测环境、数据采集方式、限值要求及被测件的工况条件等。作为零部件的电动力总成，应符合国家标准零部件的 EMC 要求，典型要求见表 5-4；电动力总成是整车的重要组成部分，应随整车考核整车 EMC 性能，典型要求见表 5-5。EMC 性能可分为对外影响低于某限值的电磁干扰 (EMI) 和抵御外部特定强度干扰的电磁抗扰度（EMS）两类。

表 5-4　汽车电子零部件级的 EMC 要求（部分）

序号	试验项目	参考标准代号	参考标准名称
1	辐射发射试验	GB/T 18655—2018	车辆、船和内燃机 无线电骚扰特性 用于保护车载接收机的限值和测量方法
2	传导发射试验		
3	沿屏蔽高压电源线的传导发射试验		
4	大电流注入抗扰度试验	GB/T 33014.4—2016	道路车辆 电气／电子部件对窄带辐射电磁能的抗扰性试验方法 第 4 部分：大电流注入（BCI）法
5	电磁辐射抗扰度试验	GB/T 33014.2—2016	道路车辆 电气／电子部件对窄带辐射电磁能的抗扰性试验方法 第 2 部分：电波暗室法
6	静电放电抗扰度试验	GB/T 19951—2019	道路车辆 电气／电子部件对静电放电抗扰性的试验方法
7	瞬态传导抗扰度试验	GB/T 21437.2—2021	道路车辆 电气／电子部件对传导和耦合引起的电骚扰试验方法 第 2 部分：沿电源线的电瞬态传导发射和抗扰性
8	瞬态耦合抗扰度试验	GB/T 21437.3—2021	道路车辆 电气／电子部件对传导和耦合引起的电骚扰试验方法 第 3 部分：对耦合到非电源线电瞬态的抗扰性

表 5-5　整车级的 EMC 要求（部分）

序号	试验项目	参考标准代号	参考标准名称
1	电动汽车电磁场发射试验	GB/T 18387—2017	电动车辆的电磁场发射强度的限值和测量方法
2	车辆电磁辐射发射试验	GB 34660—2017	道路车辆 电磁兼容性要求和试验方法
3	车辆电磁辐射抗干扰试验	GB 34660—2017	道路车辆 电磁兼容性要求和试验方法

为了保证功能安全，电动力总成仅根据是否通过法规测试，判定其 EMC 性能的优劣是不够的。在某些特定条件或极端条件下，电动力总成都必须确保功能安全。因此，电动力总成的 EMC 评价，应增加功能安全的潜在需求。

5.8.2　电动力总成的 EMI 源头与耦合路径

功率模块是电动力总成的重要组成部分。PWM 控制下的功率模块，上下桥的直流电流与电压随时间突变，产生较大的电流变化率（di/dt）和电压变化率（du/dt）。功率模块的 di/dt 和 du/dt 是电动力总成电磁干扰（EMI）的最主要来源。

1. EMI 的源头

功率模块工作时，PWM 下的功率器件 c 极与 e 极之间电压 V_{ce} 的典型时域波型，如图 5-127 所示。

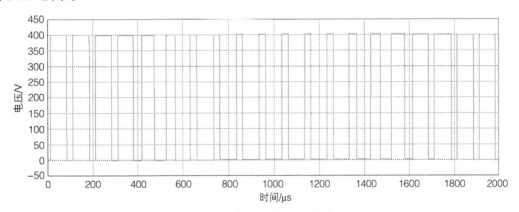

图 5-127　功率器件 V_{ce} 准方波图

如图 5-128 所示，占空比为 δ 的电压时域波形，经傅里叶变换后，可得出 n 次谐波的幅值级数，如式（5-17）所示，频域谐波分布如图 5-129 所示。

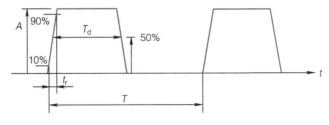

图 5-128　准方波信号示意图

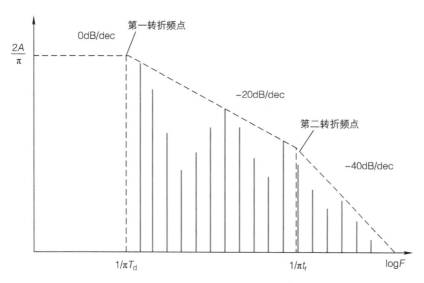

图 5-129　傅里叶变换后的频域分布

$$A_n = A\frac{\sin(n\pi\delta)}{n\pi\delta}\frac{\sin(n\pi t_r/T)}{(n\pi t_r/T)} \tag{5-17}$$

当占空比 δ 为 50% 时，无偶次谐波。

图 5-128、图 5-129 和式（5-17）中的物理量示意：T 表示方波周期（s）；T_r 表示电压幅度从 $A\times10\%$ 上升到 $A\times90\%$ 的时间（s）；T_d 表示电压幅度 A 的持续时间（s）；δ 表示占空比；A 表示电压幅度（V）；F 表示谐波的频率（Hz）；A_n 表示 n 次谐波的电压幅值（V）。

可以看出，准方波的上升沿 t_r 越小，谐波分量幅值 A_n 越大，高频骚扰越大，劣化了 EMC 性能。

电机转速为 10000r/min 的工况下，开关频率为 10kHz、20kHz 和 30kHz 时，仿真所得三相线上的频域谐波分量，如图 5-130 所示。

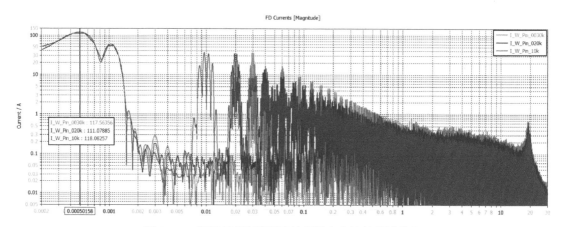

图 5-130　不同开关频率下直流母线上电流的频域分布

可以看出，30kHz 开关频率下的高频谐波电流，大于 20kHz 开关频率下的高频谐波电流，大于 10kHz 开关频率下的高频谐波电流，30kHz 开关频率下的 EMI 骚扰最大。一般来说，功率模块的开关频率越高，高频谐振波分量越多，EMI 骚扰越大。

为提升功率模块的效率，功率器件必须工作在更快上升沿 t_r，将产生更高 di/dt；工作在更高开关频率 f，高频谐波分量 A_n 也将更大，更趋向高频。因此，功率模块难以工作在高效率、低谐波、优 EMI 的状态。

2. EMI 传导骚扰

电动力总成工作时，OBC 的 AC/DC 模块和电控的功率模块产生 di/dt 和 du/dt。功率模块的功率越高，t_r 越小，产生的 di/dt 或 du/dt 越大，对 EMC 性能影响越大。下面以电控和电机为例，分析 EMI 传导路径。

动力蓄电池为 IGBT 提供正常工作所需的直流差模电流，其路径按设计的 HV+ → IGBT 上桥→三相电机→ IGBT 下桥和 HV- 完成回流，如图 5-131 中的绿色虚线所示。

功率模块 IGBT 工作时，产生高频差模干扰电流，可将高频差模干扰电流源头等效为电流源 Idm_noise，形成多条高频差模干扰电流的回流路径，如图 5-131 中红色虚线表示。

回流路径为：

Idm1：Idm_noise → HV+ → C1 → C2 → HV- → Idm_noise。

Idm2：Idm_noise → HV+ → CDC → LDC → RDC → HV- → Idm_noise。

Idm3：Idm_noise → IGBT2 → HV- → Idm_noise。

Idm4：Idm_noise → HV+ → IGBT3 → IGBT4 → HV- → Idm_noise。

Idm5：Idm_noise → HV+ → IGBT5 → IGBT6 → HV- → Idm_noise。

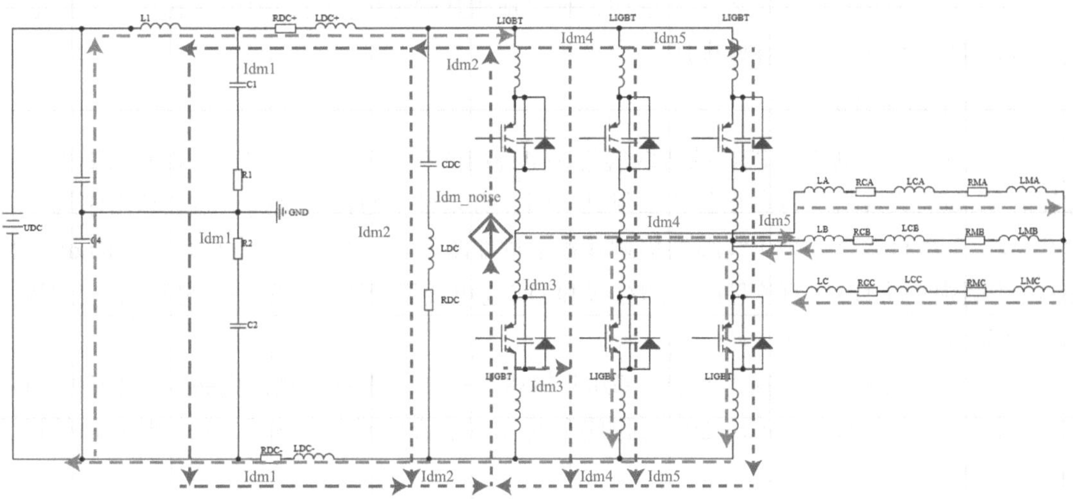

图 5-131　差模干扰环路

IGBT 开通与关断引发的共模干扰源头可以等效为高频恒压源 Vcm_noise，形成多条高频共模干扰电流的回流路径，如图 5-132 中红色虚线表示。

回流路径为：

Icm1：Vcm_noise → CA ∥ CB ∥ CC → GND → CN ∥ CP → Vcm_noise。

Icm2：Vcm_noise → (LA → RCA → LCA → CAG) ∥ (LB → RCB → LCB → CBG) ∥ (LC → RCC → LCC → CCG) → GND → (CN → HV−) ∥ (CP → HV+) → Vcm_noise。

Icm3：Vcm_noise → GND → HV+ ∥ HV− → (C1 → R1) ∥ C3 ∥ C3 ∥ (C2 → R2) ∥ CDC− ∥ CDC+ → Vcm_noise。

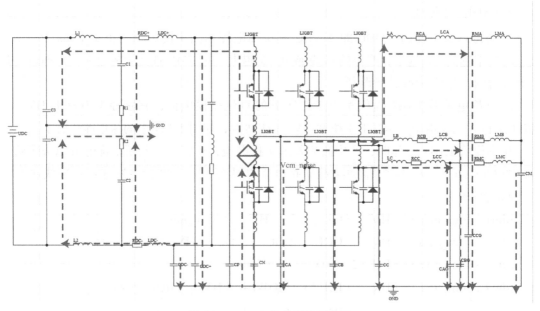

图 5-132　EMI 的共模传播路径

共模电流大小与分布电容关系密切，难以预测其确定值。与差模电流相比，共模电流频率高、回流面积大、辐射骚扰强。

3. EMI 辐射骚扰

直流母线、充电线和 PTC 线等线缆连接电控内的功率模块或 OBC 的 MOSFET 等强干扰源，线缆的天线效应将高频骚扰辐射到空间，劣化整车的辐射骚扰，增加超出法规要求的风险。单电机多合一高压线缆的辐射骚扰示意如图 5-133 所示。功率模块产生的 di/dt 和 du/dt 为骚扰驱动源头；直流母线、PTC 线和 DC 充电线等线缆，在驱动工况和充电工况时，充当辐射天线。

电动力总成的辐射骚扰，增加了 GB/T 18387—2017《电动车辆的电磁场发射强度的限值和测量方法》和 GB 34660—2017《道路车辆 电磁兼容性要求和试验方法》整车辐射骚扰超标的风险。

零部件的辐射骚扰，可能致使周边零部件的工作性能下降，导致辐射敏感度问题。电机正常工作时，其转子与定子线圈有周期性大电流，形成较强的低频磁场，近场效应明显。同一磁缸内的旋变，易受到电机产生的低频磁场影响，导致旋变的正弦信号和余弦信号出现周期性毛刺、畸变等现象，最终出现电机控制问题。

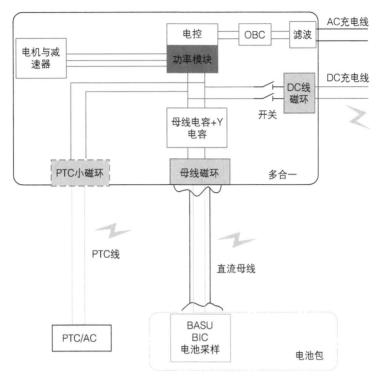

图 5-133　高压线缆的辐射骚扰示意图

5.8.3　电动力总成的 EMC 设计案例

一般来说，传导骚扰可通过滤波和接地方式滤除，辐射骚扰可通过屏蔽和接地方式去耦合。

1. 传导滤波

小电流的 PTC、OBC 和电控等采用共模电感、差模电感、X 电容和 Y 电容等组成的滤波电路，其典型的滤波电路如图 5-134 所示。

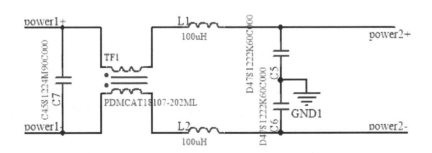

图 5-134　典型的滤波电路

图 5-135 所示为图 5-134 电路仿真与测试所得的插损曲线对比图，两者吻合得较好。小电流电源线可做成多级 LC 共差模滤波，其高频插损较大，效果较好。

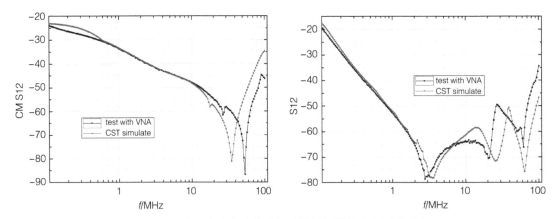

图 5-135 典型滤波电路共模与差模插损的仿真与测试对比

驱动工况和直充工况时，高压直流电流较大，其滤波电感磁心的体积、重量及成本等因素限制其量产应用。量产产品一般采用单匝磁环、Y 电容和 X 电容的组合滤波。高压直流系统中，采用多 Y 电容并联，以拓宽滤波带宽。因电容 ESL 产生的并联谐振，影响插损连续性，存在潜在谐振风险。三电容并联共模插损仿真与实测对比曲线，如图 5-136 所示。

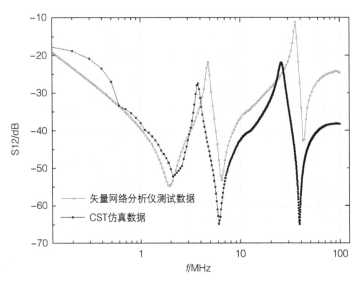

图 5-136 三电容并联的共模插损仿真与实测对比

并联在高压电源线与地之间的 Y 电容，提供漏电流通道和能量储存的物质基础。GB 18384—2020《电动汽车安全要求》规定了漏电流与能量储存的最大值。因此，直流高压系统 Y 电容的位置与容值分配，将显得十分重要。

直流高压系统的母线磁环可采用铁氧体或非晶纳米晶材质磁环，三相交流线磁环采用非晶纳米晶材质磁环。典型磁环电感量的频率分布，如图 5-137 所示。

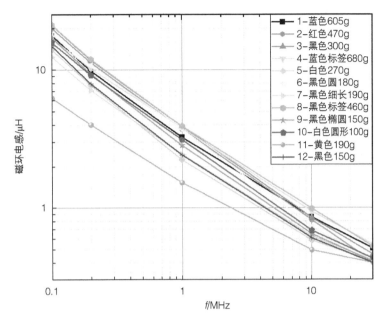

图 5-137 典型磁环的单匝电感量

高压系统磁环的重要参数单匝电感量或阻抗值与磁材性质、尺寸大小、形状等密切相关。设计磁环时，应综合考虑以上因素。

2. 电磁场屏蔽

电磁屏蔽是电动力总成 EMC 设计的重要方法。一般来说，将干扰源和电磁敏感元器件或零部件单独屏蔽设计。金属屏蔽层的屏蔽效能，取决于入射屏蔽层的损耗、在屏蔽层传播过程的吸收损耗和出射屏蔽层的损耗，其中以吸收损耗为主。

电磁波在金属介质中传播时，其幅值随传播距离指数衰减。一般来说，趋肤深度是指电磁波衰减至 37% 时的传播距离。金属性越好，其 σ 值越大，电磁波频率越高，趋肤深度越小。

电磁平面波在屏蔽体传播时，其场强表达式为

$$E(t) = E_0 \mathrm{e}^{-\frac{t}{\delta}} \tag{5-18}$$

其中，

$$\delta = \frac{1}{\sqrt{\pi f \mu \sigma}} \tag{5-19}$$

屏蔽体的吸收损耗为

$$A(\mathrm{dB}) = 20\lg \mathrm{e}^{-\frac{t}{\delta}} = 8.69\frac{t}{\delta} \tag{5-20}$$

式中　$E(t)$ ——在屏蔽层上传播距离 t 时的电磁波场强（V/m）；

　　　　t ——电磁波入射屏蔽层的深度（m）；

　　　　δ ——金属的趋肤深度（m）；

　　　　E_0 ——入射金属前的电磁波场强（V/m）；

　　　　f ——电磁波的频率（Hz）；

　　　　μ ——屏蔽材料金属的磁导率（H/m）；

　　　　σ ——屏蔽材料金属的电导率（S/m）；

　　　　A ——吸收损耗；

　　　　e ——数学常数。

可以看出，在频率 f 较高时，吸收损耗较大，趋肤深度较小。常用金属铝和铜的趋肤深度与频率的关系，如图 5-138 所示。

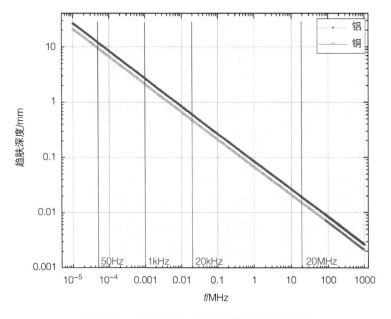

图 5-138　不同材料、不同频率下的趋肤深度

如图 5-138 所示，使用金属铜和铝对 150kHz 至 1GHz 的电磁波进行屏蔽时，其趋肤深度小于 0.5mm。该趋肤深度远小于整车结构强度对金属提出的厚度要求，因此，50Hz 为市电，1kHz 代表典型电机的电频率，20kHz 代表功率器件 IGBT/SiC 的典型开关频率，20MHz 是 GB 18387—2017 中整车辐射发射超标的常见频段。

驱动电机工作时，通常转速下产生 kHz 级别的低频近场磁场，以空间辐射骚扰形式干扰旋变等磁性敏感零部件。可选相对磁导率较高的铁基金属材质屏蔽旋变，确保其正常工作。

3. 分腔屏蔽设计

电动力总成的高压零部件与低压零部件共平台工作，一般按功率等级和干扰／敏感程度分腔屏蔽，例如：干扰源的 OBC 和功率模块、敏感部件的旋变均单独分腔屏蔽。典型的电控多合一屏蔽设计，如图 5-139 所示。

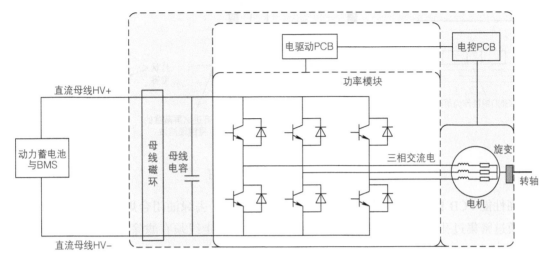

图 5-139　电动力总成的分腔屏蔽示意图

电机磁缸内的旋变，易受低频磁场干扰，应单独分腔屏蔽。电机低频辐射骚扰较大，应单独屏蔽。应分腔屏蔽产生 di/dt 和 du/dt 的功率模块和电驱动 PCB。其他部分整体置于多合一的金属腔体内。多合一分腔屏蔽设计的实物，如图 5-140 所示。

图 5-140　电动力总成分腔屏蔽设计实物图

安装于 PCB 上的器件，如采集与处理等易受辐射干扰的敏感电路，也可以采用屏蔽设计，典型设计如图 5-141 所示。

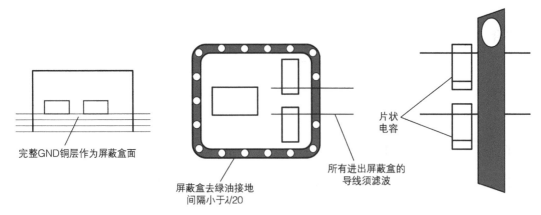

图 5-141　PCB 屏蔽示意图

高性能 PCB 板级屏蔽，屏蔽体为六面全封闭结构，去绿油闭合焊盘与屏蔽壳体连接，焊盘通过密集过孔"篱笆状"与地连接，出入屏蔽盒的走线须有滤除关注频率的措施，比如 SMT 电容。

高性能屏蔽，屏蔽体应为六面全封闭结构，且可靠与地连接，进出的互连线缆应有屏蔽或有滤除关注频率的措施。

4. 低频磁场屏蔽

电机是典型低频磁场骚扰源，对邻近空间的磁性器件（电感、线圈、变压器、旋变等）产生较强影响。低频磁场屏蔽将磁力线束缚在屏蔽层中，被屏蔽物处于磁力线的"真空"中，以达到屏蔽的效果。磁场屏蔽的原理，如图 5-142 所示。

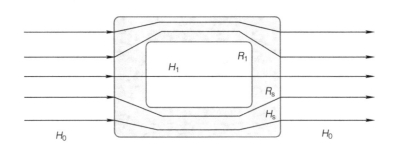

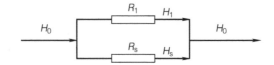

图 5-142　磁场屏蔽与电路模型的示意图

在磁场屏蔽与电路模型中，屏蔽空间的磁导率较小，磁阻 R_1 较大，屏蔽金属的磁导率较大，磁阻 R_s 较小。自由空间的磁场 H_0，通过屏蔽空间 R_1 的磁场 H_1 远小于通过屏蔽金属

R_s 的磁场 H_s，相当于屏蔽空间的磁场被旁路到屏蔽金属内。

低频磁场的屏蔽效能与屏蔽材料的磁导率、被屏蔽物与屏蔽壳体的距离、屏蔽壳体几何结构和自身厚度等因素相关。

5. 高压线缆屏蔽

电动汽车的高压电源线缆，包括直流母线、PTC 线、OBC 直流 / 电源线，它们与功率模块直接相连，开关频率及其谐波通过高压线缆辐射到空间的风险急剧增加。

高压线缆屏蔽层采用金属编织层或金属编织层 + 铝箔方案，屏蔽层与动力蓄电池箱、屏蔽层与电控箱的端接方案各式各样，但均满足低阻抗、360° 环式接触，且适于量产工艺等要求。

电动力总成的工作电压趋于高压、功率器件的工作状态切换趋于快速和开关频率趋于高频，以及车载电子器件工作电压趋于低压和敏感度越来越高，这对电动力总成 EMC 性能提出了更严格的要求。在电动力总成集成化、整车轻量化的大趋势下，EMC 设计方法和实施方案、EMC 器件选型等，将面临新的、更高的挑战。

5.9 电动力总成的发展趋势

5.9.1 深度集成化

图 5-143 所示为 2020—2022 年新能源乘用车电驱集成化趋势，从近三年渗透率数据可以看出，三合一渗透率在 2021 年突破 60% 后，在 2022 年又回到 54%。二合一渗透率接连下降，到 2022 年降至 1.7%。而多合一渗透率在 2022 年增幅最大，从 1.2% 提升到了 7.2%，系统深度集成化的趋势十分明显，多合一后期渗透率将呈现增长态势。

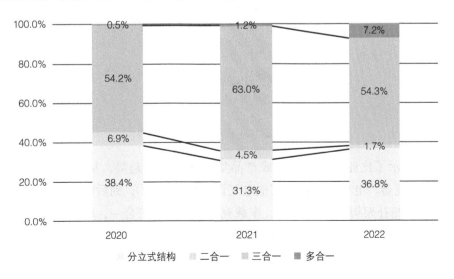

图 5-143　2020—2022 年新能源乘用车电驱集成化趋势（来源：NE 时代新能源）

图 5-144 所示为市场上采用多合一的电动力总成厂家，如比亚迪八合一、华为七合一（Drive One）、长安七合一（超集电驱）、零跑八合一等。2023 年，华为发布首款十合一电驱动系统（Drive One 新一代超融合动力平台），如图 5-145 所示，在原有七合一（驱动电机、减速器、电机控制器、车载充电器、直流变换器、高压分线盒、电池管理器）集成基础上，再集成整车控制器（VCU）、热管理控制器（TMCU）、PTC 加热控制器，高度集成化拓扑架构逐步取代分立式结构成为技术发展的重要趋势。

a) 比亚迪八合一电动力总成　　　　　　　b) 华为七合一电动力总成

c) 长安七合一电动力总成　　　　　　　　d) 零跑八合一电动力总成

图 5-144　集成化电动力总成（代表产品）

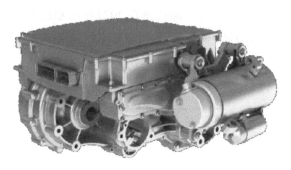

图 5-145　十合一电动力总成

图 5-146 展示了比亚迪电动力总成产品集成化的发展趋势，从一开始的分立式结构（驱动电机、减速器、电机控制器及其他电气设备独立布置），到后期逐步实现机电耦合化的三合一（3+3 拓扑架构，即 DC/DC、车载充电器、配电三合一，驱动电机、减速器、电机控制器三合一）、多合一（驱动电机、减速器、电机控制器、车载充电器、直流变换器、高压分线盒、整车控制器、电池管理器），通过共用壳体、一体式散热、芯片集成、功能集成等技术实现机械与电气件的深度耦合。

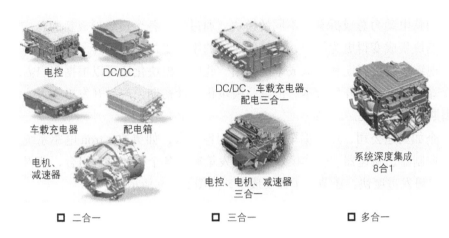

图 5-146　电动力总成产品集成化发展趋势

在分布式轮毂电驱技术基础上，英国轮毂电机公司 Protean Electric 研究出具有突破性的"Protean 360+"转向技术，如图 5-147 所示。Protean 360+ 将转向系统、悬架系统集成在一个独立的单元模块，并借助内置于车轮中的轮毂驱动提供动力。它在车轮中集成了以下功能：无限的 360° 转向能力、创新的悬架布置、气动高度调节、性能强劲的驱动电机。如图 5-148 所示，采埃孚公司的电驱动后桥集成电动力总成、后轮转向、悬架 /制动功能，其中悬架和制动系统使用标准部件，副车架、驱动总成、转向系统可根据客户需求定制。

图 5-147　Protean 360+ 集成化轮毂电机　　　　图 5-148　采埃孚集成式电驱动后桥

这种集轮毂驱动、转向系统、悬架 /制动系统为一体的技术虽然仍处于概念阶段，但分布式驱动向高集成度发展有望成为未来技术领域的探索趋势之一。

5.9.2 模块化

模块化即将电动力总成拆分为不同的模块，通过组合各个模块形成新的总成。模块化不仅使不同模块集成变得更为简单，而且使总成的组合更加灵活多样，从而获得丰富的产品型谱，实现缩短研发周期和降低成本的作用。此外，模块化还可以根据客户需求进行定制化组合，降低新产品的开发成本。但是，模块化设计初期，产品开发难度大，研发投入高，研发周期也相对较长。

国外车企如奥迪公司，可根据车型规划动力性需求，如奥迪 e-tron 电驱系统采用驱动电机、电机控制器、减速器、壳体模块化的开发策略，各个模块排列组合，获得了丰富的产品线，不仅研发进度快，还节约了开发成本，如图 5-149 所示。

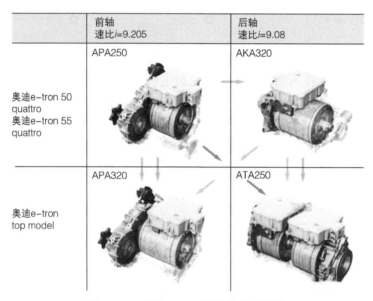

	前轴 速比 i=9.205	后轴 速比 i=9.08
奥迪 e-tron 50 quattro 奥迪 e-tron 55 quattro	APA250	AKA320
奥迪 e-tron top model	APA320	ATA250

图 5-149 奥迪 e-tron 模块化产品搭配

国内车企如比亚迪三合一平台，采用三种不同的电机、电机控制器和减速器模块，理论上可以组合成 27 种产品，满足不同客户需求。同时，现已进一步拓展车载充电器（OBC）、直流变换器（DC/DC）、高压分线盒（PDU）、整车控制器（VCU）、电池管理器（BMC）等更多模块，形成集成度更高的产品。

5.9.3 平台化

电动力总成平台化是指基于同一平台，设计开发多款产品覆盖所有车型的需求。比亚迪平台化产品见表 5-6。在平台化开发过程中，可通过核心技术多次重复应用和零部件模块化设计，来缩短产品的开发周期，并基于相同工艺实现大规模生产以降低成本。因此，平台化的设计可以降低成本，缩短研发周期，简化设计生产流程，提高产品质量的可靠性。

表 5-6　比亚迪平台化产品

性能	e3.0 平台产品						
	产品 1	产品 2	产品 3	产品 4	产品 5	产品 6	产品 7
峰值功率 /kW	70	150	230	160	150	230	150
峰值转矩 /N·m	180	310	360	310	250	360	310
最高转速 /(r/min)	14000	15000	16000	16000	16000	16000	16000
电机冷却方式	水冷	水冷	油冷	油冷	油冷	油冷	油冷
适用车型	秦 EV 秦 Plus EV	宋 Plus EV 元 Plus EV	腾势 D9 EV、汉 EV		秦 Plus EV （长续航）	腾势 N7、海豹	

如图 5-150 所示，平台化设计往往搭配模块化设计，两者相辅相成，其目的都有减少成本、缩短研发周期、满足不同车型需求、简化生产及设计步骤等。产品平台化需满足车型平台规划，以确保最优的匹配方案与最大的兼容性。

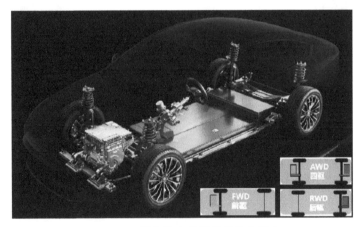

图 5-150　平台化产品搭载的整车平台

5.9.4　变速器多档位化

单档变速器结构简单、成本低、体积小，当前电机与变速器主流耦合方式为单档变速器。

目前，国内外主流驱动电机产品逐渐向高速化趋势发展，例如：特斯拉 Model 3 电机转速已经达到 17900r/min；Lucid Air 电机峰值转速可达 20000r/min。国内车企开发的电机转速也达到 16000~27200r/min，例如，小米超级电机转速已经达到 27200r/min。在相同的电机功率需求下，转速的提升可同时降低转矩的输出，从而减少永磁同步电机磁钢、冲片、铜线等零部件的用量，实现驱动电机设计的小型化、轻量化，降低电机系统开发成本。

当高速电机技术推广后，为了兼顾高速电机动力性及经济性的需求，需要开发多档位变速器与驱动电机耦合，常用的机械耦合方式有电机 + 两档变速器、电机 +ECVT，其构型与代表产品如图 5-151 所示。目前，采埃孚、GKN、麦格纳、Taycan 等企业均已推出两档变速器产品；博世、万里扬等企业推出 ECVT 产品。

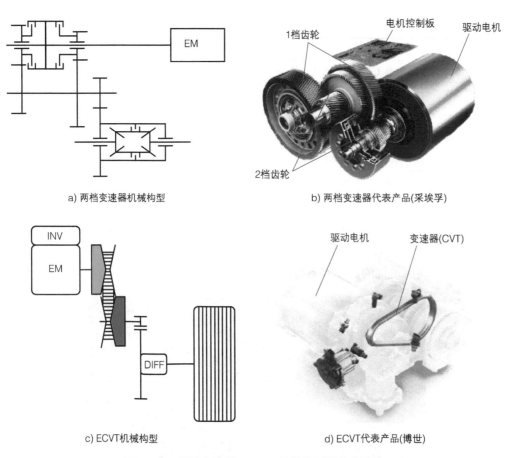

a) 两档变速器机械构型

b) 两档变速器代表产品(采埃孚)

c) ECVT机械构型

d) ECVT代表产品(博世)

图 5-151　两档变速器 /ECVT 机械构型及代表产品

第6章
纯电动汽车动力系统的创新集成设计

6.1 概述

前面详细介绍了纯电动汽车动力系统内部的相关原理及技术，本章主要以比亚迪智能猎跑 SUV 腾势 N7 为例，从电池 / 车身一体化设计、充电 / 加热 / 驱动一体化以及电池 / 电机 / 电控热管理耦合一体化设计等角度介绍纯电动汽车动力系统在整车工程上的创新设计及设计要点。在动力蓄电池技术方面，比亚迪全球首创了 CTB 整车安全架构技术集群，通过将动力蓄电池系统与车身进行一体化集成设计，节约整车空间，提高动力蓄电池的能量密度，同时电池系统参与整车碰撞吸能，提升了部分区域的车身强度，使电动汽车安全性进一步提高。在电驱动总成技术方面，比亚迪全球首创了八合一智能电驱技术集群，通过引出电机中性点，复用现有功率器件和电机电感，实现驱动、升压充电、脉冲自加热功能一体化，节省了整车空间，降低了用户购买成本，提高了空间利用率及系统集成度。在热管理方面，比亚迪全球首创智能宽温域高效热泵技术集群，通过将电池 / 电机 / 电控热管理耦合一体化设计，提升了整车能量利用率，降低了整车行驶能耗。

6.2 电池 / 车身一体化创新设计

动力蓄电池系统作为电动汽车的关键组成部分，经过多年的技术迭代与发展，逐渐由电池系统设计向集成整车一体化设计方向发展，由动力蓄电池系统内部的结构创新优化设计转变为与外部系统部件的创新集成及深度融合设计。因此，动力蓄电池系统也由原先的独立系统转变为整车一体化部件之一。动力蓄电池系统的集成技术会伴随市场需求的变化而不断更新发展，其创新突破会带给整车更好的动力性及更高的续驶里程，带给用户更优质的驾驶体验。

6.2.1 电池／车身一体化设计的构成与特点

图 6-1 所示为传统动力蓄电池系统与车身独立设计，在乘员舱空间或动力蓄电池系统体积方面，其空间利用率相对较低，集成度还有提升空间。通过将动力蓄电池系统与整车车身一体集成，可以显著提升空间利用率，在相同的空间内能够布置更多的电池，达到提升续驶里程的目的。比亚迪 CTB 技术由此诞生。

图 6-1　传统蓄电池系统与车身独立设计

CTB（Cell to Body）是由比亚迪提出的一种全新的电池集成技术，其技术结构如图 6-2 所示。CTP（Cell To Pack）方案采用车身与动力蓄电池系统独立设计，而 CTB 方案则在刀片电池高安全性基础上，充分利用多节电芯组合在一起的高刚度特性，将动力蓄电池与车身深度融合，同时将动力蓄电池包进行功能复用，直观上从电池上盖 - 电芯 - 托盘的"电池三明治结构"进化为整车 - 电芯 - 托盘的"整车三明治结构"，将以保护电池为主的传统车身架构设计进化为电池及车身共同承担整车载荷的设计，重塑电动汽车整车安全架构。这种技术进一步优化了整车传力路径，简化了车身结构，是对传统电动汽车架构的一次颠覆性变革。

a) 电池三明治结构：电池上盖-电芯-托盘　　　b) 整车三明治结构：电池上盖与车身地板集成-电芯-托盘

图 6-2　比亚迪 CTP 技术与 CTB 技术结构

6.2.2 电池／车身一体化技术方案

图 6-3 所示为比亚迪腾势 N7 动力蓄电池系统与车身连接示意图，具体方式为：动力蓄电池系统与车身通过螺栓进行刚性连接，动力蓄电池系统上盖充当车身地板；外界与乘员舱内通过动力蓄电池上盖的密封条进行密封隔绝，从而实现一体化集成。图 6-4 所示为 CTB 整车传力示意图。CTB 架构利用车身纯平地板布置电池系统，优化车身环形结构与电池系统深度融合，动力蓄电池系统作为传力结构的一部分，参与到整车正碰、侧柱碰等工况的传力中，来强化整车安全，可以有效解决电动汽车长续航与高安全、轻量化的矛盾。

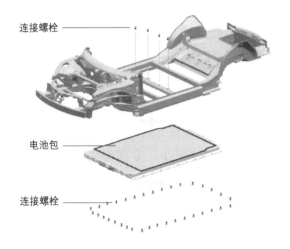

图 6-3 腾势 N7 动力蓄电池系统与车身连接示意图

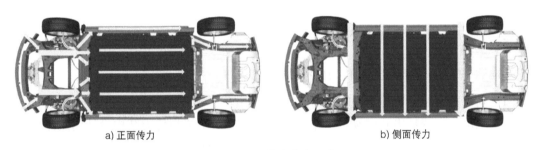

a) 正面传力   b) 侧面传力

图 6-4 CTB 整车传力示意图

CTB 技术为整车带来了如下优点：

1. 提升整车安全性能

如图 6-5 所示，比亚迪的刀片电池有效解决了电芯的安全问题，可轻松通过针刺试验；刀片电池成组后的类蜂窝结构具备更高的强度特性，其高强度结构可以承受 50t 重型货车的碾压，进一步强化整车安全；将动力蓄电池系统托盘的梁结构与车身梁结构通过螺栓进行刚性连接，动力蓄电池系统与车身集成组成的整车三明治结构形成了立体化的受力结构，

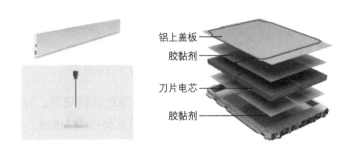

a) 刀片电池轻松通过针刺试验   b) CTB电池系统高强度类蜂窝结构

图 6-5 CTB 电池系统

使得 CTB 技术下的动力蓄电池系统既作为能量体，也充当整车的受力结构件，动力蓄电池系统作为一个整体可以传递并吸收能量，大大提升整车的安全性能，整车正面碰撞结构安全提升 50%，侧柱碰撞结构安全提升 45%。

2. 提升电池成组效率

在空间上，将车身地板与动力蓄电池系统上盖集成后，节省了动力蓄电池系统和车身结构占用的空间，同样的车高尺寸下垂直方向的乘坐空间最大可以增加 15mm；动力蓄电池系统结构件数量从 1200 个减少到 700 个，零部件数量减少 40%，体积利用率可提升至77%，高安全性能的磷酸铁锂电池可以实现 700km 以上的超长续驶里程。

3. 提升整车扭转刚度

扭转刚度是评价汽车性能的重要指标之一，提升扭转刚度可使车辆转弯时车尾的跟随响应更快，即甩尾幅度更小。动力蓄电池系统与车身的刚性连接使得整车扭转刚度相比传统车型提升了 1 倍。

6.2.3 电池/车身一体化系统设计要点

1. 电池/车身一体化设计的传力路径设计

（1）动力蓄电池系统与车身的传统传力路径

在原电动汽车或插电式混动汽车平台下，车辆驱动系统与传力结构设计仍然保留传统燃油汽车特征。如图 6-6 所示，传统车身架构设计通过地板底部增加传力纵梁，使得动力蓄电池系统外壳可以安装于纵梁之间，动力蓄电池系统与车身之间相互独立，其位置与形状需适应车型变化，因此动力蓄电池系统放置区域需要避开传力纵梁，使得动力蓄电池系统布置空间小，不规则的电池布局也导致空间利用率低，不仅续驶里程受限，还势必带来重量增加问题。

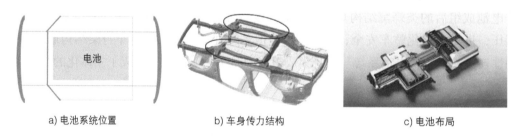

a）电池系统位置　　　　b）车身传力结构　　　　c）电池布局

图 6-6　传统电池/车身架构传力示意图

1）正面碰撞下的传力形式。根据 2024 版 C-NCAP 试验规程，试验车辆以 55km/h 的初速度，沿直线撞击固定刚性壁障，壁障与车辆正面重叠率为 100%，碰撞结束后考察乘员的伤害及车身结构的变形情况。图 6-7 所示为传统车身架构的传力情况。其传力过程依靠车身通过前舱纵梁，在遇到正面碰撞时，仅通过纵梁根部进行纵向传力。由于纯电动汽车相比燃油汽车多了动力蓄电池，使得整车质量更重，发生碰撞时需要前舱吸收的能量更大；

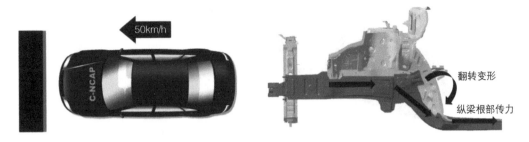

图 6-7　传统车身架构正面碰撞传力示意图

再加上纯电动汽车短前悬属性带来前舱吸能空间减小的问题，会导致前舱根部的抵抗力变大，没有有效的结构支撑极易造成乘员舱翻转侵入，危害乘员安全。

2）偏置碰撞下的传力形式。25% 小偏置碰撞是车辆只有正面 25% 重叠与不可变形的刚性壁障发生碰撞，类似车辆左前侧与另一辆车，或者车辆与树或者电线杆发生碰撞时的场景，如图 6-8 所示。车身前部小面积撞击刚性壁障，碰撞能量更集中，门槛受力是正碰工况的近 3 倍，传统电动汽车仅通过门槛承力抵抗，很容易变形失稳，进而造成乘员舱侵入，危害乘员安全。

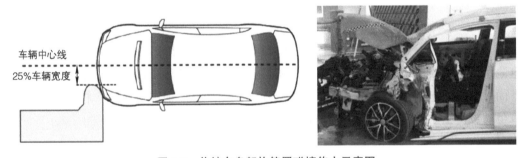

图 6-8　传统车身架构偏置碰撞传力示意图

3）侧面柱碰撞下的传力形式。2024 版 C-NCAP 中，驱动车辆横向以 32km/h 的速度撞击刚性柱，使得车辆驾驶员与刚性柱发生碰撞，平行于车辆碰撞速度矢量的垂直面与车辆纵向中心线之间应形成 75°±3° 的碰撞角。在很多交通安全事故中，侧面柱碰撞工况死亡率很高，相对于正面碰撞，侧面柱碰撞的柱形刚性壁障与车身碰撞面积小，碰撞点更集中，车身局部侵入量极大，对乘员伤害严重。传统车型在侧面柱碰撞中主要考虑的是对乘员舱空间的保护，对门槛的抵抗力与吸能需求较少，并且座椅横梁中央通道失稳都会加剧车身侵入和乘员伤害。图 6-9 所示为传统车身架构侧面柱碰撞情况。

（2）电池 / 车身一体化设计的传力路径

动力蓄电池系统位置与传统电动汽车布置位置大致相同，但其布置空间更大，CTB 技术采用近似平铺的方式将动力蓄电池系统布置在车身底部，将动力蓄电池系统作为传力结构的一部分，参与到整车正碰、侧柱碰工况的传力中去，来强化整车安全，可以有效解决动力蓄电池系统与车身的高安全与轻量化、长续航的矛盾。

中央通道

图 6-9 传统车身架构侧面柱碰撞示意图

1）100% 正面碰撞安全设计。图 6-10 所示为 CTB 正碰传力方案，在纵梁根部与动力蓄电池系统前端设置安装点，将前端纵梁根部向车后方向延伸过渡至地板平面高度，在地板平面处与下方电池边框前部通过螺栓紧密连接，提高纵梁根部稳定性，将前部传力均匀分散至动力蓄电池系统，从而对车身前部提供支撑反力起到固定作用。

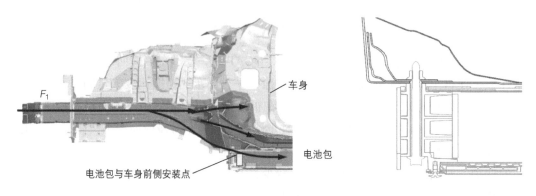

图 6-10 CTB 正碰传力方案示意图

2）偏置碰撞安全设计。图 6-11 所示为电池 / 车身集成设计下整车偏置碰撞传力示意图。整车通过设置横向传力路径，引导车体侧滑，将碰撞能量转化为动能；最后残余的能量通过车身门槛与电池一体化融合共同传力后，门槛部位支撑性显著提升，门槛 Z 向抗弯弯矩提升；通过增加 F_1 横向力分散传力后，能够有效抵抗前轮挤压并使车辆发生侧滑脱离壁障，保证乘员舱框架强度和稳定性，有效减少乘员舱侵入伤害，提高安全防护性能。

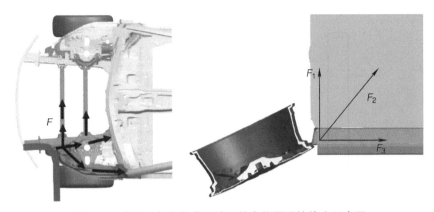

图 6-11　电池 / 车身集成设计下整车偏置碰撞传力示意图

3）侧面柱碰撞安全设计。汽车发生侧面柱碰撞时，车门最先受到撞击力发生挤压，伴随车门及 B 柱等结构件压缩并向内侧移动撞击门槛，进而向乘员舱内部侵入。为避免因侧碰撞击导致动力蓄电池系统短路引发起火风险，因此在门槛内部设计铝型材以吸收碰撞能量。如图 6-12 所示，将整车横向空间分为三个区域，将两侧门槛内板至动力蓄电池系统电芯之间的间距设计为吸能区，电芯区域为不可变形的抵抗区，通过分散吸能区受力，提高抵抗区稳定性，从而有效减少侵入伤害。在吸能区，车身门槛与动力蓄电池系统集成，通过拓扑路径优化让应力均匀分散至车身和电池，提高碰撞能量吸收效率；在抵抗区，车身取消传统中央通道，车身座椅横梁与动力蓄电池系统集成刚性连接，有效提高碰撞过程中的座椅横梁稳定性。

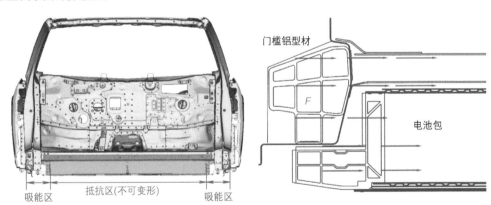

图 6-12　CTB 设计横向空间结构示意图

2. 动力蓄电池边框与车身门槛的配合设计

CTB 技术下的动力蓄电池系统占据较大空间，导致门槛的允许变形空间减小，同时增加了对动力蓄电池系统的保护需求，因此门槛强度要求大幅提升。图 6-13 所示为侧面柱碰撞可变形空间分解示意图。在侧面柱碰撞工况下，整车可变形空间可分解为三个部分：第一部分为车门外侧到门槛外表面的距离 D_1，此阶段的碰撞主要由车门及外造型等结构件发生形变提供能量吸收；第二部分为门槛内外板间距 D_2，此阶段主要为门槛折弯变形阶段，

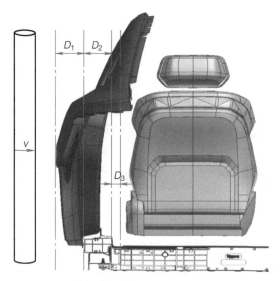

图 6-13　侧面柱碰撞可变形空间分解示意图

门槛承担大半部分的吸能占比；第三部分为门槛内表面至电芯的距离 D_3，此阶段表现为残余能量使得支撑门槛的座椅横梁溃缩并伴随电芯侵入。

图 6-14 所示为动力蓄电池系统与门槛配合设计方案示意图。CTB 技术采用动力蓄电池系统箱体两侧边沿的固定点与门槛梁通过螺栓刚性连接。门槛梁既要有原有的门槛梁功能，又要能为动力蓄电池系统提供吊挂点功能，且能在侧面碰撞过程中减少变形，达到保护动力蓄电池系统的目的。门槛梁可结合仿真碰撞与实际碰撞试验设计不同截面的断面结构，通过拓扑路径优化让应力均匀分散至车身和动力蓄电池系统，以增强侧面柱碰撞安全，减少门槛梁变形，提高碰撞能量吸收效率。

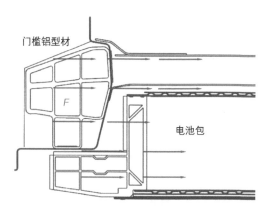

图 6-14　电池系统与门槛配合设计方案示意图

3. 动力蓄电池和座椅横梁配合设计

座椅横梁是侧面柱碰撞中主要的承载结构之一。图 6-15a、b 所示为传统燃油汽车与传统电动汽车座椅横梁方式，这类座椅横梁均保留中央通道，在侧面柱碰撞工况下其乘员舱侵入量过大的原因之一是座椅横梁存在突变失稳翘曲风险，无法有效参与碰撞吸能；图 6-15c 所示为其横梁设计方案，截面形状设计为开口形的座椅横梁与地板焊接形成空腔结构，其力学性能优点之一是在提供足够的轴向抗压力下拥有较高的抗弯弯矩。而动力蓄电池 / 车身一体化技术取消了传统座椅横梁的中央通道。

  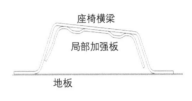

a) 传统燃油汽车座椅横梁　　　　b) 传统电动汽车座椅横梁　　　　c) 开口形座椅横梁截面

图 6-15　传统燃油汽车与电动汽车座椅横梁方式

图 6-16 所示为 CTB 车型座椅横梁方式及横梁截面设计方案。座椅横梁取消了中央通道，避免座椅横梁从中间打断，由于地板集成动力蓄电池上盖，使得座椅横梁可以从原来的开口形界面设计为闭口形截面，相较于开口形截面，其抗弯弯矩更高。作为侧面柱碰撞车身优化的关键点，座椅横梁与动力蓄电池系统内部横梁采用螺栓进行刚性连接，进一步提高了座椅横梁抗弯性能，提高了碰撞过程中座椅横梁稳定性。

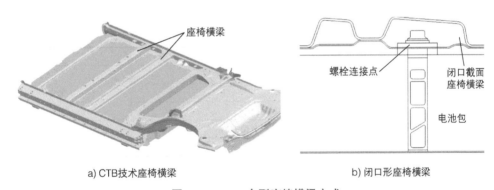

a) CTB技术座椅横梁　　　　　　　　　　b) 闭口形座椅横梁

图 6-16　CTB 车型座椅横梁方式

4. 电池与车身密封设计

在动力蓄电池系统设计过程中，考虑到密封性能、使用环境温度、成本、可维护性、耐腐蚀等因素，比亚迪密封垫采用疏水性的发泡型密封垫，吸水率 <10%，材料本体透水可能性较小。发生密封失效可能由以下两个原因引起：一是水压大于发泡硅胶的压缩应力，泡棉容易受水挤压变形，水通过裂缝进入动力蓄电池与车身内；二是水对泡棉的压力大于发泡硅胶与箱体的摩擦力，不能有效抵抗水的渗透，导致密封圈出现渗水。箱体密封性能要达到 IP67，需对动力蓄电池系统在 0.01MPa 水压下对密封性进行分析。

纯电动汽车的动力蓄电池系统体积较大，整体装配孔数量较多，且密封性要求高，这在一定程度上增加了动力蓄电池系统和车身安装的设计、加工、装配难度。零件公差设计是结构设计的一个重要组成部分，若零件公差设计不合理，会对动力蓄电池系统的生产制造产生很大影响。在校核装配公差时需考虑成本、上盖生产精度以及上盖密封面被压溃等众多因素，因此，实际装车过程中，车身与各装配零部件均按统计学 3σ 算法进行管控。

如图 6-17、图 6-18 所示，采用 3σ 算法计算公差，得到能满足设计需求的间隙和泡棉厚度。这样既能满足最小压缩率，又能在最大压缩率情况下使上盖不至于被压溃，见表 6-1。

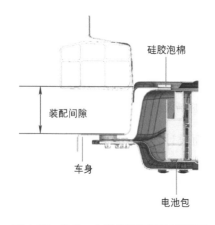

图 6-17　车身 - 电池装配界面剖切截图

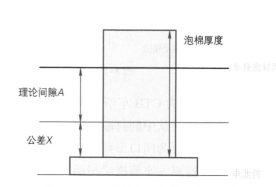

图 6-18　密封界面理论装配参数示意图

表 6-1　腾势 N7 车型公差输入表

影响因素	贡献
车身密封面轮廓度	车身
车身与电池包装配面变形	
车身装配面平面度	
电池包总成中，密封面相对动力蓄电池安装基准（吊耳）偏差	电池包
电池包吊耳安装平行差	

可根据不同的泡棉厚度、装配间隙及公差，计算密封泡棉压缩率

$$K = \frac{h_1 \pm m - (A \pm \beta)}{h_1 \pm m} \qquad (6\text{-}1)$$

式中　K——密封泡棉压缩率（%）；

　　　h_1——密封泡棉自由状态下的截面高度（mm）；

　　　A——车身 - 动力蓄电池系统装配间隙（mm）；

　　　β——车身 - 动力蓄电池系统装配面公差（mm）；

　　　m——密封泡棉公差（mm）。

在选取密封垫的压缩率时，应重点从以下两个方面考虑：

1）足够的密封接触面积。

2）尽量避免永久变形。

为了保证动力蓄电池系统的密封可靠性，一般密封垫的压缩率要大于30%；此外，还需考虑密封垫的环境适应性和耐久性，这样才能保证动力蓄电池系统密封面与车身连接界面的密封安全性。

本节介绍了比亚迪电池/车身一体化集成设计，主要从动力蓄电池系统与车身的传力路径设计、门槛配合、座椅横梁配合及密封等方面阐述了动力蓄电池系统突破传统空间限制，赋能整车安全。CTB技术在CTP技术基础上进一步提升了电池/车身一体化程度，利用刀片电池组成的传力结构与车身集成，同时兼顾安全和续驶里程两个方面，加速推动全球新能源汽车产业电动化转型。

6.3 电动力总成充电/加热/驱动一体化设计

电驱动系统是电动汽车的关键组成部分，其技术由单一分立部件向结构和功能一体化集成方向发展，因此，一体化设计将成为电动汽车行业的一个重要发展趋势。充电/加热/驱动一体化设计旨在提高充电效率的同时，缓解电动汽车在寒冷天气下的里程衰减问题。随着技术的不断进步和市场的不断扩大，其会带来更高的充电效率和更好的加热效果，同时通过技术进步降低用户购买和使用成本，优化用户体验，推动新能源汽车行业更好更快发展。

6.3.1 充电/加热/驱动一体化的构成与特点

一体化是电动汽车的重要发展趋势，新能源汽车的电动力总成从三合一向着多合一深度集成的方向演进，比亚迪始终引领电动力总成集成化发展方向，研发了全球首个电驱动三合一、充配电三合一，并在2021年推出了全球首款深度集成的八合一电动力总成，深度集成高压配电箱、直流变换器、车载充电机、驱动电机、电机控制器、减速器、整车控制器和电池管理器，并融合复用电机电控实现大功率升压充电和主动加热功能。图6-19所示为比亚迪2023年推出的腾势N7充电/加热/驱动一体化八合一总成，集升压充电、脉冲自加热等多项最新技术于一体。

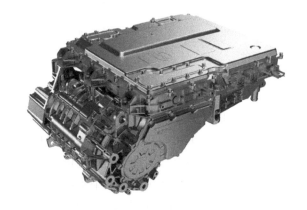

图6-19 腾势N7充电/加热/驱动一体化八合一总成

腾势N7采用全栈1200V碳化硅高压平台，一体化八合一总成集成电机升压充电、脉冲自加热等功能，较常规方案取消了升压DC模块和PTC加热模块；同时可实现230kW双枪充电，150kW单枪充电，15min最高充电里程350km；搭载智能脉冲自加热技术，0℃低温下能达到80%续航保持率，

−20℃电池温度条件下，满充时间较常规方案可缩短 25% 以上。充电 / 加热 / 驱动一体化架构通过拓扑融合，在提升系统性能的同时，大幅减少系统部件，降低用户购买成本。

6.3.2 充电 / 加热 / 驱动一体化的技术方案

1. 腾势 N7 充电 / 加热 / 驱动一体化高压拓扑方案

比亚迪于 2023 年推出充电 / 加热 / 驱动一体化融合方案，如图 6-20 所示，可以实现直流充电、电池脉冲自加热、驱动协同控制功能。电池包由两个电池组串联形成中点，电池包两端引出正极母线和负极母线。正常驱动时，断开接触器 K1/K2/K3/K4；在高压桩充电时，断开 K1/K4，吸合 K3/K2 进行直连充电；在低压桩充电时，断开 K3/K4，吸合 K1/K2进行电机升压充电；需要对电池加热时，断开 K1/K2/K3，吸合 K4，通过电机电控对电池进行脉冲自加热；若充电时需要脉冲自加热，则吸合 K3/K4/K2，断开 K1。

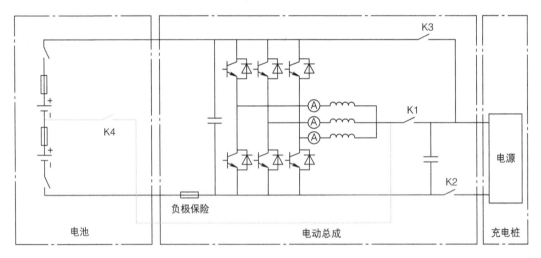

图 6-20　比亚迪腾势 N7 高压拓扑

2. 驱动功能

当前车用电机控制器多采用三相电压型桥式逆变电路，即断开接触器 K1/K2/K3/K4，采用功率器件作为开关，并联直流母线电容连接能量源电池。基于以上拓扑，通过控制电机控制器内的 6 组功率开关器件，采用 FOC 矢量控制算法控制电机运转，实现驱动功能。在电机控制中，国内常用永磁同步电机，考虑到永磁同步电机是多变量、强耦合及非线性的系统，因此在三相静止坐标系中难以进行分析和控制。一般都利用坐标变换，把相关物理量从 ABC 三相静止坐标系变换到与转子同步旋转的 dq 坐标系中，从而解除变量间的耦合。在驱动过程中，按照旋转磁场等效的原则，通过坐标变换及磁场定向，将定子电流分成励磁分量和转矩分量，使得转子磁链仅由定子励磁分量产生，与转矩分量无关，实现了电流与转矩两者之间的解耦。此时，整个控制系统都是在转子磁场定向的坐标系下进行运算，通过分别独立地控制定子励磁分量及转矩分量就可分别独立地控制磁链及转矩。通过控制器调节后求得的控制量经过 SVPWM（空间矢量脉宽调制）运算，就可得到输入功率驱动模块的控制量，从而控制功率驱动模块的输出，实现对电机的控制。

3. 升压充电功能

针对市场中存在高压车型无法充电的问题，车企多采用升压 DC 方案，即采用升压斩波电路对充电桩电压进行提升。升压 DC 模块独立于电驱三合一，分开安装，通用性、可替代性较差，会显著增加整车成本，也对整车的布置空间带来极大的挑战。

比亚迪在电机控制器从分立式往集成式发展过程中，将升压充电和直流充电功能也集成到电动力总成，创新提出两种拓扑融合设计方案，复用电机控制器中的开关器件和电机线圈作为升压 DC 中的开关器件和储能电感，形成三个 BOOST 升压电路。如图 6-21 所示，控制 VT4、VT6、VT2 导通，充电桩的电压叠加在 U、V、W 相两端，给 U、V、W 相电感充电，此时控制 VT1、VT3、VT5 导通，充电桩的电压叠加 U、V、W 相电感电压，提升充电桩的电压，即可通过复用电机、电控组成 BOOST 升压电路，通过三相桥臂斩波控制泵升充电桩电压，实现电驱升压充电功能。

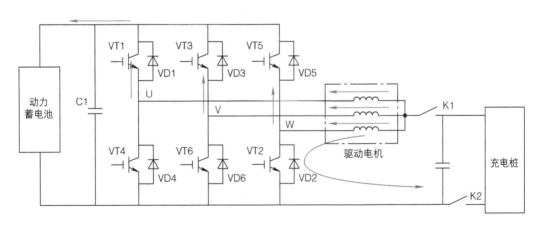

图 6-21　升压充电拓扑

4. 脉冲自加热功能

新能源汽车多采用锂离子电池，其在低温环境中充放电功率衰减严重，如何对电池高效加热是行业难题；目前行业普遍采用 PTC 加热或者热泵空调的直冷直热方案，通过制冷剂与电驱系统的冷却液进行热交换，主动吸收电驱系统的热量，对电池和乘员舱进行加热。但是上述两种方案都存在加热速率慢、充电时间长的问题。

电池脉冲自加热是当前行业的前沿技术，通过发出大的脉冲电流，利用电池内阻发热，快速提升电池温度。常用的脉冲自加热拓扑如图 6-22 所示，存在使用场景有限、噪声大的问题。

针对常用的脉冲自加热拓扑方案存在的问题，比亚迪深入研究电池脉冲自加热特性，利用集成设计优势，先后推出多种电池脉冲自加热方案，经过多轮的冬季极限测试验证，最终采用基于电机电控的充电/加热/驱动的融合拓扑，并在多款量产车型中推广使用，

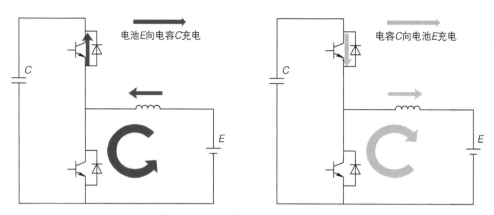

图6-22　行业常用脉冲自加热拓扑

加快了电池温升速率，大幅缩短充电时间，同时可覆盖绝大部分使用场景，如行车自加热、驻车自加热、充电自加热等。如图6-20所示，断开K1/K2/K3，吸合K4，即通过引出电池中线，控制自加热电流振荡，利用电池内阻双向高频充放电实现电池快速自加热。如图6-23所示，脉冲自加热过程分为四个阶段：在第一个阶段中，驱动上桥臂全部开启，驱动下桥臂全部关闭，此时电流方向为从上电池组正极流出，流入上电池组负极；在第二个阶段中，驱动桥臂全部关闭，由于第一阶段中电机绕组的续流作用，此时电流流入下电池组正极，从下电池组负极流出，通过给下电池组充电进行加热；在第三个阶段中，驱动下桥臂全部开启，驱动上桥臂全部关闭，此时电流方向为从下电池组正极流出，流入下电池组负极；在第四个阶段中，驱动桥臂全部关闭，由于第三阶段中电机绕组的续流作用，此时电流流入下电池组正极，从下电池组负极流出，通过给下电池组充电进行加热。

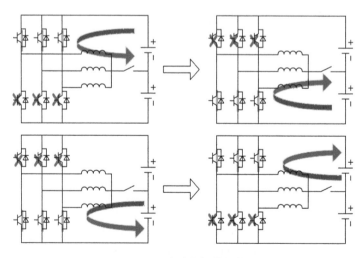

图6-23　脉冲自加热拓扑

电动汽车技术的发展对电动力总成的功能提出了更高要求，上述技术方案是比亚迪对行业技术发展做出的一些探索，在实现传统驱动和充电的基础上融合脉冲自加热等功能，提升了整车集成度，所开发的产品具备技术优势，提高了产品在国际上的核心竞争力。

6.3.3 充电 / 加热 / 驱动一体化系统设计要点

1. 升压充电设计要点

电驱系统升压充电时，电流从电机中性点流入，从三相线的端点流出，此时把高阶非线性强耦合的电机当作电感器件来使用，电机三相定子绕组流过电流产生磁场，定子与转子之间的磁场相互作用会产生转矩，由于齿轮存在间隙，容易引起齿轮异响、打齿的问题。

比亚迪提出轮端零转矩控制方法，基于中性点到三相绕组端子结构完全对称，电机三相线圈流入同样大的均衡电流，通过控制 d 轴电流平均值为零、q 轴电流平均值为恒定方向的较小的数值，根据式（6-2），电机平均转矩为恒定方向的较小的数值，较小的转矩啮合了齿轮间隙，避免出现齿轮异响、打齿的问题。

$$T_e = \frac{3}{2} P_n [\varphi_f i_q + (L_d - L_q) i_d i_q] \qquad (6\text{-}2)$$

式中　T_e ——电机轴端输出转矩；

　　　P_n ——电机极对数；

　　　φ_f ——永磁体磁链；

　L_d / L_q ——定子 d-q 轴坐标系下的绕组电感；

　i_d / i_q ——定子 d-q 轴坐标系下 d/q 轴的电流（A）。

2. 脉冲自加热设计要点

在正常驱动工况中，如图 6-24 所示，正极母线与负极母线通过磁环可以过滤开关信号带来的高频噪声。但是在脉冲自加热的过程中，N 线与正极母线或负极母线形成电流回路，磁环中正负极母线只有其中之一存在电流，磁环内电流矢量和不为零。非零矢量电流产生的磁场造成磁环异常升温，存在磁环失效的风险。

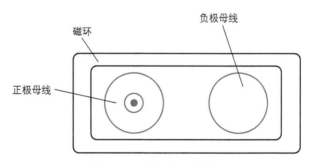

图 6-24　常规磁环布置图

比亚迪提出了新的结构方案，如图 6-25 所示，将正极母线、负极母线与电机 N 线同时穿过磁环，在脉冲自加热时，N 线中的电流矢量与正极母线或负极母线中的电流矢量互补，三者电流矢量之和为零，磁环内无非零矢量电流产生的磁场，从而保证了脉冲自加热过程中磁环温度的稳定，避免了磁环温升及失效的风险。

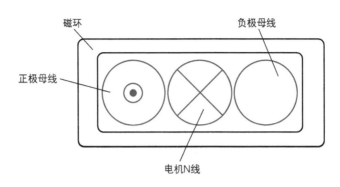

图 6-25 一体化方案磁环布置图

电池包的两个电池组按照相同的参数规格设计，但实际上生产、加工工艺中存在细微差异，两个电池组的特性无法完全保持一致。如图 6-26 所示，电驱系统在进行脉冲自加热时，上、下电池组会存在 SOC 不均衡；上、下电池组充电、放电特性无法保持一致，进一步加剧两个电池组的 SOC 不均衡程度，使电池的容量和性能衰减。

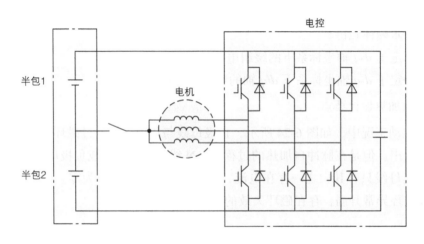

图 6-26 脉冲自加热拓扑

比亚迪提出了脉冲自加热 SOC 主动均衡控制算法，在脉冲电流中通过控制正向或负向的偏置电流，使两组电池在脉冲自加热的过程中同步进行从高 SOC 电池组到低 SOC 电池组的能量传输，实现电池包脉冲自加热的同时，保证上、下电池组 SOC 均衡，解决了脉冲自加热中电池包分组带来的电池包不均衡问题。

在脉冲自加热工况下，上、下半包互相充放电，此时自加热电流为具有一定频率的交流电流。锂电池在极低温环境下，若自加热电流频率过小，会出现析锂现象，导致电池性能下降、寿命大幅缩短，并且限制电池的充电能力。如果自加热电流频率过大，会导致噪声增大、加热效率下降。脉冲自加热需要综合电池析锂、噪声、加热效率三个方面特性，匹配最佳自加热电流频率，既保证脉冲自加热的温升效率，降低噪声，同时避免电池寿命衰减风险。

充电 / 加热 / 驱动一体化设计能实现多场景高度复用电机电控，无需额外增加器件，降低了整车体积和重量。同时一体化设计通过改进的硬件结构与高效的控制算法，增强了高、低电压充电桩的适配性，实现了驻车、行车、充电全场景高功率脉冲自加热，提高了整车在寒冷环境下的充电能力与续航能力。

6.4 电池 / 电机 / 电控热管理耦合一体化设计

热管理系统作为电动汽车的关键组成部分，经过近几年的技术革新与迭代，由过去单一部件的热管理独立控制逐渐演变成多个部件的热管理耦合一体化控制。因此，热管理系统的耦合技术对于提升续航和提高电动汽车的能量利用率变得越发重要。热管理系统的耦合技术会伴随市场需求的变化而不断更新发展，其创新突破会带给整车更好的舒适性、经济性和动力性，带给客户更优质的驾驶体验。

6.4.1 电池 / 电机 / 电控热管理耦合一体化设计的构成与特点

目前高压热管理系统主要包括电池热管理系统、电机热管理系统、电控热管理系统，电机和电控集成在电动力总成上。电池热管理系统主要包括冷却、加热和保温功能，电机热管理系统和电控热管理系统主要为冷却功能。

热管理耦合一体化技术是通过合理地选择换热方式和设计换热回路，将电池热管理系统、电机热管理系统和电控热管理系统高效耦合。比亚迪腾势 N7 通过电池热管理系统换热方式中的热泵制冷剂直冷直热技术，对电机热管理系统、电控热管理系统的主动产热和余热进行高效利用，减少热量的浪费，提高整车能量利用率。同时采用热泵制冷剂直冷直热技术，可以减少传热路径，提高传热效率，使得热泵系统可以在 −30~60℃环境仍能正常工作，提升热泵环境适应能力。

如图 6-27 所示，热管理耦合一体化的核心单元，包括电机热管理系统的油路系统循环、电控热管理系统的水路系统循环、电池热管理系统的热泵系统循环。油路系统循环主要零部件包括电机、油冷板式换热器和油泵等，其中油作为传热载体，通过直接接触的方式吸收发热元件的热量；其传热主要利用油泵驱动油经过电机的定子、转子和线圈等发热零部件吸收热量，将热量运送至板式换热器，从而达到控制高压热管理系统温度的目的。水路系统循环主要零部件包括电控、板式换热器、水泵和电机散热器，其中 OBC、DC/DC、自加热电气件等零部件集成在电控中，防冻液作为传热载体，通过间接接触的方式吸收发热元件的热量；其传热主要利用水泵驱动防冻液经过电控换热器吸收 IGBT 等元件的热量，将热量运送至水冷板式换热器，从而达到控制电控热管理系统温度的目的。热泵系统主要零部件包括压缩机、电池包冷板、冷凝器、水冷板式换热器、电子膨胀阀等；其中 R134a 作为传热载体，主要利用压缩机驱动 R134a 经过电池包冷板通过蒸发 / 冷凝的方式冷却 / 加热电芯，从而达到控制电池热管理系统温度的目的。

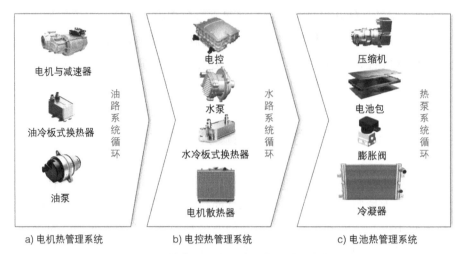

a) 电机热管理系统　　　　　b) 电控热管理系统　　　　　c) 电池热管理系统

图 6-27　热管理耦合一体化核心单元及部件

6.4.2　电池／电机／电控热管理耦合一体化技术方案

1. 腾势 N7 热管理方案

比亚迪腾势 N7 热管理耦合方案包含电池热管理系统、电机热管理系统、电控热管理系统，其热管理耦合方式如图 6-28 所示。其中乘员舱热管理和电池热管理采用制冷剂直冷直热方式，同时采用并联连接方式，通过电磁阀和电子膨胀阀实现乘员舱和电池之间热管理模式切换；电机和电控采用串联连接方式；乘员舱和电池直冷直热热管理系统与电机和电控液冷热管理系统通过板式换热器连接耦合，通过四通阀控制防冻液是否流经板式换热器。

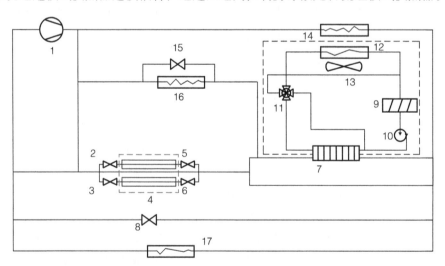

图 6-28　腾势 N7 热管理耦合方式

1—压缩机　2、3—大口径阀　4—电池包上下冷板　5、6—双向电子膨胀阀　7—水冷板式换热器　8、15—电磁阀
9—电动力总成　10—电子水泵　11—四通换向阀　12—电机散热器　13—电子风扇　14—车外冷凝器
16—车内冷凝器　17—蒸发器

热泵系统冷却循环时，制冷剂经过压缩机做功，转变为高温高压的气态制冷剂，进入风冷冷凝器/水冷板式换热器转变为中温高压的液态制冷剂，经过电子膨胀阀节流转变为低温低压的两相态制冷剂，进入电池包冷板蒸发吸收电芯充放电产热，从而实现热量由电池包向车外的转移。热泵系统加热循环时，制冷剂经过压缩机做功，转变为高温高压的气态制冷剂，进入电池包冷板冷凝放热加热电芯，转变为中温高压的液态制冷剂，经过电子膨胀阀节流转变为低温低压的两相态制冷剂，进入水冷板式换热器，吸收电机热管理系统和电控热管理系统的主动产热、余热的热能，从而实现热量由电机热管理系统和电控热管理系统向电池热管理系统的转移。

2. 腾势N7热管理耦合一体化模式及原理

电池热管理系统采用直冷直热换热方式，其主要换热器为电池直冷直热板。腾势N7热管理耦合一体化主要体现在低温电池加热以及低温电池冷却循环中。图6-29所示为电池加热循环原理图，其中热泵系统循环方式为1—2—3—4—5—6—7—8—1，水路系统循环方式为9—10—7—11—9，油路系统循环集成在电动力总成上，此过程体现在图6-30中；低温充电时，电动力总成9开启电机主动产热模式，由电能转变为热能，在实现充电、自加热和电机主动产热的过程中，电控器件会产生余热，电子水泵10将电动力总成9中的主动产热与余热导入水冷板式换热器7水侧，用于加热热泵系统中从双向电子膨胀阀5和6中出来的低温低压两相态制冷剂，低温低压的两相态制冷剂吸收水冷板式换热器7水侧的热量，经过电磁阀8流入压缩机1，经压缩机压缩变为高温高压气态制冷剂，流入电池包上下冷板4放热，从而加热电芯。低温行车时，电机和电控在实现驱动的过程中会产生余热，热泵系统吸收电机和电控余热加热电芯。

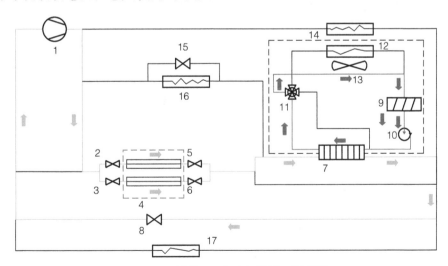

图6-29 腾势N7电池加热循环原理图

1—压缩机 2、3—大口径阀 4—电池包上下冷板 5、6—双向电子膨胀阀 7—水冷板式换热器 8、15—电磁阀
9—电动力总成 10—电子水泵 11—四通换向阀 12—电机散热器 13—电子风扇 14—车外冷凝器
16—车内冷凝器 17—蒸发器
注：蓝色为热泵系统循环，红色为水路循环。

图 6-30 所示为腾势 N7 电池加热循环能量流动图，腾势 N7 电池加热包括油路系统循环、水路系统循环和热泵系统循环。在油路系统循环中，油泵驱动油在电驱和油冷板式换热器之间循环，将热量通过油冷板式换热器传递给水路循环；在水路系统循环中，水泵驱动防冻液在油冷板式换热器、电控和水冷板式换热器之间循环，将热量通过水冷板式换热器传递给热泵循环；在热泵系统循环中，压缩机驱动 R134a 制冷剂，在水冷板式换热器、电池包冷板、电子膨胀阀之间循环，低温低压的两相态制冷剂在水冷板式换热器内蒸发吸收水路热量，经过压缩机压缩后变为高温高压的气态制冷剂，流经电池包冷板向电池包冷板放热，加热电芯。

图 6-30　腾势 N7 电池加热循环能量流动图

图 6-31 所示为腾势 N7 低环境温度电池冷却原理图。在热泵系统循环中，从压缩机 1 中流出的高温高压制冷剂，经水冷板式换热器 7 排出热量，经双向电子膨胀阀 5 和 6 变为

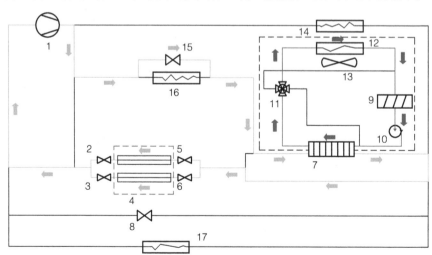

图 6-31　腾势 N7 低环境温度电池冷却原理图

1—压缩机　2、3—大口径阀　4—电池包上下冷板　5、6—双向电子膨胀阀　7—水冷板式换热器　8、15—电磁阀
9—电动力总成　10—电子水泵　11—四通换向阀　12—电机散热器　13—电子风扇　14—车外冷凝器
16—车内冷凝器　17—蒸发器
注：蓝色为热泵系统循环，红色为水路循环。

低温低压的两相态制冷剂，吸收电池包上下冷板 4 中的电芯产热，最后流入压缩机 1，其循环方式为 1—15—6—5—4—3—2—1；油路系统循环吸收电动力总成 9 中的热量，通过电子水泵 10 将热量释放至水路循环中；水路系统循环吸收电机热量、热泵系统循环热量和油路系统循环热量，热量通过电机散热器 12 散至乘员舱外，实现电机、电控和电池的温度控制，其循环方式为 9—10—11—12—9。

图 6-32 所示为腾势 N7 低环境温度电池冷却循环图，腾势 N7 低环境温度电池冷却循环包括热泵系统循环、油路系统循环和水路系统循环。在热泵系统循环中，压缩机驱动 R134a 制冷剂，在水冷板式换热器、电池包冷板、电子膨胀阀之间循环，低温低压的两相态制冷剂在电池包冷板内蒸发吸收电芯热量，经过压缩机压缩后变为高温高压的气态制冷剂，流经水冷板式换热器向水路系统循环放热；在油路系统循环中，油泵驱动油在电驱和油冷板式换热器之间循环，将热量通过油冷板式换热器传递给水路系统循环；在水路系统循环中，水泵驱动防冻液在油冷板式换热器、电机和电控散热器之间循环，将热量通过电机散热器散热至室外。

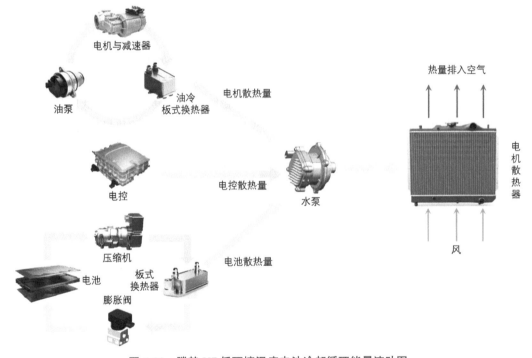

图 6-32　腾势 N7 低环境温度电池冷却循环能量流动图

3. 腾势 N7 其他热管理模式及原理

图 6-33 所示为腾势 N7 高环境温度电池冷却原理图。在热泵循环中，从压缩机 1 中流出的高温高压制冷剂，经车外冷凝器 14 变成中温中压的制冷剂，把吸收的电芯热量排出车外，经双向电子膨胀阀 5 和 6 变为低温低压的两相态制冷剂，吸收电池包上下冷板 4 中的电芯产热，最后流入压缩机 1，其循环方式为 1—14—6—5—4—3—2—1。

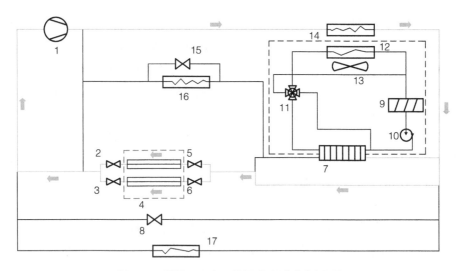

图 6-33 腾势 N7 高环境温度电池冷却原理图

1—压缩机 2、3—大口径阀 4—电池包上下冷板 5、6—双向电子膨胀阀 7—水冷板式换热器 8、15—电磁阀
9—电动力总成 10—电子水泵 11—四通换向阀 12—电机散热器 13—电子风扇 14—车外冷凝器
16—车内冷凝器 17—蒸发器
注：蓝色为热泵系统循环。

图 6-34 所示为腾势 N7 高环境温度电池冷却循环能量流动图。腾势 N7 高环境温度电池冷却，采用热泵系统，制冷剂经过压缩机做功，转变为高温高压的气态制冷剂，进入车外冷凝器转变为中温高压的液态制冷剂，经过电子膨胀阀节流转变为低温低压的两相态制冷剂，进入电池包冷板蒸发吸收电芯充放电产热，从而将电池包内的热量转移至车外。

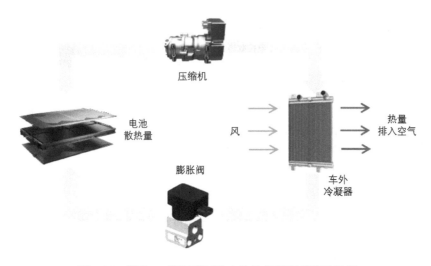

图 6-34 腾势 N7 高环境温度电池冷却循环能量流动图

图 6-35 所示为腾势 N7 电机和电控冷却原理图。当热泵系统没有电动力总成 9 的热量需求时，电动力总成 9 中的电机和电控的余热通过电子水泵 10 流入电机散热器，此时电子风扇 13 打开，将热量转移至车外，其循环方式为 9—10—11—12—9。

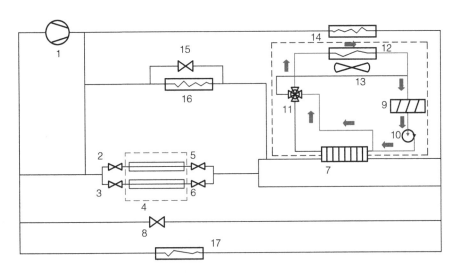

图 6-35　腾势 N7 电机和电控冷却原理图

1—压缩机　2、3—大口径阀　4—电池包上下冷板　5、6—双向电子膨胀阀　7—水冷板式换热器　8、15—电磁阀
9—电动力总成　10—电子水泵　11—四通换向阀　12—电机散热器　13—电子风扇　14—车外冷凝器
16—车内冷凝器　17—蒸发器
注：红色为水路系统循环。

图 6-36 所示为腾势 N7 电驱和电控冷却循环能量流动图。电池和电控热管理系统采用液冷换热方式，其主要换热器包括电控换热器和电机散热器。其中电机冷却时，油泵驱动低温的油流经电机的定子、转子和线圈等发热零部件吸收热量，将热量传递给油冷板式换热器；电控冷却时，水泵驱动低温的防冻液流经油冷板式换热器和电控换热器吸收电机和电控的热量，将热量传递给电机散热器，将电机和电控内的热量转移至车外。

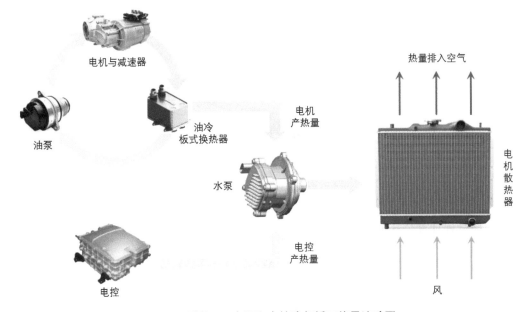

图 6-36　腾势 N7 电驱和电控冷却循环能量流动图

6.4.3 整车热管理耦合一体化系统设计要点

1. 油路系统优化设计要点

电机工作范围在 −40～150℃，电机温度过高会引起永磁体退磁，影响整车性能，电机及时高效散热是油路系统设计的关键；在低温充电和低温行车时，电机发生无功加热或者低效产热，如何将电机的产热高效地用于电池加热亦是油路系统设计的关键。考虑到上述因素，油路系统优化设计的要点是减少传热路径、降低传热热阻、提高能量利用率。

腾势 N7 电机采用油冷方式冷却。如图 6-37 所示，油冷可以直接与电机发热部件接触，将电机转子、定子进行浸入式冷却，从而增加了传热面积，提高油泵转速，同时可以提高油的流速，进而提高传热系数。从式（6-3）中可以看出，提高传热面积和传热系数可有效降低传热热阻，提高换热效率。油路系统中的主要热源为电机的主动产热和余热，传热途径为油吸收电驱的产热，避免了二次换热；热量由油冷板式换热器油侧传入了油冷板式换热器水侧，避免了三次以上换热，以上可以减少传热路径，提升换热效果。由于流体具有黏性，在运动过程中需克服阻力做功，从而导致了能量流失，其主要损失包括沿程阻力损失和局部阻力损失。如式（6-4）所示，沿程阻力损失主要与沿程阻力系数、流道长度、流道直径和流速相关，因此降低油路表面粗糙度、减小流道长度、增加流道直径等可以降低沿程阻力损失。如式（6-5）所示，局部阻力损失主要与局部阻力系数和流速相关，因此优化流道设计，减少流道突缩、突扩及折弯等设计可以降低局部阻力损失。

油路系统循环

图 6-37　电机油路设计图

热交换过程计算公式如下：

$$\phi = \frac{\Delta t}{\cdots\frac{1}{h_i A_i}\cdots + \cdots\frac{\delta}{\lambda_0 A_0}\cdots + \cdots\frac{1}{h_j A_j}\cdots} = \frac{\Delta t}{R} \tag{6-3}$$

式中　　ϕ——热转移中的换热量（W）；

　　　　R——热交换过程中的阻力（K/W）；

　　h_i、h_j——对流换热系数；

　$\cdots\delta/\lambda A_0\cdots$——热转移过程中的导热热阻（K/W）；

　$\cdots 1/h_i A_i\cdots$——以热量由内往外传为例，为内侧热转移过程中的对流换热热阻（K/W）；

　$\cdots 1/h_j A_j\cdots$——以热量由内往外传为例，为外侧热转移过程中的对流换热热阻（K/W）；

　　　　A_i——换热面积。

$$h_f = \lambda_0 \frac{l}{d}\frac{v^2}{2g} \tag{6-4}$$

式中　l——管长（m）；

　　　d——管径（mm）；

　　　v——断面平均流速（m/s）；

　　　λ_0——沿程阻力系数。

在沿程急剧变化的区域，由于流体出现漩涡区和速度分布改组，流动阻力加大，克服局部阻力而引起的能量损失称为局部损失：

$$h_m = \xi \frac{v^2}{2g} \tag{6-5}$$

式中　ξ——局部阻力系数，一般由实验确定。

2. 水路系统优化设计要点

电控作为电动汽车功率转换单元，其产热来源主要为 IGBT 工作产热，电控温度过高容易引起 IGBT 烧毁，适宜工作温度范围在 $-40\sim125℃$之间。水路系统中的主要热源为电控产生的余热，水路系统设计要保证电控中电器部件温度要在合理的工作区间，及时将多余热量散发出去。考虑到上述因素，热管理设计主要考虑提高换热器的传热效率、增大传热面积以及降低流道阻力。

腾势 N7 电控采用单面水冷散热结构直接浸入散热器水槽的方式，防水密封圈与散热器紧密压接在一起，而散热器另一面可用于支持电容冷却，其散热面积利用率增加了一倍。与此同时，直接水冷的散热方式，在传热途径上取消了铜底板和硅脂层，从而降低了传热热阻，提高了传热效率。

另外在热量转移的过程中，即在传热路径的设计上，管道应尽量短，弯曲程度要少，要尽量减少沿程阻力与局部阻力。

3. 热泵系统优化设计要点

电芯具有适宜的温度工作区间，其适宜工作温度为 $25\sim35℃$，温度过高会发生副反应，温度过低会发生析锂，影响电池寿命。另外，由于电芯结构的不同，导致电芯各个位置的发热量不同，电芯存在着发热不均匀性。考虑到能量的高效利用以及提高整体能量利用率，腾势 N7 热泵系统采用直冷直热的方式避免了多次换热，减少了传热路径，降低了传热热阻。

在低温充电和行车时如何高效地利用电动力总成主动产热或者余热，是热泵系统循环的关键。如图 6-38 所示，在冷凝温度一定的情况下，蒸发温度的提高有助于提升系统 COP（制热量 / 制冷量与输入功率之比），降低系统能耗。此时，水冷板式换热器作为蒸发器使用，电池包冷板作为冷凝器使用，将电动力总成主动产热或者余热导入水冷板式换热器，此时水冷板式换热器蒸发温度变高，提高了系统 COP。

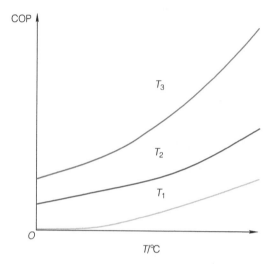

图 6-38　蒸发温度与 COP 的关系

注：T_3、T_2、T_1 表示冷凝温度且 $T_3 < T_2 < T_1$。

因此，固定蒸发温度下，冷凝温度越低，其 COP 越高，但是制冷剂温度过低会导致电芯发生析锂，冷凝温度选择需要大于电池包最低析锂温度。在低环境温度电池冷却时，车外冷凝器温度相较于水冷板式换热器温度较低，通向车外冷凝器容易发生析锂，此时，热泵系统中的水冷板式换热器作为冷凝器使用，制冷剂在水冷板式换热器中冷凝放热，通过板式换热器向外界散热，电池包冷板作为蒸发器使用，制冷剂在冷板内蒸发吸收热量，使得电池包温度降低。而在高温冷却时，室外环境温度较高，可以直接通向车外冷凝器，将电池包热量更好地散出车外。

由于电芯结构不同，导致电芯各个位置的发热量不同，为了提高电芯和整体电池包的均温性，需要根据电芯的发热规律和电池包电芯的布局，合理设计电池包换热板的流道。如图 6-39 所示，以腾势 N7 上冷板为例（上下冷板发热区相同），刀片电池存在高发热区和低发热区，高发热区处在电芯两端，低发热区处于电芯中部，因此流道设计采用入口和两相流液态比例较高的区域布置在电芯两侧，即高发热区，反之，则布置在电芯中间，即低发热区。冷板强化换热结构设计主要通过优化流道内壁设计，来提高冷板传热系数，进而提高换热效率。

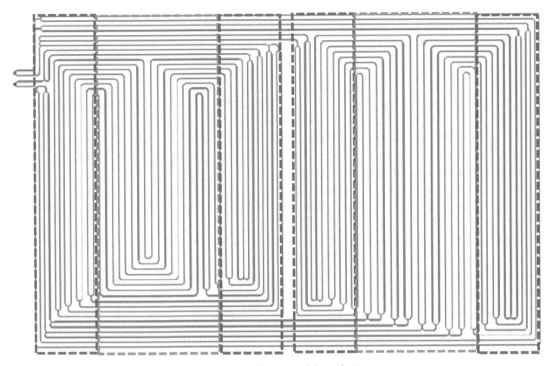

图 6-39 腾势 N7 上冷板示意图

注：红色区域为高发热区，蓝色区域为低发热区。

本节介绍了比亚迪电池、电机、电控热管理耦合一体化设计，并以比亚迪腾势 N7 热管理为例，描述了其在高温冷却、低温冷却/加热循环下的模式及原理，并从减少传热途径、降低传热热阻、提高能量利用率角度出发，阐述了油路系统设计、水路系统设计、热泵系统设计的一体化设计要点。

本章重点介绍了比亚迪已经量产的电池/电机/电控热管理耦合一体化技术方案。对于未来电池/电机/电控热管理的发展趋势，在动力蓄电池方面，固态电池的发展备受瞩目，它具有高能量密度、高安全性等诸多优势，随着科技的不断发展，固态电池将会逐渐实现商业化；在电驱动总成方面，随着智能化和网联化的发展，电驱动总成也将会融入更多的智能控制算法和传感器技术，为驾驶员提供更加安全、舒适和高效的驾驶体验；在热管理方面，浸没式冷却作为高效热管理解决方案之一，因其具有高效散热、节能降耗、节约空间等优点，正在受到越来越多的关注。浸没式热管理技术为开发更高功率、更安全、更持久的电动汽车提供了参考。

参 考 文 献

[1] 姜久春，时玮，杜欣，等.电动汽车概论 [M].北京：北京交通大学出版社，2017.

[2] 中国汽车技术研究中心有限公司，日产（中国）投资有限公司，东风汽车有限公司.中国新能源汽车产业发展报告（2022）[M].北京：社会科学文献出版社：2022.

[3] 中国汽车工程学会.节能与新能源汽车技术路线图 2.0[M].北京：机械工业出版社：2020.

[4] 全国汽车标准化技术委员会.乘用车尺寸代码：GB/T 19234—2003[S].北京：中国标准出版社，2003.

[5] Motor Vehicle Dimensions: SAE J1100—2009[S].

[6] 郭淑英，李益丰.电动汽车驱动电机系统 [M].北京：科学出版社，2023.

[7] 全国汽车标准化技术委员会.电动汽车碰撞后安全要求：GB/T 31498—2021[S].北京：中国标准出版社，2021.

[8] 全国汽车标准化技术委员会.电动汽车安全：GB 18384—2020[S].北京：中国标准出版社，2020.

[9] 余志生.汽车理论 [M].北京：机械工业出版社，2018.

[10] 全国汽车标准化技术委员会.电动汽车术语：GB/T 19596—2017[S].北京：中国标准出版社，2017.

[11] 崔华芳.电动车经济性影响因素分析及能量管理测试研究 [J].检测与维修，2019(8):56-61.

[12] 中华人民共和国公安部.机动车运行安全技术条件：GB 7258—2017[S].北京：中国标准出版社，2017.

[13] 清华大学汽车教研组.汽车的制动性能 [M].北京：清华大学出版社，1975.

[14] 全国汽车标准化技术委员会.商用车辆和挂车制动系统技术要求及试验方法 [S].北京：中国标准出版社，2015.

[15] 全国汽车标准化技术委员会.机动车和挂车防抱制动性能和试验方法：GB/T 13594—2003[S].北京：中国标准出版社，2004.

[16] 全国汽车标准化技术委员会.乘用车制动系统技术要求及试验方法：GB 21670—2008[S].北京：中国标准出版社，2008.

[17] 林逸，沈沉，王军，等.汽车线控制动技术及发展 [J].汽车技术，2005(12)：4.

[18] 全国石油产品和润滑剂标准化技术委员会合成油脂分技术委员会.机动车辆制动液：GB 12981—2012[S].北京：中国标准出版社，2012.

[19] 王兆.乘用车制动标准法规技术对比分析与研究 [D].长春：吉林大学，2008.

[20] 高峰.浅析 GB 7258—1997《机动车运行安全技术条件》[J].机械工业标准化与质量，1997(12): 9-10.

[21] 王磊，虞洁攀.800 V 高电压平台风口已来，电动车进入全面快充时代 [J].汽车与配件，2023(5): 32-33.

[22] 严佳丽.纯电动汽车高电压快充平台技术趋势 [J].汽车制造业，2022(2): 8-10+12.

[23] 暴杰，胡晶，许重斌，等.电动汽车 800V 电驱动系统核心技术综述 [J].汽车文摘，2023(1): 1-9.

[24] 刘俊华，史建勇，姜龙，等.纯电动汽车高低电压平台产品技术发展趋势研究 [J].中国汽车，2020，(3): 21-26，56.

[25] 田君，金翼，官亦标，等.高电压正极材料在全固态锂离子电池中的应用展望 [J].科学通报，2014，59(7): 537-550.

[26] 禹筱元，胡国荣，彭忠东，等.层状 $LiCo_{1/3}Ni_{1/3}Mn_{1/3}O_2$ 正极材料合成及电化学性能 [J].电源技术，2005，29(10): 641-643.

[27] 张跃强，田君，高洪波，等.商业化磷酸铁锂与三元动力锂离子电池性能对比分析 [J].电子世界，2019(7): 37-39，41.

[28] 周璞.电机电磁激励特性及结构振动响应分析研究 [D].北京：中国舰船研究院，2018.

[29] 韩建民.基于 SVPWM 算法优化的永磁同步电机振动分析与抑制 [D].南京：东南大学，2018.

[30] 张韬.某电动汽车电驱总成振动分析与抑振方法研究 [D].重庆：重庆理工大学，2021.

[31] 张晓轶.随机调制策略对永磁同步电机振动噪声影响 [D].沈阳：沈阳工业大学，2016.

[32] 张友国，马天才，卢昕夕．新能源汽车电机控制器盖板模态优化与振动噪声 [J]．振动与冲击，2022，41 (14): 271-279.

[33] 博格斯特．汽车电子系统电磁兼容与功能安全 [M]．胡兴煜，王远腾，译．北京：机械工业出版社，2020.

[34] 胡军，唐世荣．RS232 接口的 CS116 防护模块设计和测试验证 [J]．安全与电磁兼容，2016(4): 70-72.

[35] 王艾萌．新能源汽车新型电机的设计及弱磁控制 [M]．北京：机械工业出版社，2013.

[36] 唐任远．现代永磁电机理论与设计 [M]．北京：机械工业出版社，2015.

[37] 陈世坤．电机设计 [M]．北京：机械工业出版社，2015.

[38] 王凤祥．高速电机的设计特点及相关技术研究 [J]．沈阳工业大学学报，2006, 28(3): 102-105.

[39] 张凤阁，杜光辉，王天煜，等．高速电机发展与设计综述 [J]．电工技术学报，2016(31): 7.

[40] 启德新，张宝刚，李东晓，等．基于 ANSYS 的永磁同步电动机隔磁桥结构改进设计 [J] 工矿自动化，2014(10): 258-263.

[41] 李园园，王迎波，刘小磊，等．商用车用永磁同步电机转子冲片结构拓扑优化 [J]．中国汽车，2024(3): 38-41.

[42] 黄建忠，胡慧婧，罗媚，等．驱动电机系统效率提升关键技术研究 [J]．汽车电器，2023(8):3-4.

[43] 李晓华，褚福源，章李峰，等．车用扁铜线永磁同步电机绕组损耗优化方法 [J]．微电机，2022, 55(4): 15-19.

[44] 陈士刚．基于 Maxwell 的改圆铜线为扁铜线绕制电机的分析 [J]．电机技术，2020(1): 33-36.

[45] 张宇，陈思思，刘铭赫．扁线电机交流铜耗抑制研究 [J]．电机技术，2023(4): 29-32.

[46] 马科，韩常青，张志敏，等．电动汽车用扁线绕组电机发展研究 [J]．汽车实用技术，2022(4): 144-148.

[47] BORGEEST K.EMC and fucntional safety of automotive electronics[Z]. 2018.

[48] BORGEEST K.Tested once, forever right Influence of aging and temperature on susceptibility and emissions[C]//2015 IEEE International Symposium on Electromagnetic Compatibility. New York: IEEE, 2015.

[49] GOODENOUGH J B, PARK K S. The li-ion rechargeable battery: A perspective[J]. Journal of the American Chemical Society, 2013, 135(4): 1167-1176.

[50] ARORA P, ZHANG Z. Battery separators[J]. Chemical reviews, 2004, 104(10): 4419-4462.

[51] SUN Y K, MYUNG S T. High-energy cathode material for long-life and safe lithium batteries[J].Nature Materials, 2009, 8: 320-324.

[52] WU F, WANG M, SU Y F, et al. Surface modification of Li[Nil/3-Col/3Mnl/3]O_2 with Y_2O_3 for lithium-ion battery[J].Journal of Power Sources, 2009, 189(1): 743-747.

[53] KOYAMA Y, YABUUCHI N, TANAKA I, et al. Solid-state chemistry and electrochemistry of LiCo1/3Ni$_{1/3}$Mn$_{1/3}$$O_2$ for advanced Lithium-ion batteries [J]. Journal of The Electrochemical Society, 2004, 151 (10): A1545-A1551.

[54] CHUNG S Y, BLOKING J T, CHIANG Y M. Electronically conductive phospho-olivines as lithium storage electrodes [J]. Nature Materials, 2002, 1(2): 123-128.

[55] CHENG X B, ZHAO M Q, CHEN C, et al. Nanodiamonds suppress the growth of lithium dendrites [J]. Nature communications, 2017, 8(1): 336.

[56] QIAN J, HENDERSON W A, XU W, et al. High rate and stable cycling of lithium metal anode [J]. Nature communications, 2015, 6:6362.

[57] PENG Z, WANG S, ZHOU J, et al. Volumetric variation confinement: surface protective structure for high cyclic stability of lithium metal electrodes[J]. Journal of Materials Chemistry A, 2016, 4(7): 2427-2432.

[58] LU Y, TU Z, ARCHER L A. Stable lithium electrodeposition in liquid and nanoporous solid electrolytes [J]. Nature materials, 2014, 13(10): 961-969.

[59] PAN Q, SMITH D M, QI H, et al. Hybrid electrolytes with controlled network structures for lithium metal batteries [J]. Advanced materials, 2015, 27(39): 5995-6001.

[60] CHENG X B, ZHAO M Q, CHEN C, et al. Nanodiamonds suppress the growth of lithium dendrites [J]. Nature communications, 2017, 8(1): 336.

[61] LI N W, YIN Y X, YANG C P, et al. An Artificial Solid Electrolyte Interphase Layer for Stable Lithium Metal Anodes [J]. Advanced materials, 2016, 28(9): 1853-1858.

[62] DING F, XU W, CHEN X, et al. Effects of Carbonate Solvents and Lithium Salts on Morphology and Coulombic Efficiency of Lithium Electrode[J]. Journal of the Electrochemical Society, 2013, 160(10): A1894-A1901.

[63] GUERFI A, DONTIGNY M, CHAREST P, et al. Improved electrolytes for Li-ion batteries: Mixtures of ionic liquid and organic electrolyte with enhanced safety and electrochemical performance [J]. Journal of Power Sources, 2010, 195(3): 845-852.

[64] SHU Z X, MCMILLAN R S, Murray J J, et al. Use of chloroethylene carbonate as on electrolyte solvent for a graphite anode in a lithium-ion battery[J]. Journal of The Electrochemical Society, 1996, 143: 2230-2235.

[65] PIERRE A C, PAJONK G M. Chemistry of aerogels and their applications [J]. Chemical Reviews, 2002,102: 4243-4265.